VI HORAE

司马迁之志

陈文洁　著

华东师范大学出版社

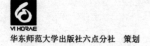

华东师范大学出版社六点分社　策划

关注中国问题
重铸中国故事

缘　起

　　在思想史上,"犹太人"一直作为一个"问题"横贯在我们的面前,成为人们众多问题的思考线索。在当下三千年未有之大变局中,最突显的是"中国人"也已成为一个"问题",摆在世界面前,成为众说纷纭的对象。随着中国的崛起强盛,这个问题将日趋突出、尖锐。无论你是什么立场,这是未来几代人必须承受且重负的。究其因,简言之:中国人站起来了!

　　百年来,中国人"落后挨打"的切肤经验,使我们许多人确信一个"普世神话":中国"东亚病夫"的身子骨只能从西方的"药铺"抓药,方可自信长大成人。于是,我们在技术进步中选择了"被奴役",我们在绝对的娱乐化中接受"民主",我们在大众的唾沫中享受"自由"。今日乃是技术图景之世界,我们所拥有的东西比任何一个时代要多,但我们丢失的东西也不会比任何一个时代少。我们站起来的身子结实了,但我们的头颅依旧无法昂起。

中国有个神话,叫《西游记》。说的是师徒四人,历尽劫波,赴西天"取经"之事。这个神话的"微言大义":取经不易,一路上,妖魔鬼怪,层出不穷;取真经更难,征途中,真真假假,迷惑不绝。当下之中国实乃在"取经"之途,正所谓"敢问路在何方"?

取"经"自然为了念"经",念经当然为了修成"正果"。问题是:我们渴望修成的"正果"是什么?我们需要什么"经"?从哪里"取经"?取什么"经"?念什么"经"?这自然攸关我们这个国家崛起之旅、我们这个民族复兴之路。

清理、辨析我们的思想食谱,在纷繁的思想光谱中,寻找中国人的"底色",重铸中国的"故事",关注中国的"问题",这是我们所期待的,也是"六点评论"旨趣所在。

点 点

2011.8.10

第 1 章 引　言

　　自班固引称司马迁有"良史之材",并谓"其文直,其事核,不虚美,不隐恶"(《汉书·司马迁传·赞》),《史记》向有"实录"之目,后世论者也常以信史绳之。事之"实录",既重在"实",未尝不探究事实、揭明真相,从而有助于认识过往事件的真实面貌;《史记》一百三十篇,司马迁谓之"述故事,整齐其世传"(《史记·太史公自序》),始于黄帝止于汉武,战国末期至汉武时代的一段历史跃然纸上,此前的不少重要史料也汇列书中,一直为古史研究所重视——这部《太史公书》终以《史记》之名传世,①固不足怪。不过,"为作史而作史",只是近世史学的观念;②古代有关史事的

---

　　① 《史记》一书原称为《太史公书》或《太史公记》,关于这一点,学界如今已有共识。较详辨证可参王国维《太史公行年考》。王国维,《观堂集林》(外二种)(上),石家庄:河北教育出版社,2001,页322—323。

　　② 陈引驰编校,《梁启超国学讲录二种》,北京:中国社会科学出版社,1997,页20—21。

著述,大都不具有"重现过去"这种基于比较纯粹的知识兴趣的撰写目的,而是别有意图。《史记》也不例外。

司马迁仕于汉武帝之世,续父职而任太史令,主要掌管天时星历,不主记载,著述之事,本不在其职分内;《史记》之作,完全缘于其个人志趣。《史记》作为私家著作,①较之官史,其著述动机显然更为个人化,更具主动性,从理解经典的角度看,也更为重要。《太史公自序》中,司马迁自述其著《史记》之由,着重引其父临终遗命为辞:

> 太史公执迁手而泣曰:"余先,周室之太史也。自上世尝显功名于虞、夏,典天官事。后世中绝衰,绝于予乎?汝复为太史,则续吾祖矣。……幽、厉之后,王道缺,礼乐衰,孔子修旧起废,论《诗》、《书》,作《春秋》,则学者至今则之。自获麟以来四百余岁,而诸侯相兼,史记放绝。今汉兴,海内一统,明主贤君忠臣死义之士,余为太史而弗论载,废天下之史文,余甚惧焉,汝其念哉!"迁俯首流涕曰:"小子不敏,请悉论先人所次旧闻,弗敢阙。"

司马谈先论孔子作《春秋》之功,再言"获麟以来四百余岁"而

---

① 关于司马迁作为太史令的职责范围及《史记》为私家著作的问题,目前几无争论,故不详。具体辨证可参王国维《太史公行年考》。王国维,《观堂集林》(外二种)(上),前揭,页324。

"史记放绝"云云，①明显有激勉司马迁之意——《春秋》今文二传皆终于"获麟"，在今文家眼中，"获麟"与孔子作《春秋》有莫大关系；司马谈虽未必意属今文，但其卒时，《春秋公羊传》早已列于学官，势力鼎盛，具备塑造一般话语方式的地位和能力，故此处他以"获麟"喻孔子作《春秋》的特殊时刻，与《史记·孔子世家》谓"西狩见麟"而《春秋》作一样，均可视为是对当时特殊的统治意识形态语境的无意识反映。按此，司马谈遗嘱可理解为，孔子作《春秋》已四百多年，迄今未有能接续者，司马迁当存光耀祖先之志，兴著述之事以继《春秋》。上引文言"四百余岁"，乃实数，以虚数论，可谓之五百岁，故司马迁《自序》接下来便以五百年之期宣明己志：

> 先人有言："自周公卒五百岁而有孔子。孔子卒后至于今五百岁，有能绍明世，正《易传》，继《春秋》，本《诗》、《书》、《礼》、《乐》之际？"意在斯乎！意在斯乎！小子何敢让焉。

"五百岁而一圣人也"（刘敞《公是集》卷四十七《五百》）。五百岁之数，在古人有其特殊意义。孟子即言："五百年必有王者兴，其间必有名世者。……夫天未欲平治天下也；如欲

---

① 按裴骃《史记集解·太史公自序》，鲁哀公十四年获麟至汉元封元年（司马谈卒年），当值三百七十一年。但本书此处只是探讨司马谈之意，故不论及此问题。

平治天下,当今之世,舍我其谁也!"(《孟子·公孙丑下》)司马迁借言五百岁之期,欲上继孔子,不见得是出于某种神秘体验,倒明显与孟子一样,是富有才力的人自道当仁不让之意。至此,司马迁"继《春秋》"而著书的志向已表露无遗。

但是,由于《春秋》作于周衰之时,"善善恶恶,贤贤贱不肖"(《史记·太史公自序》),有褒贬之意,①《史记》又多语涉当世得失,司马迁以继《春秋》自任,便有讥世之嫌,易授人以柄,是危险的说法。于是《自序》后文又设壶遂之问:"孔子之时,上无明君,下不得任用,故作《春秋》,垂空文以断礼义,当一王之法。今夫子上遇明天子,下得守职,万事既具,咸各序其宜,夫子所论,欲以何明?"司马迁先以"唯唯"谦应,再连用"否否,不然"两个否定语,接着力颂当世之美,最后故意为逊词云:"余所谓述故事,整齐其世传,非所谓作也,而君比之于《春秋》,谬矣。"②这明显是司马迁因其"继《春秋》"之志触及时代禁忌,在"欲'唯'不可,'否'又不愿意的进退失据"之中,③不得已而施的遮眼之法,④意在撇清《史记》

---

① 按:此处只论司马迁关于《春秋》的解说,而不涉及本书对《春秋》的评价。

② 参程金造《史记辨旨》。程金造,《史记管窥》,西安:陕西人民出版社,1985,页58—59。

③ 见韩兆琦释"唯唯否否"。韩兆琦,《史记选注汇评·太史公自序》,郑州:中州古籍出版社,1990,页630。

④ 程金造《史记辨旨》评"余所谓述故事,整齐其世传,非所谓作也,而君比之于《春秋》,谬矣"一句,认为司马迁"明明是决心承父志作书继《春秋》",却指"壶遂比之于《春秋》为谬,明明是自己著书以比《春秋》,却说壶遂比之于《春秋》,语巧而意谲"。程金造,(转下页注)

效《春秋》而刺当世之嫌，并非是自悔前说——从情理上讲，司马迁若真无"继《春秋》"之志，固不必放言续圣著书，虚张声势而徒引猜忌。[①]这一点，由其于《自序》下文再以"幽于缧绁"而著《史记》自比"孔子厄陈蔡，作《春秋》"，亦可略见。赵恒论《自序》"唯唯，否否，不然"一段，也指司马迁"意有包周身之防，而隐讳以避患之意"，并谓其"虽自谦不敢比于《春秋》，然（后文）又以孔子之厄陈蔡而作《春秋》自况，则其自任之意益见其不敢让之实矣"。[②]当是。司马迁曾因李陵案受刑，对言语之祸感受尤深，故不免在公开己志的同时，闪烁其词以为保身之计。这与其欲上继《春秋》而接续孔子的豪语壮志，不仅不相抵牾，相反在某种意义上还是一种持护。

可见，撰《史记》的缘由，司马迁自己在《史记》末篇已表

（接上页注）《史记管窥》，前揭，页59。

另，韩兆琦也指出，司马迁答壶遂"夫子所论，欲以何明"之问的颂圣之语，"完全是一套口不应心的违心话"（韩兆琦，《史记选注汇评·太史公自序》，前揭，页630）。参照《史记》对汉武治政的批评，韩说当是。

[①]　何焯评阅《史记》，于前述《自序》"而君比之于《春秋》，谬矣"处曰："太史公本意学《春秋》，此巽词也"（何焯，《义门读书记》第十四卷《太史公自序》"条），谓司马迁自言不敢上比《春秋》，不过示谦逊委婉之意。

又，金圣叹评点《太史公自序》，于上引文"意在斯乎！意在斯乎！小子何敢让焉"后评曰："便是一篇文字已毕，下乃与壶大夫反复耳"，即谓司马迁述著书之由，于表白"继《春秋》"之后即止。张国光点校，《金圣叹批才子古文》，武汉：湖北人民出版社，1986，页297。

[②]　吴忠匡，《史记太史公自序注说会纂》，哈尔滨：黑龙江人民出版社，1985，页80。

述得很清楚,即是承父志而继《春秋》。于此,历来论家多无异议。① 然而,在今天看来,《史记》的根本著述动机并未因此显明,仍存在需要澄清、辨析的地方。

首先,按学术科别,《春秋》是经,《史记》是史,史何以继经?章学诚曰:"六经皆史也。"(《文史通义·易教上》)所谓史,不过是对过往事物的记载,而六经集成古代文化典章制度,故经亦史也,经、史之别,本不绝对。循"经"本义,一谓"径也,如径路无所不通"(刘熙《释名·释典艺》),一与"纬"并言,"织之从(即纵)丝谓之经,必先有经而后有纬"(段玉裁《说文解字注·经》)。于是有"圣人作其经"(《论衡·知实篇》)之说,以"经"为尊称,"譬圣贤之述作"。② 自西汉武帝独尊儒术,置五经博士,专治《春秋》等五种儒家基本典籍,经学之名始立,③而《春秋》之称"经",遂有尊崇之意。"春秋"原为古史之名,汉人认为孔子因鲁史作《春秋》,寓以大义,故不以《春秋》为史而特尊之为经,后人所谓"鲁

---

① 钱大昕序梁玉绳《史记志疑》即直言"太史公修《史记》以继《春秋》"。李长之也指出,司马迁的理想是做"第二个孔子",而《史记》是第二部《春秋》(李长之,《司马迁之人格与风格》,北京:生活·读书·新知三联书店,1984,页56)。又,陈桐生认为,"以《史记》上继《春秋》,成为《史记》著述的最高目标"(陈桐生,《中国史官文化与〈史记〉》,汕头大学出版社,1993,页67。)

关于《自序》述司马迁"继《春秋》"之志的问题,程金造《史记辨旨》有较详辨析。程金造,《史记管窥》,前揭,页47—63。

② [日]泷熊之助,《中国经学史概说》,陈清泉译,长沙:商务印书馆,1941,页3。

③ 同上,页5。

人记之则为史,仲尼修之则为经",①即本此意。② 可见,"经史一也,称经以尊之耳";③《春秋》亦记事之史,经、史之间,原非泾渭分明。且《春秋》亦经亦史之说,不过是后世经、史分离情形下的一种学术结论。司马迁之时,学术分科不明,经、史未别;④其头脑中既无经、史分界,就未必会据"史"的观念画地为牢,自限《史记》的学术性质,因此也更不能以经或史论其"继《春秋》"的述作志向。

其次,司马迁撰《史记》,起于继《春秋》之志,则"继《春秋》"可视为其著书的目的。之所以说《史记》的根本著述动机仍不明晰,在于单就"继《春秋》"一语看,"继"的意思比较含糊,使《史记》与《春秋》的关系呈现出理解上的多种可能性。在诸多可能性之中,要明确《史记》的根本著述动机,必需明了"继"的真义,辨清"继《春秋》"的实质,即《史记》是在何种意义上继《春秋》的。按《汉书·艺文志》,孔子及七十子之后,《春秋》分为五家,即公羊、穀梁、左氏、邹氏、夹

---

① 见皮锡瑞《论经史分别甚明读经者不得以史法绳春秋修史者亦不当以春秋书法为史法》。皮锡瑞,《经学通论·春秋》,北京:中华书局,1954,页77。

② 皮锡瑞更言,"孔子以前不得有经"。皮锡瑞,《经学通论·自序》,北京:中华书局,1954,页2。

③ 汪荣祖,《史传通说——中西史学之比较》之《春秋第四》,北京:中华书局,1989,页31。

④ 《汉书·艺文志》据西汉末刘向、刘歆父子《七略》,附《国语》、《战国策》等史书于《春秋》经之下,西汉经、史未分,可见一斑。

另,胡宝国指出,即便在东汉人的观念中,"经与史的区别尚不明确"。胡宝国,《汉唐间史学的发展》,北京:商务印书馆,2003,页30页。

氏,而邹氏无师,夹氏无书,不传,唯今文之《公羊》、《穀梁》及古文之《左氏》三传行世。《春秋》隐微,其事实、大义皆形于传,且汉人引据经典,往往经传不别,①《史记》也是如此。②故论《史记》之继《春秋》,一般习惯于首先考虑《史记》与《春秋》三传的关系,③从《史记》对三传的取用、效法理解司马迁"继《春秋》"之意。这一思路可有两个层面的分说。

第一层面是史事、史论方面的袭用。在这一层面上,"继"意味着对三传材料的保存和具体观点的承继。《春秋》记事,本经简略,其事、义皆待"传"之发明,故《史记》述评春秋间事,不能不借重《春秋》三传。④但《史记》上起轩辕,下至汉武,述三千多年史事,而《春秋》记事自鲁隐公元年至哀公获麟之岁,⑤其间不过二百四十二年,且《史记》详近略远,

---

①　见吴忠匡说。吴忠匡,《史记太史公自序注说会纂》,前揭,页71。

②　如《宋世家·赞》引《公羊传》观点,即只称"《春秋》"。又,《史记·历书》本《左传·文公六年》,谓"周襄王二十六年闰三月,而《春秋》非之",《吴泰伯世家》谓"予读《春秋》古文",皆以"《春秋》"称《左传》。

③　按:西汉今文博士谓《左传》不传《春秋》,东汉犹有是说(参《汉书·刘歆传》),迄近代,关于此问题的讨论仍未停止。不过,本书旨在探究《史记》"继《春秋》"之本意,当以司马迁自己的观点为讨论的基础。按《史记·十二诸侯年表序》,司马迁显然持与汉博士相反的观点,认为《左传》实传《春秋》。详细辩说可参本书第一章第一节。

④　关于《史记》从三传中取事、义的例子,可参陈桐生《〈史记〉与今古文经学》第一章第一至三节、第二章第一、四节,西安:陕西人民出版社,1995。

⑤　今《左传》经终于孔子卒年,较《公羊》经、《穀梁》经稍迟。就与《史记》年限的对比而言,这个差异并不重要,故本书不作辨析。

于秦以后事尤为详备,春秋一段历史并非重点。据此可知,司马迁在史事、史论方面对《春秋》三传的取用,在《史记》中所占分量不大,不足以说明他于《自序》特别揭出的"继《春秋》"大志。再说,司马迁自言"厥协《六经》异传,整齐百家杂语"(《史记·太史公自序》),已明其不能向壁虚造,必因《六经》并别传之书以及诸子之书而成《史记》,[①]所袭用远不止《春秋》经传,不当只就《春秋》而特言"继"。这更可证司马迁不在此一层面上言"继《春秋》"。

在第二层面上,"继"的含义有所深入,由具体的取用上升为一般性的效法。《礼记·经解》曰:"属辞比事,《春秋》教也。"《春秋》三传中,《左传》长于叙事,详事之本末,最能发明《春秋》属辞比事之教,[②]《史记》承其后,"罔罗天下放失旧闻","原始察终","述故事,整齐其世传"(《史记·太史公自序》),得《左传》叙事之传。在具体书法上,杜预序《左传》所揭之"《春秋》五例",[③]《史记》也有所继承发扬。[④] 他

---

① 关于"《六经》异传"、"百家杂语"的解说,可参吴忠匡,《史记太史公自序注说会纂》,前揭,页169。

② 可参章学诚《文史通义·书教上》。

关于"属辞比事"之意,孙希旦《礼记集解》释曰:"属辞者,连属其辞,以月系年,以日系月,以事系日也;比事者,比次列国之事而书之也。"章炳麟也言:"为是博征诸书,排比整齐,贯穿其文,以形于传,谓之'属辞比事'"(章炳麟《检论》卷二《春秋故言》)。

③ 参左丘明传,杜预注,孔颖达疏,《春秋左传正义》(李学勤主编《十三经注疏》标点本),北京大学出版社,1999,页19—20。

④ 关于此问题,论者多有研究,不赘。可参张高评,《春秋书法与左传学史》之《〈史记〉笔法与〈春秋〉书法》,上海古籍出版社,2005,页61—118。

传方面,如《史记》论定人物,多寓"文与实不与"之意,①与《公羊传》"实与文不与"之书法正相反而同趣。体例上,虽《左传》编年,《史记》纪传,但亦有因革。章学诚即言司马迁"演左氏而益畅其支"(《文史通义·书教上》),以为《史记》本纪效法《春秋》,书表列传"殆犹《左》、《国》内外之与为终始发明耳"(《文史通义·经解下》),②故有"左氏一变而为史迁之纪传"(《文史通义·书教下》)的说法。《史记》在体例书法方面与《春秋》经传之间的因革关系,从史学史的角度看,固已可证其有"继《春秋》"之实。

但是,在西汉人心目中,《春秋》记事的重点在寄托大义,司马迁也特别指出《春秋》为孔子载道之作,③当不会满足于仅在史事编撰方面效法《春秋》。他于《太史公自序》末已申明,《史记》名为"述故事,整齐其世传",实则欲"成一家

----

① 这在关于汉初人物的评价方面尤为明显。邵晋涵《史记提要》也有此论。引自杨燕起、陈可青等,《历代名家评〈史记〉》,北京师范大学出版社,1986,页33。

② 刘知幾亦言:"至太史公著《史记》,始以天子为本纪,考其宗旨,如法《春秋》"(刘知几《史通·六家》)。金毓黻更明白指出,"《史记》之有本纪,以编年为体,义同于《春秋经》,本纪之外别作列传,义同于《左氏传》"(金毓黻,《中国史学史》,石家庄:河北教育出版社,2003,页56)。

③ 参《史记·太史公自序》:"太史公曰:……子曰:'我欲载之空言,不如见之于行事之深切著明也。'夫《春秋》,上明三王之道,下辨人事之纪,别嫌疑,明是非,定犹豫,善善恶恶,贤贤贱不肖,存亡国,继绝世,补敝起废,王道之大者也。"

之言"，即以表达自家思想为己任。① 《史记》之作，既志在
"继《春秋》"，又意在"成一家之言"，可知二者为一体两面之
事："继《春秋》"必落实于"成一家之言"，"成一家之言"即
"继《春秋》"的体现。② 因此，《史记》之"继《春秋》"，除史学
史的意义外，还具有思想史的意义。按司马迁欲"成一家之
言"的著述目标看，后一方面的意义显然更为他所重视，也更
能说明其"继《春秋》"说的本意，从而更有助于澄清他自己
所设定的《史记》与《春秋》之间的本质联系。可以说，"继
《春秋》"说的实质，《史记》的根本著述动机，主要是一个思
想史方面的问题。这显然仍关系到司马迁所说的"继"的本
义。一字之解，本不是一个复杂的问题，但理解一种经典的
著述动机，往往意味着拨除种种自觉和不自觉的前见，回到
著者自己的思想。理解司马迁"继《春秋》"之志，同样需要
回到其自家思想，回到其"一家之言"。"继《春秋》"与"成一
家之言"，既是二而一之事，就可互为说明。"继《春秋》"说
的实质，应在理解"一家之言"的基础上解得；而理解"一家
之言"的前提，是辨清其旨趣、核心。"一家之言"为继《春

---

① 梁启超《要籍解题及其读法》指出，《史记》乃是借史的形式以
发表司马氏一家之思想。陈引驰编校，《梁启超国学讲录二种》，前揭，
页 21。
　　又，这种观点由来已久，目前也无太多争论。可参胡宝国，《汉唐间
史学的发展》，前揭，页 10—12。
② 钱大昕即言："太史公修《史记》以继《春秋》，成一家言。"（钱
大昕《潜研堂文集》卷二四序二）引自杨燕起、陈可青等，《历代名家评
〈史记〉》，前揭，页 30。

秋》而发,体现司马迁之志;要认识"一家之言"的旨趣所在,必须把握司马迁对《春秋》的理解定位。因此,"继《春秋》"的问题,即他如何理解《春秋》,如何以自己的"一家之言"应和、发挥这一理解以表现"继《春秋》"之志,以及如何看待孔子作《春秋》的业绩等。由于司马迁"继《春秋》"的一家言是以述史的形式发表,"继《春秋》"问题,若以现代学术的眼光看,除归属汉代思想研究外,还必然触及古代史领域,确切地说,涉及司马迁关于黄帝至汉武时代的历史考察与历史叙事。这就意味着,澄清"继《春秋》"一说,不仅应在先秦至汉初的思想样式和背景下分析并理解《史记》的思想内涵,也需要从史学的角度把握司马迁的相关史事纂述——但主要是关注他自己的历史考察和历史叙述的重心、角度以及方式,而非试图对黄帝至汉武的一段历史或其中的某个时期作科学、客观的研究。

与任何一种"史"一样,思想史仍然关注事实。在人的主观世界里所发生的内在的思想事件,较之在客观世界里所发生的外在事件,显然要隐蔽得多。加之任何一种事实还原,都有其合逻辑的理性基础,而思想事件作为一种主观事件,必然包含更多的非理性因素。因此,对过去发生的思想事件的考察还原,就难免更具有推论性。从理论上讲,辨析司马迁的"继《春秋》"之志,同样如此。不过,由于"继《春秋》"说专为《史记》而发,《史记》作为一部自觉的具有理性架构的著作,完整地执行并体现了司马迁"继《春秋》"的著述意图,因此,通过分析理解《史记》一书,便有可能把握到"继《春秋》"一说的本意。这要求运用的文本资料具有相应的真实性和可靠性,故以下对《史记》的两个尚有争论的文献问题稍作说明。

首先是《史记》亡缺与续补的问题。按《汉书·艺文志》,《太史公》(即《史记》)一百三十篇,班固本注云:"十篇有录无书",①未详亡篇篇目。三国时魏人张晏指出,亡缺的十篇是《景纪》、《武纪》、《礼书》、《乐书》、《兵书》(一般认为即《律书》)、《汉兴以来将相年表》、《日者列传》、《三王世家》、《龟策列传》、《傅靳列传》。② 很长时间内,学者皆笃信此说,唐宋以后,始有异议,但争论基本上不越出这十篇的范围。③ 本审慎保守的原则,本书以下讨论中,上述十篇,除《礼书·序》、《乐书·序》、《律书·序》和《龟策列传·序》四篇论者多以为出自司马迁手笔的序文外,④ 其余有补缺之

①　《汉书·司马迁传》亦谓《史记》"十篇缺,有录无书"。
②　张晏书亡,可参《史记·太史公自序》篇末三家注之《集解》、《索隐》。
③　见赵生群《〈史记〉亡缺与续补考》。赵生群,《〈史记〉文献学丛稿》,南京:江苏古籍出版社,2000,页32。
清末崔适《史记探源·序证》谓八书均赝品,通篇皆伪者共二十九篇。不过,崔氏本今文立场,疑古过勇,学者多以为不足信,故本书不据。
④　此四篇序在文字、书法与思想上均与十篇外的《史记》篇章相洽。相关参考资料如下:
《礼书·序》:牛运震《读书纠谬》第一《史记·礼书》;刘咸炘《太史公书知意·书·礼》;梁玉绳《史记志疑》卷十五《礼书第一》;吴汝纶《桐城先生点勘史记》卷一百二十八。　　　　　(转下页注)

嫌的内容均不参取;此外一百二十篇中,有"褚先生曰"字样的续史内容或从时间上看明显为增窜的部分也一并排除。①

其次是《史记》中司马谈著作的问题。按《太史公自序》,司马谈临终嘱咐司马迁"余死,汝必为太史;为太史,无忘吾所欲论著矣",司马迁应曰"小子不敏,请悉论先人所次旧闻,弗敢阙",明《史记》述作,司马谈有开创之功。司马贞《史记索隐·序》曰:"《史记》者,汉太史司马迁父子之所述也",另《隋书·经籍志》、《史通·古今正史》等也都肯定司马谈参与《史记》创作的功绩。司马谈作史之事,当无可疑。故历代学者纷纷考辨《史记》中的司马谈著作篇目,各执一说,至今未有定论,难以依傍。② 不过,从逻辑上讲,讨论"继《春秋》"之意,倒不必执着于《史记》中司马迁父子著作篇目

（接上页注）

《乐书·序》:方苞《望溪先生文集》卷二《书〈乐书·序〉后》;郭嵩焘《史记札记》卷三《乐书》;刘咸炘《太史公书知意·书·乐序》;吴汝纶《桐城先生点勘史记》卷一百二十八。

《律书·序》:刘咸炘《太史公书知意·书·律书》;汪之昌《青学斋集》卷十三《史记律书即兵书论》;吴汝纶《桐城先生点勘史记》卷一百二十八。

《龟策列传·序》:何焯《义门读书记·史记》;李桢《畹兰斋文集》卷一《龟策传书后》;吴汝纶《桐城先生点勘史记》卷一百二十八。

另,今人张大可经考证,于《史记残缺与补窜考辨》一文中指出,此四篇序确为司马迁所作。张大可,《史记研究》,兰州:甘肃人民出版社,1985,页169—175。

① 对《史记》中有补缺和增窜之嫌的内容的认定,本书主要参取张大可《史记残缺与补窜考辨》一文中的观点。张大可,《史记研究》,前揭,页176—17、页181—183。

② 可参张大可《司马谈作史考论述评》。张大可,《史记研究》,前揭,页58—71。

的区分问题。理由有二。其一，在当时的书写条件下，《史记》可谓规模宏大，最初以单篇的形式流传，①但《史记》本身是一部体系性的著作。《太史公自序》明示，《史记》有统一的著述宗旨，一百三十篇组成一个有机的整体。《史记》既最终成书于司马迁之手，就说明，书中的所有内容文字皆经他认可，由他整理融合为一体，《史记》作为一部系统的完整著作，是司马迁之功，反映了他的思想。② 事实上，《史记》博征诸书，"网罗天下放失旧闻"，"厥协六经异传，整齐百家杂语"（《史记·太史公自序》），其中除司马氏父子的创作外，他人的著述又岂可胜数？正如张大可所言，"父谈的著述，对于司马迁来说就如同采择《左传》、《国语》，删《世本》、《战国策》一样，剪裁熔铸在自己定稿的《史记》之中，成为'一家之言'"。③ 就算确有司马谈的成篇著作存于《史记》，也不会改变司马迁定稿的事实，故不必特别予以拣除。④ 其二，"继《春秋》"作为著述宗旨乃司马谈手订，司马迁作《史记》，是继承父志。《史记》以"继《春秋》"为任，是司马氏父子的共

①　张玉春，《〈史记〉版本研究》，北京：商务印书馆，2001，页12。

②　可参张大可《司马谈作史考论述评》。张大可，《史记研究》，前揭，页71—73。

③　张大可《司马谈作史考论述评》。张大可，《史记研究》，前揭，页72。

④　历来有司马迁父子思想异途的说法。司马谈并无单独的著述传世，一般可确认的只有《太史公自序》中的《论六家要旨》，不少论者由此作认为司马谈崇道，而司马迁尚儒，父子异途。但这个说法有不少蹊跷之处，仍有很大的讨论余地，不可据以为论。详参本书第五章第一节。

识。从《太史公自序》记载的司马谈临终时父子的对话看，二人关于为何"继《春秋》"的问题也是有相当默契的。司马谈嘱咐司马迁无忘其所欲论著，续孔子而"继《春秋》"，迁即曰"小子不敏，请悉论先人所次旧闻，弗敢阙"，是知晓其父言"继《春秋》"之意，并明了其父"所次旧闻"为"继《春秋》"之述作大业而准备。可见，"继《春秋》"既是司马迁之志，也是司马谈之志，是司马氏父子述作的共同动力和主题，探求"继《春秋》"一说的实质，不必也不能撇开司马谈的著作。即便是二人的具体观点不尽相同，但《史记》经司马迁整理熔铸而定稿，有内在的统一性、一以贯之的主题和著述方向，可视为说明其"继《春秋》"之志的最充分完整的材料。

第2章 "继《春秋》"之一家言的宗旨

司马迁著《史记》,意在成一家之言。《史记》既为"继《春秋》"而作,则司马迁借撰述史事所表达的一家言亦当为"继《春秋》"而发,当视为他"继《春秋》"的具体表现和思想成果。因此,其一家言的宗旨,根本上与他对《春秋》的理解紧密相关。鉴于当时《春秋》经传并行不分的一般学术环境,这首先需要澄清司马迁"继《春秋》"说中《春秋》的实际意指,在此基础上把握他对《春秋》的述作意图和性质的认识,进而领会他对"继《春秋》"之一家言的实质性定位。

然而,由于司马迁在《报任安书》中明确提出"究天人之际,通古今之变"作为其一家言的主旨,似与其"继《春秋》"说相歧,难免使其一家言旨趣呈现模糊不清之貌。但任何理性思维都有其内在的一致性,"一家之言"作为司马迁贯通《史记》的自家思想,也有其统一的宗旨、核心。"继《春秋》"

与究天人、通古今两种说法只是貌似不可沟通,在本质上则是完全和谐、互通的。司马迁的一家言,既可说是"继《春秋》"之一家言,又可说是究天人、通古今之一家言。在他而言,"继《春秋》"与"究天人之际、通古今之变"实非二事,而是一事两说。"继《春秋》"即意味着究天人、通古今,究天人、通古今则是对"继《春秋》"之著述任务的具体解说,二者从不同的角度确定司马迁一家言的核心,并共同指向一个现实的治政目标。

2.1　司马迁对《春秋》的理解

　　《春秋》编年记事,本鲁史旧名。自战国时孟子云"孔子成《春秋》而乱臣贼子惧"(《孟子·滕文公下》),指《春秋》体现圣人大义,①遂有孔子作《春秋》而明王道之说。今天看来,此说疑点颇多,②在《春秋》简略的大事记间找寻、领悟大义所在,也殊为不易。但任何观点,无论真伪、好坏,一旦被接受成为信念,就会产生现实影响。西汉人普遍笃信孔子手定《春秋》,寓大义微言,以当一王之法,故置《春秋》于五经之首,③

　　① 《孟子·离娄下》:"……晋之《乘》,楚之《梼杌》,鲁之《春秋》,一也。其事则齐桓、晋文,其文则史。孔子曰:'其义则丘窃取之矣。'"
　　② 参马勇,《汉代春秋学研究》第一章第一节及第一章注6,成都:四川人民出版社,1992。
　　③ 从当时的学术争鸣和治政实践看,《春秋》显然是汉武所置五经博士传授的五种经典中最为重要的一种。

以为圣典。孔子作《春秋》明王道,无论是否真有其事,就西汉人而言,都具有信念上的真实性。① 司马迁对《春秋》的理解定位,无疑也是在这一信念背景下展开的。

《儒林列传》中,司马迁谓西狩见麟而孔子自以为道穷,"因史记作《春秋》,以当王法","辞微而指博"。这完全与时论相合,且在见解和语气上都有比较明显的公羊学色彩。② 众所皆知,汉武独尊儒术,《春秋》三传中,唯《公羊传》立于学官,既有正统之尊,又最有可能为学者所熟悉,司马迁对这一官方学问也当有相当了解,他以公羊学口吻谈论孔子作《春秋》一事,实不为怪,不足证他特别倾心于公羊之学,官方意识形态对人的话语方式所产生的自觉或不自觉的影响,历来都不罕见,从情理上讲很自然,也常有防身之用,故仅凭《史记》中这类显而易见的说法,难以论定司马迁对公羊学的真实态度。当然,《史记》称引《公羊传》,常经传不别,多用"《春秋》"一词代之,但这并不意味着他推崇《公羊传》而视其为《春秋》唯一嫡传,因为在《史记》中,他也曾不止一次径以《春秋》称《左传》。③ 事实上,尽管《公羊传》是当时解释孔子大义微言的唯一官方依据,可司马迁并未囿于此见,而明指《左传》得孔子真传、羽翼《春秋》:

---

① 关于汉人对《春秋》的看法和信仰,学者颇多论述,本书不赘。

② 《春秋》三传中,唯《公羊传·哀公十四年》特别留意获麟事件的意义及其与孔子作《春秋》的关系。

③ 此问题可参本书页8注2。

是以孔子明王道，干七十余君，莫能用，故西观周室，论史记旧闻，兴于鲁而次《春秋》，上记隐，下至哀之获麟，约其辞文，去其烦重，以制义法，王道备，人事浃。七十子之徒口受其传指，为有所刺讥褒讳挹损之文辞不可以书见也。鲁君子左丘明惧弟子人人异端，各安其意，失其真，故因孔子史记具论其语，成《左氏春秋》。（《史记·十二诸侯年表·序》）

孔子作《春秋》，其刺讥褒讳挹损之义隐而不宣，口授弟子而已；左丘明以为，口耳相传之法，易失孔子真意，故撰《左氏》以明《春秋》之义。此谓左丘明亲得孔子《春秋》真传，特存其大义于《左传》。至此，司马迁主张《左传》实传《春秋》之意，已无可疑——这从章太炎《春秋左传读叙录》据上引文而有"左氏亲见，公、穀传闻"的优劣之评，亦可见一斑。《史记·儒林列传》记《春秋》之学，三传中独缺《左传》，与此不相矛盾。《儒林列传》自叹"广厉学官之路"起言，述当时教化不兴而文辞粲如的官方儒学状况，①并非为明儒林正宗而

---

①　《史记·太史公自序》述作《儒林列传》曰："自孔子卒，京师莫崇庠序，唯建元、元狩之间，文辞粲如也。"《史记注补正》释曰："伤武帝不能依古崇庠序，以兴教化，而儒术反变为文辞之学也。史序多微文，不敢斥指。……皆辞若褒美而义存讥刺也"（吴忠匡，《史记太史公自序注谊会纂》，前揭，页154）。又，方苞释此传传旨同此（参阅季高点校，《方苞集》（上）卷二《又书儒林传后》，上海古籍出版社，1983，页53—54）。

作;该传不提《左氏》,只载公、穀两家,当源自其时官方学术对《左氏》的冷淡态度,而与《左氏》是否传《春秋》的问题无关。可见,在司马迁的观念里,《春秋》之真传不止一家——据此看他以《春秋》统称《左氏》、《公羊》,即可了然。其实,学术正统之争,本难避免利益因素,而"古人于史实,不甚措意",①"汉人于史事,尚未知覈实",②《春秋》三传之互诋,意尤不在明"真"而在逐利;③三传争立学官,学者亦多以为"盖禄利之路然也"(《汉书·儒林传·赞》)。④ 司马迁谓公孙弘以《春秋》(即《公羊传》)起家而至取相封侯,⑤则"天下之学士靡然乡风矣"(《史记·儒林列传》),未尝不是有见于学术与利益之互为支援而语含讥讽;且司马氏世典天官,司马迁以家学立身,固不必依傍门户,而当时今古文经学之间也衅端未启,故司马迁据己之见,就事论事,侧《左传》于传经

---

①　吕思勉,《吕思勉读史札记》(上),上海古籍出版社,1982,页719。

②　同上,前揭,页709。

③　"真"即指孔子如何传授其大义的真相。

④　《史记·儒林列传·序》详载公孙弘之议置博士弟子,列其仕途之正式出身,享官员俸禄,并曰:"自此以来,则公卿大夫士吏斌斌多文学之士矣。"

马勇《汉代春秋学者考》(卷上)明言:"汉初博士仅为闲官,备皇帝顾问而已,公孙弘之后,将博士官由闲官改为实官,俸禄提高且有候补官吏的被选权,因而博士才成为争夺的对象。"马勇,《汉代春秋学研究》,前揭,页178。

⑤　按《史记·平津侯主父列传》,公孙弘"年四十余,乃学《春秋》杂说",《史记·儒林列传》曰:"齐之言《春秋》者多受胡毋生,公孙弘颇受焉。瑕丘生为《穀梁春秋》。自公孙弘得用,尝集比其义,卒用董仲舒。"

之列,应是常理。

孔子删略"史记旧闻",简约以成《春秋》,其义则隐于记事之间。三传或口传或亲见,皆称发明圣人大义微言,虽各有侧重、互有差异,当时的学术地位也相去甚远,但无不据经言义,又都自有一个比较连续的传授系统,①后继有人,故均不失为对《春秋》有根据、有影响的解释。② 在司马迁看来,孔子寓大义于《春秋》之事不假,故必有《春秋》大义存于本经的字里行间;既有经有义,论《春秋》就必及于其义。可《春秋》经文过于简略,其义过于隐微,难凭一己之力领悟、立论,且又众说纷纭,故其解说《春秋》,一如今日为学,不能不引经据典,借重诸家之言。

司马迁理解《春秋》,主要是理解《春秋》的本质和意图。这集中体现于《太史公自序》所述的他关于"孔子何为而作《春秋》"的解答里。在这一解说中,公羊学作为官方意识形态的正统地位显然是司马迁首先要考虑的。

　　　　上大夫壶遂曰:"昔孔子何为而作《春秋》哉?"太史

　　公曰:"余闻董生曰:'周道衰废,孔子为鲁司寇,诸侯害

　　之,大夫壅之。孔子知言之不用,道之不行也,是非二百

---

① 关于《春秋》三传至汉初的早期传授系统,可参马勇《汉代春秋学研究》第一章第二节,前揭。

② 故黄寿祺强调,"三传皆《春秋》之羽翼,不可偏废矣。"黄寿祺《群经要略·〈春秋三传〉篇》,上海:华东师范大学,2000,页136。

四十二年之中,以为天下仪表,贬天子,退诸侯,讨大夫,
以达王事而已矣。'子曰:'我欲载之空言,不如见之于
行事之深切著明也。'……"

此处通过壶遂之问引出问题。形式上似问答客难体,未必真
有此问,亦未必真有此答,不过是借设壶遂之问而抒发己
见。[1] 司马迁答壶遂问,以"余闻董生曰"起言,易予人曾受
教于董仲舒而先言师承、自明公羊立场的印象。但《汉书·儒
林传》记司马迁从孔安国问故,却未载其受学董仲舒事,而司
马迁对董仲舒的真实态度又如何呢? 他未专门为董仲舒作
传,仅列其入《儒林列传》,且在传中言"汉兴至于五世之间,
唯董仲舒名为明于《春秋》,其传《公羊氏》也",并谓董仲舒
因著《灾异之记》陷狱遇赦之后,"竟不敢复言灾异",意皆不
甚尊崇。[2] 至于董氏春秋之学,《史记·十二诸侯年表·序》
曰:"上大夫董仲舒推《春秋》义,颇著文焉",从语气上看,

---

① 茅坤《史记钞》于此处引邓以瓒曰:"亦是问答客难体,上大夫
壶遂是假说。"引自韩兆琦,《史记选注汇评·太史公自序》,前揭,页
628。

② 刘师培《史记述左传考自序》就此处"唯董仲舒名为明于《春
秋》"指出:"其曰'名为明于《春秋》'者,犹言世俗以为明《春秋》,疑盖
之词溢于言表。"见《刘申叔先生遗书·左盦集》卷二,宁武南氏校
印,1936。

又,从语气上看,"竟不敢复言灾异"之"竟"犹"竟然",有出乎意外
之意味,故整句婉转而略带微讽。陈桐生也认为,"这里显然多少寓有
一些讥讽董仲舒弃道保身之义"(陈桐生,《中国史官文化与〈史记〉》,
前揭,页310)。另,关于司马迁常用"竟"表出乎意外之意的分析举例,
可参李长之《司马迁之人格与风格》,前揭,页292。

"'颇'为稍略之词,是史公以仲舒述《春秋》于义未尽";①从文章结构上看,这句话正稍后于"左丘明惧弟子人人异端,各安其意,失其真,故因孔子史记具论其语,成《左氏春秋》",两相对照,略显微意。② 正如有论者所言,"《史记》对董仲舒的评价事实上并不高"。③ 除此之外,司马迁师事董仲舒之说还有不少疑点,陈桐生论之甚详,④不赘。因此,上引文特言"闻董生曰",当不出于自明门户之想,不过"以董生为公羊氏之学,当日立之学官,权势所归,据之以明诛乱贼之大义之尊严耳,非树帜于《公羊》之下,若董生之为博士也。亦非守一董生之学,亦步亦趋也"。⑤ 确切地说,"闻董生曰"与紧接其后引用的"子曰"类似,乃借重之言;司马迁假董氏春秋学之地位权势,表明自己对《春秋》的解说有正统依据,既为取信,恐也不免于避患之虑。

但事实上,司马迁对《春秋》的理解,确非公羊学一家所能独揽:

---

① 刘师培《史记述左传考自序》,见《刘申叔先生遗书·左盒集》卷二,前揭。

② 此句话之微意亦可从司马迁用"焉"这一疑字得证。洪迈《容斋续笔》卷七"迁固用疑字"条指出:"予观《史》、《汉》所纪事,凡致疑者,或曰若,或曰云,或曰焉,或曰盖,其语舒缓含深意。"

③ 陈桐生,《中国史官文化与〈史记〉》,前揭,页309。

④ 同上,页305—315。

⑤ 罗倬汉,《史记十二诸侯年表考证》,重庆:商务印书馆,1943,页6。

另,茅坤《史记钞》亦引邓以瓒谓此处"董生"是暗借。引自韩兆琦,《史记选注汇评·太史公自序》,前揭,页628。

> ……为人君父而不通于《春秋》之义者,必蒙首恶
> 之名。为人臣子而不通于《春秋》之义者,必陷篡弑之
> 诛,死罪之名。其实皆以为善,为之不知其义,被之空言
> 而不敢辞。夫不通礼义之旨,至于君不君,臣不臣,父不
> 父,子不子。夫君不君则犯,臣不臣则诛,父不父则无
> 道,子不子则不孝。此四行者,天下之大过也。……故
> 《春秋》者,礼义之大宗也。……(《史记·太史公自
> 序》)

此节仍是答壶遂"孔子何为而作《春秋》"之问,申明司马迁
自己对《春秋》的理解。他的理解,可归结为"《春秋》者,礼
义之大宗也",以为《春秋》根本上在于申明礼义;前面讲"君
不君、臣不臣"等,不过是为此结论作铺垫。《春秋》既重礼
义,《春秋》之义也当以礼义论,故司马迁以"不通礼义之旨"
承"不通于《春秋》之义"言。礼义的本质在"分",即所谓君
君、臣臣、父父、子子。据此可进一步理解上引文中的一
段话:

> 为人臣子而不通于《春秋》之义者,必陷篡弑之诛,
> 死罪之名。其实皆以为善,为之不知其义,被之空言而
> 不敢辞。

按《史记集解》引张晏说,此处指赵穿弑君而《春秋》书赵盾

弑君一事,谓赵盾"其心实善",①无弑君之意,却因不知君臣礼义所在而陷篡弑之名,可见《春秋》之重礼义,亦可见通于礼义之重要。《春秋》经文于此事不详,只云"宣公二年秋九月乙丑,晋赵盾弑其君夷皋"。关于此段经文之义,《左氏》、《穀梁》均有发明,《公羊》则未多加留意,唯董仲舒有所议论。《穀梁传》责赵盾以"志同":"君弑,反不讨贼,则志同,志同则书重",视其对君之心志同于亲弑之赵穿,②是不以为"其心实善",与司马迁之说明显不同。董仲舒《春秋繁露·玉杯》论及此事,有"赵盾贤而不遂于理"之语,意似"其实皆以为善,为之不知其义"。但《玉杯》认为,赵盾虽有弑君之名,然《春秋》赦事诛意,为其志善而不予诛,至于《春秋》加赵盾弑君之名,说明其责贤者备,即所谓"恶薄而责之厚也",目的在"矫枉世而直之"而已。概言之,董仲舒举赵盾事,固谓其心实善而行事不合于君臣之义,但特重其心志动机,旨在明"《春秋》之论事,莫重于志"(《春秋繁露·玉杯》)。这显然有别于司马迁据赵盾事而见《春秋》之重礼义的立意,二者是论同而旨异。就重礼义一端言,司马迁关于赵盾弑君一事的议论更似参诸《左传》。③《左传》指赵盾居卿位,"亡不越竟,反不讨贼",该当弑君之名。按礼,越境则

----

① 见张守节《史记正义·太史公自序》释"其实皆以为善"。

② 晋范宁释"君弑,反不讨贼,则志同"曰:"志同穿也。"范宁集解,杨士勋疏,《春秋穀梁传注疏》(李学勤主编《十三经注疏》标点本),北京大学出版社,1999,页190。

③ 《史记·晋世家》述评此事明显也是依据《左传》。

君臣之义绝,君臣之义既绝,则返国可以不必讨贼,①故《左传》又引孔子语,申明"越竟乃免",言赵盾"为法受恶"。可见《左传》论赵盾事归本于礼义,与司马迁同旨。综言之,上引文中,司马迁暗指赵盾事而发的有关"《春秋》之义"的议论,不专主一家一传:礼义之旨,多同《左氏》;兼论心志,与董氏公羊学有相通之处;至于谓赵盾"陷篡弒之诛,死罪之名",《春秋》不赦其罪,则三传无明文,②董氏更言《春秋》贵志、"盾不宜诛"(《春秋繁露·玉杯》),故当主要是司马迁自己的理解。司马迁解说《春秋》,可谓融通诸家诸传,自成一家之见。不过,如前所言,他暗指赵盾事,只是作一例证铺垫,真正目的则在于确立其总结性的观点即"《春秋》者,礼义之大宗也"。《春秋》三传虽亦言礼,但皆未曾明确以"礼义"概括《春秋》之义;司马迁以礼解《春秋》,视礼义为《春秋》根本,为人所未发。③ 这一方面表明,司马迁以礼说《春秋》,

----

① 参杜预注"惜也,越境乃免"。左丘明传,杜预注,孔颖达正义,《春秋左传正义》,前揭,页598。

② 杨士勋疏《穀梁》曰:"赵盾不讨贼之罪重,故不书晋侯葬,明盾罪不可原也。"范宁集解,杨士勋疏,《春秋穀梁传注疏》,前揭,页190。但杨氏唐人,其说显不能视为《史记》之根据。

③ 皮锡瑞"论董子之学最醇微言大义存于董子之书不必惊为非常异义"亦谓《史记·太史公自序》"以礼说《春秋》尤为人所未发",因此知《春秋》通于礼家"。(皮锡瑞,《经学通论·春秋》,前揭,页6。)但皮氏本公羊立场,归司马迁《春秋》者,礼义之大宗"一说于董仲舒名下,则不足据。皮氏仅凭此说董氏公羊学正名,而未举他证以明董氏有"以礼说《春秋》"之实,是当然地将"以礼说《春秋》"归功董氏而未经考证,更重要的是,从上下文看,司马迁引"余闻董生曰",于"子曰"前已毕(顾颉刚主持点校的中华书局《史记》版本也作如是标(转下页注)

突破三传界限,即使不免受三传启发,仍当认为是他对《春秋》的独家见地。另一方面更可见,司马迁所说的《春秋》,就是孔子所作之《春秋》,而非特指某家某传;他理解《春秋》之义,就是理解孔子寓于《春秋》的大义,而非遵循某传家法。《史记》常径以《春秋》称诸传,不过是以为传附于经,而将诸传所记之事、所明之义归于《春秋》名下,视为孔子之传。① 由此可知,《自序》中,在与壶遂的往来问答之间,司马迁始终是以孔子之《春秋》言《春秋》:

> 《春秋》文成数万,其指数千。万物之散聚皆在《春秋》。

─────────

(接上页注)点),故不得将《太史公自序》以礼说《春秋》的诸多议论视为董氏之言。

另,杨燕起也认为,"《春秋》者,礼义之大宗也"是司马迁个人的观点。杨燕起,《〈史记〉的学术成就》,北京师范大学出版社,1996,页192。

① 《春秋》三传中,《公羊》、《穀梁》皆口传,《左传》也"因孔子史记具论其语"(《史记·十二诸侯年表序》)。跳出门户之见,三传之不同,不必归为真假之别。即使在流传过程中无参差,就其原本而言,三传也完全可能由于最初传授者从孔子处的闻见或自身理解力的不同而各有侧重、互有差异(关于此问题,可参马勇,《汉代春秋学研究》,前揭,16—17页)。因此,司马迁理解《春秋》,并参诸传而不尽同诸传,固不足怪。

另,汉人经传不别,未尝无传附于经而经由传明之意,故公羊博士以经为名,自称传《春秋》而不言传《公羊传》,司马迁据以谓"公孙弘以《春秋》白衣为天子三公"(《儒林列传》),"自公孙弘以《春秋》之义绳臣下取汉相"(《平准书》)。《史记》以《春秋》称诸传,恐也是因俗为言。

该句在司马迁举例以明"《春秋》者,礼义之大宗也"之前,故此处"文成数万,其指数千"之《春秋》亦当指孔子所作之《春秋》。只是《春秋》经文才一万余字,而《公羊传》字足数万,且得意于当时,司马迁又曾引董仲舒之言,故有学者疑此处之《春秋》指《春秋公羊传》。① 前文已揭明司马迁不主一家一传的立场以及他引董生之言的用意,致疑之处当仅在"文成数万"一语。司马贞《史记索隐》曰:"小颜云'史迁岂以《公羊传》为《春秋》乎?'又《春秋经》一万八千,亦足称数万";②另张文虎也以此处《春秋》即《春秋》本经,引《说文》云"数,计也","盖云文以万计,指以千计。诸人误读如数目之数,遂多窒礙"(《舒艺室随笔》卷四)。二说可通,且不能排除司马迁言足数以壮文气或数字有误的可能性——汉人本阔略,司马迁又志在成一家言,不拘于数目之确,当在情理之中。③ 结合前文讨论的司马迁答壶遂之语可明,在他而言,《春秋》即是孔子所作的《春秋》。

司马迁指出"《春秋》者,礼义之大宗"之后,便引贾谊《陈政事疏》语以明《春秋》重礼义的治政意图。

---

① 参裴骃《史记集解·太史公自序》。

② 并参王观国《学林》卷二《春秋经字数》:"……颜师古云'一万之外,即以万言之,故云数万'。"

③ 中井积德曰:"数万者,谓多也。此原欠口之语,初不用算计,故有不合也。"(《史记会注考证·太史公自序》)

又,王观国《学林》卷二《春秋经字数》:"太史公论《春秋》,岂以《公羊传》参计其文数耶!……《春秋经》万六千余字,当言文成万余,而云数万者,太史公之言不确也。"

夫礼禁未然之前,法施已然之后;法之所为用者易见,而礼之所为禁者难知。(《史记·太史公自序》)①

周汉之际的不少著作中,"礼义"与"礼"二词常通用互代,一般不作区分。② 严格来讲,二者之间有细微差异。"礼义"偏于抽象的行为原则,"礼"突出具体的行为规范。但行为规范必依据行为原则,行为原则必体现为行为规范。礼义只存在于人的观念中,必落实为礼才具有现实性;礼作为礼义的表现方式,本身就涵括了礼义。二者其实不可分割。司马迁表明《春秋》重礼义后,即以礼、法比照对言,是礼、礼义互用不别之例。礼的规范性质,使它有可能成为一种与法互补的治政管理措施,并具有法所不能及的预防规训功能。《春秋》之重礼,明显有治政意义。故司马迁言于壶遂曰:

夫《春秋》,上明三王之道,下辨人事之纪,别嫌疑,明是非,定犹豫,善善恶恶,贤贤贱不肖,存亡国,继绝世,补敝起废,王道之大者也。《易》著天地阴阳四时五行,故长于变;《礼》经纪人伦,故长于行;《书》记先王之事,故长于政;《诗》记山川谿谷禽兽草木牝牡雌雄,故长于风;《乐》乐所以立,故长于和;《春秋》辩是非,故长

---

①　此节在文字上与《汉书·贾谊传》所载《陈政事疏》稍有出处。又,类似说法也见于《大戴礼记·礼察》。

②　比较突出的如《荀子》。

于治人。是故《礼》以节人,《乐》以发和,《书》以道事,《诗》以达意,《易》以道化,《春秋》以道义。拨乱世反之正,莫近于《春秋》。……《春秋》之中,弑君三十六,亡国五十二,诸侯奔走不得保其社稷者不可胜数。察其所以,皆失其本已。故《易》曰'失之豪釐,差以千里'。故曰'臣弑君,子弑父,非一旦一夕之故也,其渐久矣'。

此节在《自序》明《春秋》归本礼义之前。《礼记·曲礼》曰:"夫礼者,所以定亲疏,决嫌疑,别同异,明是非也",司马迁此处谓《春秋》"别嫌疑,明是非,定犹豫",与其以《春秋》为"礼义之大宗"的观点正相呼应。他所以称《春秋》"上明三王之道,下辨人事之纪",根本上在于它以史事彰明礼义;这反过来又说明,《史记》指《春秋》重礼,乃是基于礼分别辨治人群的治政功能,由此显示《春秋》"以当王法"(《史记·儒林列传》)的治政意图。① 就重礼一端言,六艺之中,《春秋》与《礼》最近。《礼》确立具体行为规范,明人之所当为,有"节

---

① 此处《春秋》"当王法"一说,当循司马迁对《春秋》的理解角度,以经而非以传论。又,《春秋》明王道一说,虽以《公羊传》最为著名,但非其所专有,其余二传亦有此意。《史记·十二诸侯年表序》先言孔子作《春秋》"以制义法,王道备,人事浃",次论左丘明撰《左传》以明孔子之意;在司马迁看来,《左氏》显然也有《春秋》明王道之意。杜预序《左传》,即谓孔子作《春秋》,"上以尊遵周公之遗制,下以明将来之法"。治《穀梁》者,亦有"正名尽辞,正隐治桓"之论,故钟文烝曰:"《春秋》始元终麟,止是正名而尽其辞,以明王道,此直揭全书本旨也。"(《穀梁补注·宗经篇》)事实上,汉人尚经世致用,诸传所谓明王道、当一王之法,多是自荐之辞,故公羊博士称为汉制法,《左传》学者亦有"汉家尧后"之说。关于此问题,可参俞正燮《癸巳存稿》卷一《公羊传及注论》。

人"之效,故曰"长于行";而《春秋》据礼义以史事"辩是非"、"善善恶恶"、"贤贤贱不肖",最能见是非、善恶之验,故"长于治人"。所谓"六艺于治一也",①《春秋》以外,其余五艺,无不有益于治;司马迁先以《易》、《礼》、《诗》、《书》、《乐》陪说,最后正说到《春秋》的"道义"、"治人"之功,特别突出了《春秋》一书的治政性质。② 从礼义的角度看,所谓"治人",即是"道义",即是正君臣父子之礼。参照上引文所揭《春秋》关于臣弑君、子弑父、诸侯亡国者不可胜数的记载,可以明了,《春秋》之"治人"所以体现为教导"君君、臣臣、父父、子子"之义,主要是针对当时君臣父子失序的混乱状况。在此意义上,《春秋》推明礼义,亦可谓是"存亡国,继绝世,补蔽起废",或者说是"拨乱世反之正"。在司马迁看来,这既可说明《春秋》之重礼义的现实治政动机,也与孔子视"君君,臣臣,父父,子子"为政事根本的态度相一致。③

概言之,司马迁理解《春秋》,虽参诸三传并及董氏春秋之学,但始终本着回到经典的解说态度,④视《春秋》为孔子

---

① 《史记·滑稽列传·序》引孔子曰。

② 以"陪说"、"正说"点评分析上引文,具体见金圣叹点评《太史公自序》。张国光点校,《金圣叹批才子古文》,前揭,页298。

③ 《孔子世家》:"景公问政于孔子,孔子曰:'君君,臣臣,父父,子子。'"据此也见司马迁对孔子的理解有其一致性。

④ 以现代学术的眼光看,经、传之间,犹如经典与解释的关系;《春秋》三传不过是对《春秋》本经的有根据、有传承的解释,而《公羊》可视为当时流行的权威解释,在此意义上,可认为司马迁就《春秋经》论《春秋》的态度为"回到经典"。

所作之《春秋》,直接把握《春秋》本身的治政特质及其拨乱反正的治政意图。联系司马迁绍法《春秋》的著述志向,这一理解思路具有明确的目的性——任何真正的效法,都应该是本质上的效法,因此要求对效法对象具有根本性的认识;对一部著作而言,显然没有什么比其意图和特质更为根本的了。《自序》于司马迁自述"继《春秋》"而著书的志向后,特设其与壶遂就孔子作《春秋》一事的往来问答之语,正是承接"继《春秋》"之说,揭示《春秋》的本旨、大义,以显明《史记》"继《春秋》"之一家言的意图、动机所在。

2.2 "继《春秋》"之一家言旨在拨乱反正

从《太史公自序》对《春秋》的理解看,《史记》继《春秋》的基本角度已比较清楚。司马迁既特别澄清《春秋》的治政性质及其拨乱反正的治政意图,则其一家言继《春秋》而发,亦当有治政目的。这一目的,在《报任安书》中,他又表达为"究天人之际,通古今之变"。但以现代学术眼光而论,天、人并提,涉及对天的本质属性的认识问题;古今之变,也存在着认识历史规律的要求。由此,司马迁究天人、通古今的说法便难免呈现某种知识意趣,从而在相当程度上模糊了"继《春秋》"与究天人、通古今的内在一致性。并且,由于究天人、通古今作为司马迁一家言的宗旨在其表述中更加直接、明确,①

---

① 《报任安书》明言:"亦欲以究天人之际,通古今之变,成一家之言"。

"继《春秋》"与一家言之间的关系就相应地削弱了。因此，司马迁"究天人之际，通古今之变"的本质涵义，仍是一个需要澄清的问题。通过澄清这个问题，不仅可进一步明确司马迁一家言与"继《春秋》"说的关系，更可具体辨明其"继《春秋》"之志为其一家言所确定的核心目标。

2.2.1 从信仰之"天"到命运之"天"

中国自古有持"天"言成败的传统，由《诗》、《书》可略见一斑。《周颂》作为《诗经》中最早的作品，有不少诗篇涉及对"天"的信仰。《昊天有成命》曰"昊天有成命，二后受之"，言"天祚周以天下，既有定命，而文武受之矣"，①即谓"天"监管天下，②得治天下者皆为"天"所认可，受"天"之命。故《时迈》云"时迈其邦，昊天其子之"，以"子之"喻天命之尊，"谓使之为王也"；③"有天下曰天子"，④正是对"天"的信仰的反映。要之，古人以为，天下之事，皆由"天"掌管，故一朝治乱，一姓成败，是天下大事，亦是"天"特重之事，其中可见天意。《尚书·君奭》载周公语召公曰："天降丧于殷，殷坠厥命，我有周既受。"言"天"夺殷商之天下，授之于周。商所

---

① 朱熹说。金启华，《诗经全译》，南京：江苏古籍出版社，1984，页808。

② 参《诗·周颂·敬之》："敬之敬之！天维显思。命不易哉！无曰高高在上。陟降厥士，日监在兹。"

③ 见严粲说。金启华《诗经全译》，前揭，页813。

④ 同上。

以坠其天命,在于帝纣的荒唐作为使其失"天"爱念:"弗惟德馨香,祀登闻于天,诞惟民怨。庶群自酒,腥闻在上,故天降丧于殷,罔爱于殷。惟逸。"(《尚书·酒诰》)纣聚众用酒荒淫,"天"闻其腥秽而无爱于殷。在这种通俗、形象的拟人化说法中,"天"被赋予明确的人格特征。古人用"上帝"喻称上天的主宰地位和权威,①正代表了对"天"具体而实用的信仰。这意味着,"天"不是人的抽象的精神依恃,而是显现于事之成败、治乱中的万能主宰。这种信仰带有一种世俗的严肃性,人们真诚地相信地上的事情完全反映了天上的意

---

① 《尚书·召诰》曰:"呜呼!皇天上帝,改厥元子,兹大国殷之命。"

按:在甲骨文中,"帝"与"天"为两字。"帝",甲骨文用为天帝之帝;"在商人的心中,帝是居于一切之上的主宰者,故也称'上帝'",其主宰地位表现在三方面:"一、支配自然界";"二、对于人间可以降祸,可以授福";"三、人间的所作所为,实际是商王的所作所为要得到上帝的许诺,即要经过上帝的批准。"(赵诚,《甲骨文简明词典——卜辞分类读本》,中华书局,1988,页1)

从商代卜辞来看,商人认为,"帝在天上",而"对上帝进行祭祀,上帝就有可能降临人间"(同前,页1—2)。据此,商代"帝"和"天"似应分别而论。但甲骨文的"天"字有一种写法,从"上"从"大"(正面人形),"会天在人上之意",是"后代天字最初的形态"。按卜辞,"帝(上帝)"作为商人心中的绝对主宰者,有时简称为"上"。前述甲骨文"天"字所从之"上"与此上帝的简称(上),"从某种意义上来讲,其意义是相近的。换句话说,商人心目中的天和上帝是相近的,甚至是同一的。"(同前,页186—187)

商代尚将"天"、"帝"同论,则周代可知。前引《尚书·召诰》"皇天上帝,改厥元子,兹大国殷之命"亦当作类似理解。汉孔安国去古未远,而释此句云:"叹皇天改其大子,此大国殷之命"(孔安国传,孔颖达疏,《尚书正义》,李学勤主编《十三经注疏》标点本,北京大学出版社,1999,页394),正是认为"皇天"与"上帝"同指。

愿,在对"天"的信仰中,他们首先寻找的不是来世的保障,而是今世实在的福祉。①

由于附加了现实的期待,对"天"的人格崇拜就会表现为,视自然现象为"天"的有意识的反应,并将自然现象与人间事务直接联系起来,在自然现象中揣摩领会"天"对人事的具体意见。这种天人感应的思维方式在古人来说是很自然的。"上古之时,人之视天甚近"(赵翼《廿二史劄记》卷二《汉儒言灾异》),信奉天人相感,自不待言;殷、周仍承

---

　　① 按:古代文献中,有关福善祸淫的天道观直接或间接的表述不在少数,本书目的在于指出这种至今仍以多种形式暗涌于国人思维中的天道观,并将其与司马迁所代表的另一种天人观念作一参照,故不作进一步引证、论述。

　　一般来说,对古代事物的研究可有两种截然不同的意图,一种是知识的,一种是教养的。前者将过去视为客观的认识对象,意在复原历史的本来面目,故而追求证据的全面性、可靠性和最大化。这种以好奇心和求知欲为主要动力的历史研究,存在着一个局限:知识的建构是合逻辑的,并总偏向于择取大概率的可能性,但一个事件的实际发生过程,可能是非逻辑的,或在人类理性看来只具有小概率的可能性。因此,以知识为目的的历史研究必须有一个信念性前提,即相信所用的证据是足够的(虽然最客观精细的历史记载也不可能覆盖所有的历史细节)、相信合乎理性的推理研究也是合乎事实的。另一种以教养为目的的历史研究则满足于在历史中发现有益于人类精神教养的事例、形象或思想,更多地关注当前真实的行动而非过去的事实真相。歌德说,"我痛恨一切只是教训我却不能丰富或直接加快我行动的事物";这句话,不仅像他山之玉一样立于尼采"关于历史有无价值的思考的前沿"(尼采,《历史的用途与滥用·序》,陈涛、周辉荣译,上海人民出版社,2000),也是对这种历史研究意图的很好的注释。当然,这种研究也存在一个判断力方面的危险,即捡起浮于历史之河表面的轻飘飘的事物,而忽略了那些沉底的真正有分量的东西。吊诡的是,这种判断力上的缺陷或偏差,也只能寄望于通过对过往事物的学习研究得到弥补或纠正。

此观念,①至汉又大为盛行。② 对天象的信仰、对星辰之变的重视,是古代天人感应思维方式较为直接普遍的体现。③ 如汉太史令掌天官,必须懂星历,根据天文现象预断、解释人事(尤其政事)的吉凶、治乱,与卜祝很相似,故司马迁继父谈为太史令,曾自言"文史星历,近乎卜祝之间"(《报任安书》)。他特置《天官书》于《史记》八书中,不只因天官是其家学,更在于天官向为政事之要,不可遗漏。④《天官书》与其说体现了司马迁的天人思想,不如说主要反映了古代的政俗,保存了传统的天文之学;⑤《天官书》中对天人相感的肯定倾向的说法,在当时普遍信仰天象的大背景下,也很难看成是司马迁的独家见解。⑥ 星气占候之外,汉人——如董仲

---

① 李锐指出:"天能赏善罚暴的理论,是商周以来的传统观念之一,是甲骨文中每事必卜背后的理论支撑。"李锐,《也谈〈史记·伯夷列传〉的疑天观念》,《史学史研究》,2007 年第 4 期。

② 参顾颉刚,《秦汉的方士与儒生》第六、七章,上海人民出版社,1957。

③ 洪煜指出,"古人相信天上的上帝掌管着人间的一切,表现他的最高权力。人们出于对天象的信仰和对冥冥之中上帝的恐惧,而把天文的现象当作上帝对人间的表示。"洪煜,《先秦秦汉天命观对王权的影响》,《史学月刊》,1994 年第 5 期。

④ 司马贞《史记索隐·太史公自序》曰"书者,五经六籍总名也。此之八书,记国家之大体。"

⑤ 刘咸炘云:"史家作志,原以成一代之政典、风尚、学术,非但详制度也。史公本甘石为《天官书》,即存甘石之学也。"(《史学述林·史通驳议》)引自杨燕起、陈可青等,《历代名家评〈史记〉》,前揭,页437。

⑥ 不过,司马迁推言天变,或亦有借以讽时的意图。《天官书》篇末"太史公曰"以后,述历代天变,未涉三代及以前,而始于春秋,特详秦并中国及秦汉间事,以至汉武征伐,皆是兵革频仍之际。可见,司马迁论天官重兵事。其述本朝天变曰:"元光、元狩,蚩尤之旗再(转下页注)

舒等——又推阴阳而言灾异,用阴阳五行学说整理灾异现象,使其成为一种有系统的学问。[1] 这更可见天人感应思想广泛存在于汉人观念中。对汉人而言,天人感应,既是一种传统观念,又是一种时代思想,因此可说是一种自然的信仰态度。

从实践的角度看,天人感应观念必然会生发出一套对人的行为方式与吉凶治乱结果之间的对应关系的合理性解释,以便确立可靠的行为准则指导人们趋吉避凶。这反映在政事上,便是对君主之"德"的强调。[2]《尚书·召诰》记周公戒成王曰"天亦哀于四方民,其眷命用懋",谓"天"哀怜天下生民,故命有德、勉敬者治之;[3] 一姓既受命以德,后世王者不

（接上页注）见,长则半天。其后京师师四出,诛夷狄者数十年,而伐胡尤甚。越之亡,荧惑守斗;朝鲜之拔,星茀于河戍;兵征大宛,星茀招摇。"（《天官书》）所谓"星茀招摇",乃穷兵劳民之象（见《汉书·天文志》）,而"荧惑为孛,外则理兵,内则理政"（《史记·天官书》）。司马迁记载本朝天变,与他对汉武穷兵黩武的批评态度是完全一致的。且《汉书·天文志》并无武帝元光、元狩年间"蚩尤之旗再见,长则半天"之记载,而司马迁述之以为数十年穷兵之象,结合他拨乱反正的一家言宗旨,这在某种程度上可视为他有意突出武帝征伐四夷时的天变,其中当然不免于讽时之意。另,关于司马迁对汉武征伐的批评态度,可详参本书第三章第四节。

　① 顾颉刚《秦汉的方士与儒生》,前揭,页27。
　② 杜勇也指出,在周人的信仰中,"天"与"帝"同指,他们崇拜天帝,"赋予它主宰人间万物的神性",并认为"王朝的更替是由天命即天帝的意志所决定的"。杜勇,《略论周人的天命思想》,《孔子研究》,1998年第2期。
　③ 孔安国注"天亦哀于四方民,其眷命用懋"曰:"民哀呼天,天亦哀之,其顾视天下有德者,命用勉敬者为民主。"孔安国传,孔颖达疏,《尚书正义》,前揭,页395。

自葆其德,便会坠失其天命。① 故曰"天不可信,我道惟宁王德延"(《尚书·君奭》),②指天命不可依恃,有德受之,无德失之,惟修德可以谋延久。这表示,天人之间有一种积极的感应关系,"为善者天报以德,为不善者天报以祸"(刘向《说苑·谈丛》),即古人所谓"天道"。③ 董仲舒为汉代儒宗,备言天人感应种种,既谓"以人随君,以君随天"(《春秋繁露·玉杯》),又援灾异以规时政,④正是基于"天"命君主治理人事而自监管君主以主持人间公道正义的信念前提。这种"天道"与道德儒学所标榜的天道显然不同。后者认为,"天"是道德主宰,是人的全部道德生活的源泉和保证。前者则专注于现世福利,"天"以实际的吉凶福祸对人世善恶进行赏罚;"天"只是善善恶恶,执行人世的善恶标准,并不是人世善恶原则的直接根据。这种"天道"观固然可以激发人趋善避恶,但其动力不是道德自觉而是利益权衡,因此隐含了一个危险,即将"天"的实际赏罚作为划分善恶的依据,进而将"利"等同于善,所谓善行于是归结为利益算计或与"天"的

---

① 《尚书·召诰》论桀纣之亡夏商曰:"不其延,惟不敬厥德,乃早坠厥命。"

② 孔安国注曰:"无德去之,是天不可信,故我以道惟安宁王之德,谋欲延久。"孔安国传,孔颖达疏,《尚书正义》,前揭,页441。

③ 《老子》曰"天道无亲,常与善人"(七十九章)。此语又见《史记·伯夷列传》《说苑·敬慎》。

④ 《汉书·董仲舒传》:"仲舒治国,以《春秋》灾异之变推阴阳之所以错行,故求雨,闭诸阳,纵诸阴,其止雨反是;行之一国,未尝不得所欲。"

正确交易。这种"天道"信念显然更为古老,它表明"天"的意志决策遵循常道,从而保持了天意的可测度性,解决了天与人如何感应的问题,在一定程度上保证了天人相感的现实性,可说是天人感应思想的重要部分。

如前所言,天人感应是汉人普遍具有的思维方式和信仰态度,故与之相关的"天道"说亦当深入其心。司马迁生于汉代,其家又世典天官,他对"天道"的质疑显得尤为引人注目。①《伯夷列传》曰:

> 或曰:"天道无亲,常与善人。"若伯夷、叔齐,可谓善人者非邪?积仁絜行如此而饿死!且七十子之徒,仲尼独荐颜渊为好学。然回也屡空,糟糠不厌,而卒蚤夭。天之报施善人,其何如哉?盗跖日杀不辜,肝人之肉,暴戾恣睢,聚党数千人横行天下,竟以寿终。是遵何德哉?此其尤大彰明较著者也。若至近世,操行不轨,专犯忌讳,而终身逸乐,富厚累世不绝。或择地而蹈之,时然后出言,行不由径,非公正不发愤,而遇祸灾者,不可胜数也。余甚惑焉,傥所谓天道,是邪非邪?

据言"天"赏善罚恶,主持人间公道,但司马迁在历史、现实中

---

① 当然,质疑"天道",并非司马迁首倡,如李锐所言,这种怀疑"有很早的渊源",如在《诗经》与先秦诸子著作中都有比较突出的表现。李锐,《也谈〈史记·伯夷列传〉的疑天观念》,前揭。

所见,却多是反例。人之善恶与"天"之福祸既不相应,则"天道"表现在何处? 无视人之善恶而任意赏罚,"天"还有何公道可言? 故司马迁曰"傥所谓天道,是邪非邪"。① 从理论上讲,这当然只是一种怀疑。但维持一种要求实现而又难验于现实的"天道"观,不能依靠理智,除信念外别无他途。在信念的领域内,唯有信或不信,没有折衷;从信仰的角度看,怀疑即意味着不信,质疑"天道"的存在即意味着不相信"天"能够主持人世公道正义。不信"天道",不表示司马迁否定"天"的最终主宰地位,而说明他关于"天"与人之间的关系问题有新的思考。

《史记·秦楚之际月表·序》云:

> 秦既称帝,患兵革不休,以有诸侯也,于是无尺土之封,堕坏名城,销锋镝,鉏豪桀,维万世之安。然王迹之兴,起于闾巷,合从讨伐,轶于三代,乡秦之禁,适足以资贤者为驱除难耳。故愤发其所为天下雄,安在无土不王。此乃传之所谓大圣乎? 岂非天哉,岂非天哉! 非大圣孰能当此受命而帝者乎?

此节论刘氏继秦得天命、建汉家天下之事。刘氏践帝祚,是亡秦之后刘项相争而项羽败亡的结果。《史记》中,汉高、项羽两

---

① 李锐也指出,《伯夷列传》该段文字表现了司马迁对"天道"的怀疑,是"他的天人观念的重要组成部分之一","是对董仲舒天人观念的质疑"。同上。

纪相邻互见,有鲜明的对照比较效果。司马迁于刘、项二人所寄的情感倾向非常明显,以致学者几乎众口一词以为他多寓褒项而抑刘之意,不赘。[①] 上引文中,司马迁既以"天"言刘邦得天下之事,当然是以为其中有天命在,但在他看来,这一天命已不如三代的天命具有说服力,而更带有某种不可知的神秘色彩。首先是外在条件。"昔虞、夏之兴,积善累功数十年,德洽百姓,摄行政事,考之于天,然后在位;汤、武之王,乃由契、后稷修仁行义十余世"(《史记·秦楚之际月表·序》)。自古帝王受命,必先行大功德。秦以武力灭六国而统天下,全异于此,如邱逢年云,"三代得天下皆以德,秦独以力,为生民以来一大变局"。[②] 但"秦起襄公,章于文、缪、献、孝之后,稍以蚕食六国,百有余载,至始皇乃能并冠带之伦"(《史记·秦楚之际月表·序》),且"秦之先伯翳,尝有勋于唐虞之际"(《史记·秦始皇本纪·赞》)。秦经营数世乃有天下,亦可见天命之不易得。故司马迁总结三代并秦之故事,曰"以德若彼,用力如此,盖一统若斯之难也"(《史记·秦楚之际月表·序》)。但这种有土乃王、"一统若斯之难"的格局至汉又为之一变。汉高起于闾巷,全无根基,八年即有天下,古所未见,其受命之迅捷,真不可思议。且亡秦首功不在刘氏。按《高祖本纪》,项羽救赵,巨鹿一战,破秦劲旅,降秦枭将,"诸侯皆附",

---

① 较详可参陈曦《〈史记〉与周汉文化探索》,北京:中华书局,2007,页189—197。

② 邱逢年《史记阐要·全书脉络》。引自杨燕起、陈可青等,《历代名家评〈史记〉》,前揭,页114。

秦之势、气已去大半，故赵高内溃，杀二世，"使人来，欲约分王关中；沛公以为诈，乃用张良计，使郦生、陆贾往说秦将，啖以利，因袭攻武关，破之"。这表明，刘邦入关实乘项羽救赵之势。[1] 于《高祖本纪》中书项羽亡秦首功，其深意可知。依司马迁之见，"亡秦者，项羽也"，[2] 刘邦亦所谓因人成事者。[3] 楚汉相争之初，项羽擅号令，置诸侯，其势非刘邦可同日而语，但五年即亡于垓下，刘氏遂有天下。[4] 诸如此类，似皆若有"天"

---

① 郝敬《史记愚按》卷二云："当时救赵，难于入关，救赵争锋，一旦而入，关可缓图，故河北之行属羽，以入关属沛公，惟其有河北之胜，故入关之势振，大军外破，关中震恐，所以赵高内溃，有分王之约"。引自杨燕起、陈可青等，《历代名家评〈史记〉》，前揭，页356。

② 汪荣祖《史传通说——中西史学之比较》之《太史公第七》，前揭，页88。

③ 徐复观指出，"刘邦初起，从项梁，不仅项梁资之以兵，乃得为别将；且秦军之主力为章邯，若无项羽的巨鹿一战，坑秦卒二十余万人，刘邦何能有入关的机会？秦之亡，乃亡于其主力的被歼；入秦乃乘虚蹈隙，藉项羽的声威，非秦亡的关键所在。史公以亡秦之功归项羽，正所以显露此一历史的真实。"徐复观，《两汉思想史》第三卷，上海：华东师范大学出版社，2001，页210。

④ 汪荣祖析司马迁之意曰："迁斥项氏天亡我之谬，实甚惜之。《项羽本纪》读之令人回肠荡气，节叹者三，即因其作者，具有'最善之同情（the finest sympathy）'也。项王应得而失之，遂令刘氏践帝祚，成于汉家。"可备一说。汪荣祖，《史传通说——中西史学之比较》之《太史公第七》，前揭，页88。

另，司马迁重项羽，也未掩其恶，对其坑杀秦人事，在其本纪中虽未明确评价，但在《黥布列传·赞》中借恶布常为项氏坑杀人首虐而责项羽。

对《史记》中的项羽，历来褒贬不一。汉人疏阔好奇，于雄奇暴烈之人，尚能欣赏；至后世道德堤防渐严，则趣味日趋清淡。黄世荣曾言，"动执圣贤大学之道，以绳非常可喜之事，持论之正，辩者或不能夺，然谨严之意多，而搜采之道隘，于是奇伟俶怪，没不复见，而文亦侵以颓衰矣"（黄世荣《味退居文外集》卷下《书史记滑稽列传后》，引自杨燕起、陈可青等，《历代名家评〈史记〉》，前揭，页721）。此言虽讲滑稽，亦可以论其他。

助。其次,从内修之德看,也可见刘氏践帝祚之幸。关于《史记》对刘邦之流氓习性的描述,学者多有议论,①不赘。仅举一端见司马迁之意。自古圣王以仁德论,《史记·高祖本纪》也称刘邦"仁而爱人"。但联系《史记》他篇,这当是司马迁里的套语。据他所述,汉高以天下市天下之"仁",多表现为王陵、郦生等眼里的"与天下同利",②详言之,即陈平所谓"能饶人以爵邑"(《史记·陈丞相世家》)。但既"以天下城邑封功臣"(《史记·淮阴侯列传》),功成之后又灭功臣而自取之。这一点,稍观司马迁揭淮阴、彭越等之冤死即可明。③刘邦对剖符立誓之功臣尚犹如是,④他人可知。⑤ 在司马

———————

① 可参朱东润,《史记考索》(外二种),上海:华东师范大学出版社,1996,页45—47。

② 《史记·高祖本纪》:"高起、王陵对曰:'……然陛下使人攻城略地,所降下者因以予之,与天下同利也。"

《史记·郦生陆贾列传》记郦生说齐王曰:"汉王……降城即以侯其将,得赂即以分其士,与天下同其利,豪英贤才皆乐为之用。"

③ 关于《史记》写淮阴之冤,历来颇多论述,较详可参白寿彝《司马迁寓论断于序事》。白寿彝,《中国史学史论集》,北京:中华书局,1999。

至于彭越之冤,司马迁述之甚明。《魏豹彭越列传》先云,部将劝彭越反,彭越不听,唯欲斩太仆而受其诬告;后又言,彭越为吕后泣涕,吕后与汉共谋,"乃令其舍人告彭越复谋反"。单据《彭越传》,彭越之冤已甚明。《季布栾布列传》又特借栾布之口再申彭越之冤,也是司马迁寓论断于叙事之一例。

④ 《史记·高祖功臣侯者年表序》特详封爵之誓云:"使河如带,泰山若厉。国以永宁,爰及苗裔。"

⑤ 如《史记·季布栾布列传》谓丁公为楚将,尝窘高祖而释之,后丁公谒高祖,高祖遂以"为项王不忠"斩之。高祖斩丁公之心理,周星叔《汉高帝论》析之甚明:"谲哉高帝乎!高帝曰'使项王失天下者,丁公也,丁公为项王臣不忠'。然则为项王臣忠者,宜莫如季布,丁公已戮而季布方购。高帝非能以公灭私者也。然则高帝曷为斩丁公?(转下页注)

迁,汉高以天下市天下之"仁",固与商家将取姑予之"仁"类同,大多不过是算计和操术。① 司马迁《游侠列传·序》引鄙人言云"何知仁义,已飨其利者为有德",谓受人之利则称其为仁,②由之概言"是非无定,成则为是,仁暴无常,贵则称仁",③未尝不是有感而发。汉高名为仁爱长者,亦司马迁所谓"侯之门仁义存"(《史记·游侠列传·序》)一类。④ 古者帝王以德受命,⑤汉高乃凭"饶人以爵邑"的商家人格而有

(接上页注)曰:高帝之怨丁公犹其怨季布尔矣。然而丁公斩,季布终赦者,季布数窘高帝卒无害于高帝,自以为罪而逃之,则非高帝之所甚恶也;丁公能窘高帝,能释高帝,自以为德而谒之,是则高帝之所甚耻也。不然,鸿门之役,使项王失天下者,项伯也,而封之。其有词于后世也哉!"(姚鼐、王先谦,《续古文辞类纂》卷二)。王船山素称汉高,亦言"欲惩人臣之叛其主,而先叛其生我之恩,且嚚然曰是天下之公义也。则借义以为利,是吾心之恻隐亡矣"(王夫之,《读通鉴论》卷二《汉高帝》条九)。

其实,关于汉高之寡恩,司马迁讽之可谓至于极致。《项羽本纪》云:"楚骑追汉王,汉王急,推堕孝惠、鲁元车下,滕公常下收载之。如是者三。"《樊郦滕灌列传》又再揭此事。

① 《史记·货殖列传》记白圭曰:"吾治生产,犹伊尹、吕尚之谋,孙吴用兵,商鞅行法也。……仁不能以取予,……虽欲学吾术,终不告之矣。"钱钟书论曰:"'仁'而曰'以取予'者,以取故予,将欲取之,则姑予之;《后汉书·桓谭传》所谓'天下皆知取之之为取,而莫知与之为取',是也,非慈爱施与之意。"钱钟书,《管锥篇》(第一册),北京:中华书局,1986,页358。

② 张文虎释"已飨其利者为有德"曰:"'已'当作'己',谓身受其人之利,即其人为仁义矣。"张文虎,《舒艺室随笔》卷四。

③ 见于慎行《读史漫录》卷二释该传所引"窃钩者诛,窃国者侯,侯之门仁义存"。引自杨燕起、陈可青等,《历代名家评〈史记〉》,前揭,页714。

④ 张文虎释"侯之门仁义存"曰:"此谓众以仁义称之,受其利故也"。张文虎撰《舒艺室随笔》卷四。

⑤ 故此,秦统天下以力不以德,《史记·六国年表序》谓其"盖若天所助焉"。

天命,可见天意之不定、难测——若谓汉高雄才大略、帝王气度,得登大位固情、理之当然,虽在今天说来或不无道理,但司马迁未曾言之也未必以之为然。① 综合以上两点可知,在司马迁,刘邦之一统天下与传统对"天"所以授命的认识全然不同:自古以为,人行功德,"天"循"天道",天人相应,天命乃成;刘氏受命,则少见人而多见"天"。故上引文中,司马迁于刘氏得天下事连言"岂非天哉,岂非天哉",实表惊奇,表意外,表不解,意谓功德平平而"天"多眷顾,②指"王者之迹,刘氏幸得之耳";③其言"此乃传之所谓大圣乎"、"非大

---

① 司马迁于汉高之才具仅言:"夫高祖起微细,定海内,谋计用兵,可谓尽之矣"(《刘敬叔孙通列传·赞》);朱东润有言,"《佞幸传》载高祖暴伉之句,《高祖本纪》载屠城阳之事,史迁之所以称汉高者,亦可想见。
朱东润,《史记考索》(外二种),前揭,页46。
② 《史记·留侯世家·赞》云:"学者多言无鬼神,然言有物。至如留侯所见老父予书,亦可怪矣。高祖离困者数矣,而留侯常有功力焉,岂可谓非天乎?"此处"天"既言张良,更言汉高。托言鬼物,以见老父予张良书之怪,只可以天意解;张良智计全从老父书中来,其运筹帷幄,为"三杰"之一,又数助汉高脱困,是"天"假张良之手以助汉成功,此意《留侯世家》先已道破:"(老父)出一编书,曰:'读此则为帝王师矣。后十年兴。……'"
另,《史记·太史公自序》曰:"子羽暴虐,汉行功德;……作《高祖本纪》第八"。这当主要就二人先后入咸阳之行为对比而言。汉高除秦之苛法,与民约法三章;项羽则屠咸阳、杀秦王子婴、烧秦宫,遂失民望。不过,在司马迁,汉高三章之约固德政,但行之日浅,与古圣王积累世功德始能王天下,显然不能相提以论。此外,"史序多微文"(吴忠匡,《史记太史公自序注说会纂》,前揭,页154),《太史公自序》言述作之由,常不可据以为论,这一点,稍对照其自述作《酷吏列传》之由与《酷吏列传》本文即可知。故论断司马迁对汉高的态度,当据《高祖本纪》、《项羽本纪》及《史记》他篇。
③ 汪荣祖,《史传通说——中西史学之比较》之《太史公第七》,前揭,页88。

圣孰能当此受命而帝者乎",止作疑辞,不过是模棱两可的掩饰之语,在暗示刘氏所以得天命之神秘难解的同时,①又稍作缓和,②并非真许刘邦为圣——圣在人,以才德论,"既云天则非以圣矣"。③ 司马迁所说的"天"是天命之"天",专以解释难言难明之事。如《李将军列传》借李广之口云"而大将军又徙广部行回远,而又迷失道,岂非天哉",惜李广不遇时,"天"字正为其扼腕。④ 才德不应而功成,是"天";才德既应而不成,也是"天"。《史记》中,凡以理智不能解之事皆归之于"天"。天、人不同理,人自尽人事,成不成则在"天"。天意既不能以人理测度,对人来说,"天"就不过代表了不可掌握之"命"。故此,《外戚世家》叹"命"幽微难识,⑤并举吕氏设计周密,"欲连固根本牢甚,然无益也",窦姬则无意而生汉景主后宫,以见人力虽勤,无如命何,冥冥中似有"天"

---

① 《史记·高祖本纪》中种种显于刘邦身上的瑞兆——且无论真假——也加强了其统天下一事的神秘色彩。

② 另,刘咸炘解曰:"本非圣而不得不言圣,以杜效尤"(刘咸炘《太史公知意·表·秦楚之际月表》,引自杨燕起、陈可青等,《历代名家评〈史记〉》,前揭,页392)。考虑到著作的阅读效果和现实影响,刘氏所指的可能性是完全存在的。但所谓"以杜效尤",不过是文人的一厢情愿;后世揭竿之类鲜有不自许天命而在身而"圣"者。

③ 同上。

④ 仅据《史记·李将军列传·赞》,也可见司马迁重李广之意。可参黄震、牛运震说,见杨燕起、陈可青等,《历代名家评〈史记〉》,前揭,页673、674。

⑤ 此篇序曰:"人能弘道,无如命何。甚哉,妃匹之爱,君不能得之于臣,父不能得之于子,况卑下乎! 既驩合矣,或不能成子姓;能成子姓矣,或不能要其终,岂非命也哉? 孔子罕称命,盖难言之也。非通幽明之变,恶能识乎性命哉?"

自作主张。司马迁屡述预言、梦异、相卜之验,当依此论。①
《史记》讲命也讲天命。凶吉祸福夭寿是命,主天下是天命,
人皆有命而天命难得。二者都是由不可掌握之"天"所定的
命运,命运之无常正在于天意之难测。

　　司马迁由"天"的命运特征而论天意之难知,并多言命、
天命,这与他不信"天道"是一脉相承的。钱钟书有言:"马
迁唯不信'天道',故好言'天命';盖信有天命,即疑无天道,
曰天命不可知者,乃谓天道无知尔。"②"天道"作为超自然正
义,善善恶恶,沟通人事和天意;若有"天道",则天意可度,
报施不爽。唯"天道"虚设,人事与天意往往相左,"天"主宰
凶吉祸福而不主持正义,赏罚无常,故在人而言,天意遂表现
为不可测度的命运即命或天命;反过来看,既彰天命或命之
不测,则表示天、人不通,无"天道"可言。司马迁不信"天
道"与好言命或天命,不仅相合,且可互证。这说明,他对
"天"及天人关系的看法已偏离了传统的天人感应信仰的范
围。在天人感应信仰中,天、人沟通无碍,人出于趋吉避凶的
心理而趋善避恶,正是由于有"天道"作为保证。司马迁借

---

　　① 不过,《史记》摹写神怪灵异,非必专为揭示天意,亦常作侧笔
之用,据以抒发己意。袁枚《随园随笔》卷二《史迁序事意在言外》:"史
迁叙事,有明知其不确,而贪其所闻新异,以助己之文章,则通篇以幻忽
之语序之,使人得意于言外,读史者不可不知也。"如《李斯列传》述赵
高杀二世欲为帝,"上殿,殿欲坏者三",《魏其武安侯列传》记田蚡为灌
夫、窦婴所化厉鬼所杀,等等,皆是司马迁"使人得意于言外"的侧笔。
关于此问题,可参张高评《春秋书法与左传学史》,前揭,页82—83。
　　② 钱钟书《管锥篇》(第一册),前揭,页306页。

考察经验、现实发现,"天道"观所承诺的天人之间积极的感应关系并不存在,因此传统信仰对"天"的认识定位也并不可靠。"天"既不能经由与人的行为作感应互动而指示人的福祉所在,就不再是信仰的对象,而只是难测的命运主宰。在司马迁看来,"天"的人格色彩已然淡化,信仰之"天"已转变为命运之"天"。这一认识具有比较明显的经验理性特征。但人常是理性与非理性的矛盾体,理性上固已承认传统观念的悖谬,心理、情感上却仍对之有着不自觉的依附。如前所论,司马迁所接受的传统和所感受的时代思想均带有鲜明的天人感应色彩并多有"天道"的说教,故其史事撰述中,便不免于阴德报应、余殃余烈之说。更何况,在祸福无常的现实世界里,"天道"观念可谓是保持在世信心的一种常见、有效的安慰剂。①

2.2.2 一家言的核心:究天人、通古今与继《春秋》

人有趋吉避凶的天性,便有探究福祸成败由来的本能要求。在古代的"天"掌管人世福祸吉凶的观念背景下,对作为行动主体的人来说,这个问题就转化为:人的何种行为能得"天"之爱赏即成功。这就意味着,应划定有助于人获得成功的适宜的行为方式范围。此范围标明了人的作为与

---

① 钱钟书论司马迁"既不信天道而复持阴德报应之说"的态度曰:"盖析理固疑天道之无为,而慰情宁信阴骘之可有,东食西宿,取熊兼鱼,殆人心两歧之常轨。"同上,页307—308。

"天"的作为之间的分界所在;人与"天"在这一分界上会合交接:人交待自己的所作所为,"天"给定福祸成败。此即所谓"天人之际"。① 在传统的天人感应信仰中,"天"对人的善恶无不察知,无不应以赏罚,人对"天"的喜怒及其赏罚根据也都了然,天人之间互感互应,共为一体,各司其职,"天人之际"甚明。在司马迁揭明"天"的命运特征之后,"天"对人世吉凶成败的主宰地位依然成立,但天人之间已不存在相感相应的沟通关系,而是"天"、人互隔,"天"对人世的善恶好坏固无意识和相应的反应,人对"天"的赏罚裁判也难以测知,原先比较清晰的天人分际随之晦暗不明,人世福祸成败之由来遂成为一个需要重新解释的问题。② "天人之际",显然已不再是传统的天官之事所能涵括说明的,③因此有必要重

---

① 段玉裁《说文解字注》:"际,两墙相合之缝也","引申之,凡相合皆曰际"。又,杨雄《法言·问神》:"圣人存神索至,成天下之大顺,致天下之大利,和同天人之际,使之无间也。"

② 古术数有天人家,占吉凶,故"天人"一语可有明吉凶福祸之意。关于天人家之占吉凶,可参《史记·日者列传》:"褚先生曰:……臣为郎时,与太卜待诏为郎者同署,言曰:'孝武帝时,聚会占家问之,某日可取妇乎? ……天人家曰小吉……。'"

③ 除《报任安书》外,司马迁还在《太史公自序》中提到"天人之际"。《太史公自序》曰:"礼乐损益,律历改易,兵权山川鬼神,天人之际,承敝通变,作八书",《汉书补注》卷六十二云"案天人之际,谓《天官书》",当是。但这并不意味着司马迁在《报任安书》中所表达的"究天人之际"一家言宗旨就是指述天官之事。语境不同,所指也会有差异,且《天官书》不过是《史记》一百三十篇中的一篇,岂足以担《史记》著述目的之一半?! 其实,天官之事,即是观天变以占吉凶,本质上也是测知人世福祸成败的方式之一,完全可以纳入本书对"究天人之际"的界定范围。详参下文。

"究"一番。

司马迁对天人分际问题的重新思考,由其记事之法也可见一斑。古时记事多言"天",如《春秋》记人事,兼记天变,人事、天变互为对照,天人之际一目了然。这种记载之法渊源甚久远流长,可溯自三代,是古代天人感应信仰在古史记法上的当然反映。① 《史记》自命绍法《春秋》,却一反《春秋》兼明天变之记法,详人事而略天变,对人的理智难以解明之事,宁归之于天、命而不占之以灾异。② 这正与《史记》对天人关系的认识和定位完全相应:传统天人感应关系已然破产,天变、灾异一类岂足论定成败盛衰之际? 既然天、人异途,二者分际不明,天意幽微难识,则人世福祸非天、命而何?

司马迁有言:"非通幽明之变,恶能识乎性命哉?"(《史记·外戚世家·序》)自古以为龟蓍通灵,能达于神明,故"王者决定诸疑,参以卜筮,断以蓍龟,不易之道也"(《史记·龟策列传·序》)。但卜筮之验,未尝没有人的因素。《史记·龟策列传·序》曰:

---

① 赵翼《廿二史劄记》卷二《汉儒言灾异》:"上古之时,人之视天甚近。……即以六经而论,《易》最先出,所言皆天道。《尚书》次之,《洪范》一篇备言'五福'、'六极'之徵,其他诏诰亦无不以'惠迪'、'从逆'为吉凶。……惟《春秋》记人事,兼记天变,盖犹是三代以来记载之古法,非孔子所创也。"

② 《史记》仅少数几处据古史而记天变言灾异。如《秦本纪》:"十六年,桃冬花。十八年,雨金栎阳";《秦始皇本纪》:"当是之时,天下大旱,六月至八月乃雨"。

　　或以为圣王遭事无不定,决疑无不见,其设稽神求问之道者,旨在为后世衰微,愚不师智,人各自安,化分为百室,道散而无垠,故推归于至微,要絜于精神也。或以为昆虫之所长,圣人不能与争。其处吉凶,别然否,多中于人。

关于卜筮之事,此处存两说。一说以为圣人通幽明之变,其智足以决嫌疑、定犹豫,所以设卜筮求问之道,旨在防后世不师圣人而各安其智,不知"天"而妄言"天"。换言之,卜筮之事本不必有,圣人胸中自有决定,特借卜筮之名宣明己意,归己之圣智于龟蓍之灵,不过为天意难识,唯圣人能知"天",故定一常道以神其事、以儆众人。此说寓"君子以为文而百姓以为神"(《荀子·天论》)之意,明指卜筮之说近于"神道设教"。另一说则从俗论,谓龟蓍通明灵验,人所不及,可占人间吉凶成败,是以为卜筮真能测明天意。按后说,卜筮之验似与人无关,但《龟策列传·序》接下来即详述汉武时丘子明之属以卜筮贵宠,巧为附会以报眦睚之怨,"因公行诛,恣意所伤,以破族灭门者,不可胜数",致"百僚荡恐"。可见,即便蓍龟通灵,也须"择贤而用占"(《史记·龟策列传·序》)。"择贤而用占"的说法同样适用于前说。司马迁关于卜筮之事的这两种解说均强调人事,点明"圣人重事"(《史记·龟策列传·序》),由是而推"两合"之说:

兆应信诚于内,而时人明察见之于外,可不谓两合者哉!君子谓夫轻卜筮,无神明者,悖;背人道,信祯祥者,鬼神不得其正。故《书》建稽疑,五谋而卜筮居其二,五占从其多,明有而不专之道也。(《史记·龟策列传·序》)

卜筮分异吉凶,其兆应系于神明而有信诚,但也须参诸时人之明察。所谓"两合",并存神事、人道;天意幽微,神事固不能废,然只信祯祥,不尽人事,也难见成功。就卜筮为自古不易之道而言,司马迁主"两合"之说,谓卜筮为"有而不专之道",实际上是突出人事的作用。天意无准,成败福祸固有不可全以人力解者,但天命之成,有人力在焉:"虽尽人事,事未必有成;人事未尽,事固无成"。① 人既无如命何,唯有自尽人事。龟筮通于神明,尚不能倚恃而废人事,遑论星气之占。《史记·天官书》云:

太史公曰:……余观史记,考行事,百年之中,五星无出而不反逆行,反逆行,尝盛大而变色;日月薄蚀,行南北有时:此其大度也。故紫宫、房心、权衡、咸池、虚危列宿部星,此天之五官坐位也,为经,不移徙,大小有差,

---

① 汪荣祖,《史传通说——中西史学之比较》之《太史公第七》,前揭,页86。

阔狭有常。水、火、金、木、填星,此五星者,天之五佐,为纬,见伏有时,所过行赢缩有度。

日变修德,月变省刑,星变结和。凡天变,过度乃占。国君强大,有德者昌;弱小,饰诈者亡。太上修德,其次修政,其次修救,其次修禳,正下无之。夫常星之变希见,而三光之占亟用。日月晕适,云风,此天之客气,其发见亦有大运。然其与政事俯仰,最近天人之符。此五者,天之感动。为天数者,必通三五。终始古今,深观时变,察其精粗,则天官备矣。①

司马迁《太史公自序》述所以作《天官书》云:"星气之书,多杂禨祥,不经;推其文,考其应,不殊",以为星气之占多涉迷信,虽有时而验,却非正经之术。且自古以来所见天变,"皆国殊窟穴,家占物怪,以合时应,其文图籍禨祥不法。是以孔子论六经,纪异而说不书"(《史记·天官书》)。司马迁修史,《淮南衡山列传》书淮南王刘安信星气占候而聚兵谋反,终至自刭国除,《儒林列传》记董仲舒言灾异而下吏,皆为信禨祥者戒。上引文言"五星见伏有时,赢缩有度,不宜为占;天之客气,亦有大运,不宜为占",

---

①　按:陈仁锡谓此篇末司马迁论"自初生民以来"至"天官备矣"一章,当为《天官书》序,而错简在后(《陈评史记》卷二十七。杨燕起、陈可青等,《历代名家评〈史记〉》,前揭,页431)。参《史记》他书序,陈说甚有道理;而本引文正在陈氏所指一章文字中,或为《天官书》序的一部分。

再明占候不可凭信。① 另一方面,正如种种迷信所显现出来的,人具有预知命运的本能要求,这种要求可抑制而不可使消失;只要"天"仍被视为人世成败福祸的主宰,无论天意如何难测,人都不可能停止揣测天意,也就不太可能对"天"的异常表现视若无睹。天官之事,宁信其有,不信其无,而归本于人事。所谓"日变修德,月变省刑,星变结和",皆是观天象之大变而思人事之未足,禨祥之味少而慎惕之意多。② 司马迁"凡天变,过度乃占"的说法,即是承此而言,故其后即转论人事,以修德、修政、修救为主,修禳最后,又谓"正下无之"。司马迁由论天官而申明人事之重,与他对卜筮之道的看法类似,都是出于理智上对天意幽微的认识,以为人事可为而天意不可为,故特重人事一端。正如郝敬论《天官书》云:"舍其弥者卑者,问其高远

---

① 吴汝纶,《桐城先生点勘史记》卷二十七。引自杨燕起、陈可青等,《历代名家评〈史记〉》,前揭,页435。

② 古人有论,"古者日食修德,月食修刑。夫德刑固不以日月之食而始修也,遇其变而加警惕焉。此则理之当然,非以数之有常而或懈也。"顾炎武著,黄汝成集释《日知录集释》卷三十"天文"条注,上海古籍出版社,2006,页1677。

又,孔颖达疏《左传·昭公七年》"国无政,不用善,则自取谪于日月之灾",更明指天官术有神道助教之功。其云:"……所以重天变,警人君也。天道深远,有时而验,或亦人之祸衅,偶与相逢,故圣人得因其变常,假为劝诫。知达之士,识先圣之幽情;中下之主,信妖祥以自惧。但神道可以助教,不可专以为教。神之则惑众,去之则害宜。故其言若有若无,其事若信若不信,期于大通而已。"左丘明传,杜预注,孔颖达疏,《春秋左传正义》,前揭,页1242。孔氏所谓"若有若无,若信若不信",正可助以描述司马迁关于占候等术的态度。

者,是谓不知命。"①所谓知命,即是知可为者。天人分际、成败之由的问题,只能从人事上求解。"人事"之则,近于前述司马迁"两合"之说所谓"人道",具有某种非主观色彩,乃是与成败具有某种规律性联系的可验于实践的行动规则。由于"天道"之说已不可信,行动与成败之间的关系就不是一个信念的问题,而是一个需要用人类理性予以把握的现实问题。把握行动与成败之间的因果关系的经验理性,是一种审慎的实践智慧。在所有知识门类中,历史是最有助于获得这种实践智慧的。人类生活就像一个圆圈一样,其中的片断会不时再现,重复它们自己。②"人事之对待,安危存亡祸福利害,亦演变而无穷";③原始而察终,就能在特定的行为和结果之间建立一种经不断重复验证的有效的因果联系,用以指导人们的现实行动,由此得以在人的理性范围内最大限度地解释成败福祸之源。此即《书》教"疏通知远"(《礼记·经解》)之道,也是司马迁"究天人之际"的基本思路。上引文曰:"终始古今,深观时变,察其精粗,则天官备矣。"此句画龙点睛,一部《天官书》于此而毕。所谓"天官备矣",犹言天人之际备矣。④在人类历史经

---

① 郝敬,《史记愚按》卷二。引自杨燕起、陈可青等,《历代名家评〈史记〉》,前揭,页431。

② John Bodin, *Method of the Easy Comprehension of History*, translated by Beatrice Reynolds, New York: Columbia University Press, 1945, p.49.

③ 柳诒徵,《国史要义》,上海:华东师范大学出版社,2000,页320。

④ 《史记·太史公自序》曰:"礼乐损益,律历改易,兵权山川鬼神,天人之际,承敝通变,作八书。"王先谦《汉书补注》卷六十二云:"案:天人之际谓《天官书》。"

验中深察"天机","终始古今,深观时变",亦能达于天人之际,"通古今"于是成为"究天人"的基本途径。疏通过往,然后知成败福祸流转之道,从而达于"天人之际"。古治史者皆知此意。《汉书·艺文志》叙"道家"云:"盖出于史官,历记成败存亡祸福古今之道",指史官长于贯通古今、总结成败祸福之道。东汉荀悦编《汉纪》,列"通古今"为立典五志之一,云:"于是天人之际,事物之宜,粲然显著,罔不备也"(《后汉书·荀韩钟陈列传》)。可见司马迁借"通古今"而"究天人",不过循古治史之道。

中国人自古富于政治兴趣,①以为事之大者无过于政事,成败之极无过于治乱。这由"天子"之称、"天命"之说也可见一斑。在究天人之际而明成败福祸之源的探求中,政事同样是最为重要的方面。董仲舒论"天人相与之际",即是指政事而言:"国家将有失道之败,而天乃先出灾害以谴告之,不知自省,又出怪异以警惧之,尚不知变,而伤败乃至。以此见天心之仁爱人君而欲止其乱也。"②以"天人相与"论成败之际,正是董氏天人感应主张的体现。在"天人相与之际",治乱自有"天"通过灾害、怪异予以警示,故董氏著《灾异之记》,专以指点政事。③如前所见,司马迁述卜筮、天官,也多从政事上讲。在他而言,天人分际的问题同样首先是一

---

① 参柳诒徵《国史要义》,前揭,页2。
② 《天人三策》。见《汉书·董仲舒传》。
③ 参《史记·儒林列传》、《汉书·董仲舒传》。

个治政问题。① 唯其不信"天道",不占灾异,而以"终始古今,深观时变"论定天人之际,治乱之由就只能通过考察历史经验而得以澄清、说明——这从其责项羽"奋其私智而不师古"(《史记·项羽本纪·赞》)亦可略见。通古今而明治乱成败之由,以古代治理经验为当前政事的参照,古已有之。秦置博士"掌通古今"(《汉书·百官公卿表·序》),其职为"古今史事待问和古籍典守",②亦参议典礼政事。③ 汉武时公孙弘请补博士弟子,也以"明天人分际,通古今之义"为儒者入仕职分(《史记·儒林列传·序》),更可见在古人,明天人、通古今与政事相关。不过,由于司马迁不以传统天人感应信仰下的"天人分际"为准,而在天人相隔的认识基础上提出重究"天人之际"的任务,"通古今"的意义就变得更为突出了。

> 周罗天下放失旧闻,王迹所兴,原始察终,见盛观衰,论考之行事,略推三代,录秦、汉,上记轩辕,下至于兹,著十二本纪,既科条之矣。(《史记·太史公自序》)

---

① 徐复观指出,"过去的历史,实由政治所支配,这是史公所无法逃避的现实。所以他的思想,不能不落在政治之上。"徐复观,《两汉思想史》第三卷,前揭,页194。

② 见周予同《博士制度和秦汉政治》。朱维铮编,《周予同经学史论著选集》(增订本),上海人民出版社,1983,页730。

③ 见王国维《汉魏博士考》。王国维,《观堂集林》(外二种)(上),前揭,页105。

《史记》中,"本纪"如"经",①总领全书,是帝王史,也是政治史。十二本纪,始于黄帝,终于汉武,过往治政中的一切兴衰治乱,无不包揽,政治历史的变迁轨迹由之了然;在此基础上,其他部分如表、世家、列传,更详主要政治事件的首尾,更明其因果,因此更助本纪"原始察终,见盛观衰"之效。从时间跨度看,《史记》所述在当时宜为"终始古今"的最完整的资料根据。通过描述过去时代的治乱盛衰,洞悉其根源所在,明了政事所以成及所以败,可借以指导当前治政:

> 居今之世,志古之道,所以自镜也,未必尽同。帝王者各殊礼而异务,要以成功为统纪,岂可绳乎?(《史记·高祖功臣侯者年表·序》)

司马贞《史记索隐》释曰:"言居今之代,志识古之道,得以自镜当代之存亡也。""治史者必求其类例,以资借鉴"。②《史记》所以述三千多年兴亡史,正在于以史为鉴,"提供一种没有人能积累的替代的经验",③由这种经验而推知当代存亡所在。这种借鉴明显是训诫性质的:历史经验提供判断当前

---

① 刘知幾《史通·列传》:"纪者,编年也。……编年者,历帝王之岁月,犹《春秋》之经。"

② 柳诒徵,《国史要义》,前揭,页320。

③ [美]唐纳德·R·凯利,《多面的历史——从希罗多德到赫尔德的历史探询》,陈恒、宋立恒译,北京:生活·读书·新知三联书店,2006,页63。

行动的参照,而非绝对标准;古今帝王异务,要以成功为准,"志古所以自镜,非必返古"。① 司马迁论汉得天统,曾曰"承敝易变,使人不倦"(《史记·高祖本纪·赞》)。过去的经验固有其指导作用,但行动是具体的、情境性的,每一时代都继承了上一时代遗留下来的问题,有其特殊性,这就要求依据当前的情势作出相应的反应,即承敝而求变通。据此可明,司马迁既讲"终始古今",又讲"深观时变",实以为古今未必尽同,当因时为变,故愿古为今用。② 古今之际既然有变,从前所论的"通古今之义(论)",③在司马迁自然就演而为"通古今之变"了。

《报任安书》中,司马迁为其通过叙述史事而发表的一家言定下"究天人之际,通古今之变"的宗旨,实则表明他修史的目的在澄清治乱成败本源,探明为治之道。这一点,《报任安书》其实已言之甚明:

　　仆窃不逊,近自托于无能之辞,网罗天下放失旧闻,略考其行事,综其始终,稽其成败兴坏之纪,上计轩辕,下至于兹,为十表,本纪十二,书八章,世家三十,列传七十,凡百三十篇,亦欲以究天人之际,通古今之变,成一

────────────

① 汪荣祖,《史传通说——中西史学之比较》之《太史公第七》,前揭,页89。
② 同上。
③ "通古今之义",见于《史记·儒林列传·序》;"通古今之论",见于《淮南子·要略》。二说义近。

家之言。

司马迁先述其"综其始终，稽其成败兴坏之纪"的著述目标，再以一句"亦欲以究天人之际，通古今之变，成一家之言"重复说明。从表达结构上看，二者显然同义，均指出司马迁一家言旨在申明成败治乱之理，为治政者提供借鉴。[①] 事实上，古人著书言治，而自许以究天人、通古今的，非止司马氏一家。《淮南子·要略》自言其书云："若刘氏之书，观天地之象，通古今之事，权事而立制，度形而施宜，原道之心，合三王之风。"前此则分论墨子、晏子、管子、申子、商鞅等诸家为治之效，以为对照。可知"观天地之象，通古今之事"有求治之意，此意更可为《淮南子·要略》他文所证："故著书二十篇(指《淮南子》，《要略》篇除外)，则天地之理究矣，人间之事接矣，帝王之道备矣。"

综言之，如学者所论，《史记》实"务治之书"。[②] 司马迁于《太史公自序》中自言"继《春秋》"而著《史记》，对任安则不再托以《春秋》，而明言"欲以究天人之际，通古今之变"。二说皆归本于"治"，不过是一事两说。且在汉人看来，《春秋》记人事，兼记天变，有天有人；事取鲁史而意在当世，有古

[①] 参张大可《试论司马迁的一家之言》。张大可，《史记研究》，前揭，页347。

[②] 高阆仙语。程金造，《史记管窥·自叙》，前揭。

并参张大可《试论司马迁的一家之言》。张大可，《史记研究》，前揭。

有今。故当时有以天人、古今论《春秋》者："孔子作《春秋》，上揆之天道，下质诸人情，参之于古，考之于今。"（董仲舒《天人三策》）考虑到《春秋》在西汉时的地位，司马迁以究天人、通古今比于"继《春秋》"，是完全合乎情理的。无论如何，究天人、通古今在当时的语境中可有"治"的意思，而司马迁也认为《春秋》"长于治人"，"继《春秋》"与究天人、通古今在某种意义上可以互指。这从章学诚论《春秋》亦可稍见：

> 《春秋》之义，昭乎笔削。笔削之义，不仅事具始末，文成规矩而已也。以夫子"义则窃取"之旨观之，固将纲纪天人，推明大道。所以通古今之变，而成一家之言者，必有详人之所略，异人之所同，重人之所轻，忽人之所谨。（章学诚《文史通义·内篇·答客问上》）

此处径以司马迁自许《史记》之语评论《春秋》。不仅暗示《史记》与《春秋》的特殊联系，更可见"继《春秋》"与究天人、通古今原非二事。司马迁的一家言，以"治"为核心，其言"究天人之际，通古今之变"，并不与"继《春秋》"之说相悖，而从另一侧面强调了《史记》继《春秋》而言"治"的意图。并且，究天人、通古今的说法还表明，司马迁的一家言以揭明治乱成败之理为务，旨在古为今用，为现实治政服务。结合《史记》对汉武治政的诸多批评，《史记》之言"治"，亦可谓拨乱反正。这与司马迁对《春秋》"拨乱世反之正"(《史记·太史公自序》)的认识定位完全一致,当视为《史记》之继《春秋》的目的所在。① 故《太史公自序》示"继《春秋》"之志的同时,又云"以拾遗补艺,成一家之言",直接表明通过发表一家言以补六艺言"治"之缺漏未备的决心。② 司马迁之一家言,志在承继《春秋》,意在拨乱世反之于正。但是,《史记》之拨乱反正与《春秋》之拨乱反正究竟有何关系,仍未可确定,故"继《春秋》"的本义仍隐而不明。只有辨清《史记》拨乱反正的基本思路,才可明了司马迁之一家言是在何种意义上"继《春秋》"而意图拨乱反正的,从而在根本上澄清"继《春秋》"说的实质所在。

---

① 参程金造《史记辨旨》。程金造《史记管窥》,前揭,页 54—63。

② 裴骃《史记集解·太史公自序》引李奇释"拾遗补艺"之"艺"曰"六艺也"。在司马迁看来,六艺重在言"治",故《滑稽列传·序》开篇即引孔子曰:"六艺于治一也。"

另,程金造《史记辨旨》根据《自序》上下文也指出,"拾遗补艺"的主要意思,在于"拾古代统治帝王治国理民之所遗,补救其施政行事之缺漏"。程金造,《史记管窥》,前揭,页 61。

第3章　拨乱反正之一：文质之辨

古人谈论治术,大都是向当政者进计献策,旨在辅其巩固既定的政治结构,维护固有的政治秩序。[1]《史记》言"治"亦是如此。只是司马迁曾获罪受刑,叙史难免有激愤之语,《史记》又常讥评时政,故致"谤书"之说,使其佐治之意掩没不显。[2] 但"谤书"说并不可靠,已有论者详驳,[3] 且古大臣

---

[1] 　这在周秦诸子中表现尤为明显(参张舜徽《周秦道论发微·叙录》,北京:中华书局,1982)。汉武时去周秦未远,风气当无大变。

[2] 　《后汉书·蔡邕列传》载王允语曰:"昔武帝不杀司马迁,使作谤书,流于后世。"此为"谤书说"之始。

[3] 　参陈桐生《中国史官文化与〈史记〉》第八章《"谤书说"辨》,前揭。

章学诚有言:"史迁不敢谤主,读者之心自不平耳"(《文史通义·卷三》)。古人讲"君君臣臣",意谓君有临下之德,臣有辅上之德;君失其德,是不君;臣失其德,是不臣。"谤书"说显然忽略了司马迁"谤君"所可能承担的道德上的风险。所谓君不君则臣不臣,不过是回护汤武革命的激进之言。司马迁既褒伯夷叔齐之贤,于汤武有微言(转下页注)

有劝谏之风,古史更有"以书谏王"之责,①加之司马迁"继《春秋》"之述史目标,《史记》对汉武治政的批评,完全可以从拨乱反正的角度予以理解。② 所谓拨乱反正,即是承认当世之乱,而愿拨之而归于正途。《史记》于现实治政,既有批评,也有建言——从效果上看,批评在某种意义上也是一种建言。司马迁通过《史记》发表的一家言,与古来之治言在本质上并无二致,皆是欲助当国者纠时政之偏敝,以维持稳定有序的社会政治局面。

司马迁一家言的政治建言性质,决定了其拨乱反正的工作是在传统的政治系统内进行的。既然政治系统已确定不变,最重要的就是明确此系统的基本运作原则。故此,司马迁在"文质之辨"的基础上提出"尚质"的基本治政原则,以应对当时的种种治政问题。但这个原则所代表的不是具有普遍性的"应当",而是与特殊情势相适应的有

───────────

(接上页注)(见后文),对"君君臣臣"的理解应该还是持正统之论。另,《报任安书》中,司马迁直叙平生遭际,于腐刑之辱不能不伤,于武帝不能不怨,但伤而不恨,怨而不诽,仍在君臣界限内,显无"复仇"之志。

① 柳诒徵《国史要义》,前揭,页39。

② 一般认为,司马迁为太史令,主要职责在天时星历。不过,程金造《太史公所掌文史星历说》考证《报任安书》中"文史星历"一语,认为"文史的实质,是主管书籍,而不是龟卜妖祥之事。大约汉初太史令的职任,是兼掌秘府书籍与天时星历二者",故司马迁能"绌石室金匮之所藏,整齐古今百家,著为太史公书"。(程金造,《史记管窥》,前揭,页342、344。)据此,司马迁虽无记载之责,但《史记》之成与其职任亦有相当关系。且不在其任而善为其事者,前已有之,如孔子之作《春秋》;在史官之位与有类似史官之责任自觉,本不必是一回事。

效措施,其实践意义远大于理论意义,是司马迁"综始古今,深观时变"的结果。《史记》关于这一治政原则的阐发,是与对汉武治政的观察、批评直接相关的。在此过程中,也显示出司马迁的"文质之辨"与公羊家"文质之辨"的根本差异。

3.1　两种"文质之辨"

秦祚过短,汉人多以为不足数,故好言夏、商、周三代,常以"三王之道"称三代之治道。董仲舒为汉代儒宗,亦谓"三王之道"为百王不易之道:

> 三王之道所祖不同,非其相反,将以救溢扶衰,所遭之变然也。……故王者有改制之名,亡变道之实。然夏上忠,殷上敬,周上文者,所继之救,当用此也。孔子曰:"殷因于夏礼,所损益可知也;周因于殷礼,所损益可知也;其或继周者,虽百世可知也。"此言百王之用,以此三者矣。……今汉继大乱之后,若宜少损周之文致,用夏之忠者。(《天人三策》)

"三王之道"所代表的忠、敬、文又有"三教"之名。上引文先言"三王之道"不同,却不相反相悖,只不过因"救溢扶衰"之故而有所变革;各代承敝易变,其实是忠、敬、文三教的循环承递。后文又引《论语·为政》中孔子论三代之礼的因革损益之语，并释以"此言百王之用，以此三者矣"，与前文相呼应并对之进行解释阐明。从文意上看，"此三者"既指三代之礼，也指"三王之道"。由此可知，董仲舒所说的"三王之道"，即是三代之礼，这完全符合他的儒家身份。在儒家观念中，"道"就是礼义之道。值得注意的是，对孔子"其或继周者，虽百世可知也"一语，董氏有其独特理解。按孔子本意，当指"三纲五常，礼之大体，三代相继，皆因之而不能变。其所损益，不过文章制度小过不及之间"，"自今以往，或有继周而王者，虽百世之远，所因所革，亦不过此"；[1]且孔子也未尝以忠、敬、文别三代之礼，不过言"周监于二代"（《论语·八佾》），意指"三代之礼，至周大备"而已。[2] 董氏则以为礼之因革损益，不出忠、敬、文三教范围，虽百世亦复如此，故可知百王之用，只在此三者之中。此解与汉公羊家三统说多少有些联系。三统以三正为主：[3]夏正以正月，为人统，尚黑；殷正以十二月，为地统，尚

---

　　①　见朱熹释。朱熹集注，陈戍国标点，《四书集注》，长沙：岳麓书社，1987，页84。

　　顾炎武亦言，"自春秋之并为七国，七国之并为秦，而大变先王之礼。然其所以辨上下，别亲疏，决嫌疑，定是非，则固未尝有异乎三王也。故曰：'其或继周者，虽百世可知也。'"顾炎武《日知录》卷七"子张问十世"条。

　　②　见尹氏释《论语·八佾》"郁郁乎文哉！吾从周"。朱熹集注，陈戍国标点《四书集注》，前揭，页91。

　　③　董仲舒《春秋繁露·三代改制质文》云："其谓统三正者，曰：正者，正也，统致其气，万物皆应，而正统正，其余皆正，凡岁之要，在正月也。法正之道，正本而末应，正内而外应，动作举错，靡不变化随从，可谓法正也。"

白;周正以十一月,为天统,尚赤。① 三统往复循环,周而复始。三统说的核心在改正朔、易服色,正朔、服色亦为礼之一部分。② 故汉公羊家举三统循环论以议改制,常牵涉礼仪——这一点,稍观董仲舒《春秋繁露·三代改制质文》可知。董氏既以三代定三统,以为三统循环如仪,其中亦包涵礼之损益,上引文又言夏之忠、殷之敬、周之文相继为救,百世不易;他虽未尝明确以"循环"一语描述此"三王之道"的更替,但其议论之中已微寓"循环"之意。③

　　司马迁之时,董氏公羊学势力正炽,有权威之名,多有流传。《史记》中就有不少借用董氏语之处。司马迁关于"三王之道"的论说不多,最受瞩目的一处,也似套用前引董仲舒

---

　　① 天地人三统之名,也与其正朔相关。邢昺曰:"建子之月为正者,谓之天统,以天之阳气始生,为百物得阳气微,稍动变,故为天统。建丑之月为地统者,以其物已吐牙,不为天气始动,物又未出,不得为人所施功,唯在地中含养萌牙,故为地统。建寅之月为人统者,以其物出于地,人功当须修理,故谓之人统。统者,本也,谓天地人之本。"何晏注,邢昺疏,《论语注疏》(李学勤主编《十三经注疏》标点本),北京大学出版社,1999,页26。

　　② 礼涉衣食住行,服色、正朔自然与礼相关。故司马迁《史记·礼书》述汉初之改正朔、易服色,以及定宗庙百官之仪。公羊家更明确将正朔与礼结合而言。董仲舒《天人三策》曰:"臣闻制度文采玄黄之饰,所以明尊卑,异贵贱,而劝有德也。故《春秋》受命所先制者,改正朔,易服色,所以应天也。然则宫室旌旗之制,有法而然者也。"苏舆注《春秋繁露·楚庄王》更明曰:"正朔、服色数者,为天子大礼。"苏舆撰,钟哲点校,《春秋繁露义证》,北京:中华书局,1992,页18。

　　③ 以三统说解三代礼之因革损益,在汉人或为通义,故至东汉,马融释《论语·为政》"子曰:'殷因于夏礼,所损益,可知也;周因于殷礼,所损益,可知也'",仍曰"所损益,谓文质三统"。何晏注,邢昺疏,《论语注疏》,前揭,页23。

论"三王之道"的思路和用语:

> 太史公曰:夏之政忠。忠之敝,小人以野,故殷人承之以敬。敬之敝,小人以鬼,故周人承之以文。文之敝,小人以僿,故救僿莫若以忠。三王之道若循环,终而复始。周秦之间,可谓文敝矣。秦政不改,反酷刑法,岂不缪乎? 故汉兴,承敝易变,使人不倦,得天统矣。

此处出自《高祖本纪·赞》。"夏之政忠"一语,先已点明忠、敬、文皆以政言,称指治政风格。上引文言"文敝"而"秦政不改,反酷刑法",犹谓秦施行尚"文"之政,酷用刑法。这表明,司马迁以"文"喻刚猛进取之政,指"强暴之过谓之文敝"。[①]"忠"与"文"相对,救"文敝"莫若以"忠",汉初高祖承"文敝"而变易其政,使民不倦,可知其效夏政而用"忠"。众所周知,高祖不喜儒士,汉初政治崇尚宽柔,清净无为。这更说明上引文所说的"忠"与礼无关,不过指宽柔之政。于此可见,司马迁以忠、敬、文描述"三王之道",虽语出董氏,但立意有别,实指三王之治道,"承敝易变"也是就实际治效言,非必树帜于某家某派门下。这显

---

① 见苏舆于《春秋繁露·王道》"此《春秋》之救文以质也"下"案"。苏舆撰,钟哲点校,《春秋繁露义证》,前揭,页123。

然不同于董仲舒据其儒家信念立场而论"三王之道",以为政以礼成,视忠、敬、文为三代之礼的根本特征。且司马迁言三代治道之更替,也与董氏三统说的循环模式形似而实非。上引文言"三王之道若循环","若"字是理解关键。汪荣祖指出,"若也,非果也;所欲言者,乃承敝而求变通耳。敬可救忠之敝,文可救敬之敝,忠可救文之敝,若循环然,非一一复始如仪也"。① 忠、敬、文三种治道的往复更替,有其合理性基础,而非机械性的循环。上引文也简明地解释了忠、敬、文如何致敝及三者何以能相救。可知,司马迁论"三王之道"的"终而复始",始终在理智可解的经验界限内,并不含神秘意味,亦非某一抽象的理论可概括。② 按其成败治乱皆当归于"天"的观念,司马迁既以为汉政当效夏之"忠"道,上引文"得天统"一说就可为此主张提供绝对的正当性根据;另一方面,汉效夏之"忠"政,承敝易变而兴,国家无事,府库充实,百姓自足,③可视为其"得天统"的表现。事实上,司马迁于上引文说得很明白,

---

① 汪荣祖,《史传通说——中西史学之比较》之《太史公第七》,前揭,页89。

② 汪荣祖指出:"司马氏之史观,似有循环之意,实非循环论可含括者也。"同上,页90。

③ 参《史记·平准书》:"汉兴七十余年之间,国家无事,非遇水旱之灾,民则人给家足,都鄙廪庾皆满,而府库余货财。京师之钱累巨万,贯朽而不可校。太仓之粟陈陈相因,充溢露积于外,至腐败不可食。众庶街巷有马,阡陌之间成群,而乘字牝者傧而不得聚会。守闾阎者食粱肉,为吏者长子孙,居官者以为姓号。故人人自爱而重犯法,先行义而后绌耻辱焉。"

周秦之间，"文"敝已甚，难以为继，势当易之以"忠"，秦不改其政而亡，汉易之以宽柔而兴，全在为治之道得宜与否，岂是"天"厚此而薄彼？"汉承秦统，学者耻言"，汉公羊家三统说亦不数秦，①而司马迁独于"秦政不改"而汉承敝易变之中，见"忠"救"文敝"之效，并叹言"学者牵于所闻，见秦在帝位日浅，不察其终始，因举而笑之，不敢道，此与以耳食无异"（《史记·六国年表·序》）。他"察其终始"而好举秦政的务实精神，与汉公羊学者的信念态度相去甚远；《史记》论"三王之道"，与董氏"三王之道"、三统之说，不过是语似而旨异。

从《史记》拨乱反正的著述目的看，司马迁关于"三王之道"的议论并不具有明确的理论意图，而是意在救时，即重申汉初高帝推行的"尚质"之政，以救当时之弊。② 在司马迁而言，忠、敬、文三教的更替，重点在"文敝"而救之以"忠"。所谓"忠"，"质厚也"。③ 以"忠"救"文"之敝，即以"质"代

---

① 参见苏舆撰，钟哲点校，《春秋繁露义证》，前揭，页187—189。

② 现代学者对汉初清静无为的治政策略多有不同看法。如侯外庐等指出，汉初的"富裕与安定，所谓与民休息，不是矛盾的解决，而是矛盾的扩大"（侯外庐等，《中国思想通史》第二卷，北京：人民出版社，1957，页93）。陈苏镇也认为，汉初黄老之术使"东西异制"，不能解决"东西方之间的文化冲突问题"，因此不能适应当时形势的需要。（陈苏镇，《汉代政治与〈春秋〉学》，北京：中国广播电视出版社，2001，页98。）但是，司马迁生当汉武之世，对其时的有为之政当体会尤深，他重申汉初的清静无为，自有其理由。并且，对一种治政成就，不同的立场会有不同的评价。不过，本书只是探讨司马迁的思想实质，故不涉及古今二论的高下。

③ 见裴骃《史记集解·高祖本纪》引郑玄曰。

"文"。于是司马迁又特言"文"、"质"之相替:

> 故《书》道唐、虞之际,《诗》述殷、周之世,安宁则
> 长庠序,先本绌末,以礼义防于利;事变多故而亦反是。
> 是以物盛则衰,时极而转,一质一文,终始之变也。《禹
> 贡》九州,各因其土地所宜,人民所多少而纳职焉。汤
> 武承弊易变,使民不倦,各兢兢所以为治,而稍陵迟
> 衰微。

此节出自《平准书·赞》。古人多以为平准为汉武敝政,司马
迁于赞语中申明"物盛则衰"、"一质一文",有其现实深意。但
其意不止于批评,更在于建言。唐虞之际,殷周之世,无不先
安宁百姓而后兴教化,教民礼义以防其淫于物利。行之既久
则不免于凋敝,政敝则转思安宁,故言"事变多故而亦反是"。
这亦所谓"物盛则衰,时极而转","见盛观衰,所以承其敝而变
之也"。[1] "文"敝之后当救之以忠质,忠质已备,万姓安宁,方
可继之以"文"。一质一文,一文一质,相为终始。司马迁论
文、质相替,与其论忠、敬、文"若循环"一样,也有其经验上的
合理性:宽柔无为之政,使人情性忠朴,而美质既备,便可以思
进取,用刚猛进取之政,兴礼义、成教化;教化过度,则人囿于

---

① 汪荣祖,《史传通说——中西史学之比较》之《太史公第七》,前
揭,页89。

文法，不免拘谨而失其自然、质诚，①又需继以宽柔之政，予人舒展自由的空间，复其质性。二者相继相替，或用质或用文，皆出于势之当然，非人之好恶所能强定。这显示了司马迁务实的思想特质。他曾谓"儒者断其义，驰说者骋其辞，不务综其终始"（《史记·十二诸侯年表·序》），即是自别于儒者之信念取向、驰说者之虚夸风气，而以原始察终为务，从历史中获取有益于现实治政的经验。"文质之辨"即是其中突出一例。上引文中，他先述夏禹之政宽柔敦厚，与民休息，可谓忠质之至，后言汤武承敝易变，继之以"文"，虽谨慎以成治，不免"稍陵迟衰微"，似有褒美夏禹而微贬汤武之意。但未可据此谓其褒质而抑文。他说得很明白，"一质一文，终始之变也"，文、质之效，因时而异，未可断然判其优劣。不过，由于他既睹时政强暴刚猛之弊，又意在济时，以为汉当效夏而用"质"政，难免于有意无意间突出"质"之治效。况且，他认为汤武之世"稍陵迟衰微"，也未必全本于其"文质之辨"。儒者好言汤武，董仲舒更作专文为汤武革命辩护；②司马迁则独称禹，对汤武革命，

---

① 《史记·高祖本纪·赞》曰："文之敝，小人以僿"。裴骃《史记集解·高祖本纪》引徐广谓"僿"作"薄"，并引郑玄曰："薄，苟习文法，无悃诚也"。

又，《史记·货殖列传》曰："而邹、鲁滨洙泗，犹有周公遗风，俗好儒，备于礼，故其民龊龊。""龊龊"，即拘谨，注意小节之状。

② 可参《春秋繁露》之《尧舜不擅移、汤武不专杀》。

另，蒙文通指出，董仲舒既讲汤武革命，又主改制，实际上是以"改制论代替革命论"，掩没了儒家"革命"论所包含的"选天子"的固有意义。参蒙文通，《经史抉原》，成都：巴蜀出版社，1987，页166—175。

屡露微意。《夏本纪》述汤放桀而致其死,桀语人曰"吾悔不杀汤于夏台,使至此";《殷本纪》详周武王斩纣头之事,《伯夷列传》又记伯夷、叔齐斥武王"以臣弒君"、"以暴易暴";①《儒林列传》中,黄生复以"弒"为据而断言"汤武非受命"。在古人君君、臣臣的伦理观念下,汤武以臣弒君之事,即后世儒者也未能完全回护。② 司马迁所谓"伯夷丑周,饿死首阳山,而文武不以其故贬王","由是观之,'窃钩者诛,窃国者侯,侯之门仁义存',非虚言也"(《史记·游侠列传·序》),并非全是愤世之语。汤武之世"稍陵迟衰微"一说,即未据"文质之辨",司马迁亦可言之。

　　虽然司马迁的"文质之辨"特别针对汉政而发,有救时

---

① "以暴易暴"见于二子采薇之歌,此歌贬武王而思虞夏,曰:"神农、虞、夏忽焉没兮,我安适归矣?"张高评认为此歌正是司马迁"载录他人话语作为案断者"之一例。张高评,《春秋书法与左传学史》,前揭,页75。

② 洪迈曰:"汤、武之事,古人言之多矣。……东坡《志林》云:'武王非圣人也,昔孔子盖罪汤、武,伯夷、叔齐不食周粟,而孔子予之,其罪武王也甚矣。至孟轲始乱之,使当时有良史,南巢之事,必以叛书,牧野之事,必以弒书。汤、武仁人也,必将为法受恶。'可谓至论。"(洪迈《容斋续笔》卷二"汤武之事")

顾炎武对武王稍作回护,但也言"上古以来,无杀君之事",而谓武王"始暴而终仁",以"暴"评牧野之事。参顾炎武《日知录》卷二"武王伐纣"条。

另,儒家在汤武革命事上的矛盾,钱钟书言之甚明:"《全梁文》卷一梁武帝《净业赋·序》极口为己分疏,有曰:'朕不得比汤、武,汤、武亦不得比朕。汤、武是圣人,朕是凡人。汤、武君臣义未绝,而有南巢、白旗之事;朕君臣义已绝,然后扫定独夫。'盖儒家既严树纲常名教,而复曲意回护'汤、武革命',说终难圆,义不免堕,故敢行汤、武之事如萧老公者,尚不愿以'南巢、白旗之事'比于己之诛东昏侯也。"钱钟书,《管锥篇》(第一册),前揭,页371。

之志,但在当时,最有影响的"文质之辨",当属公羊家一派。由于董氏公羊学的权威地位,司马迁的"文质之辨"似也不免被认为是对董氏学说的某种继承和发挥。但正如二者在"三王之道"问题上的差异一样,司马氏与董氏的"文质之辨"也是语似而旨异,不能等而视之。董氏"文质之辨"是在儒家崇礼信念下展开的。自孔子始,"文质之辨"即是儒家论礼的关键。子曰:"礼,与其奢也,宁俭;丧,与其易也,宁戚。"(《论语·八佾》)所谓"文质彬彬,然后君子"(《论语·雍也》),"礼贵得中,奢、易则过于文,俭、戚则不及而质,二者皆未合礼",而须文质参半,相得益彰,但孔子所以言礼宁俭而勿奢,丧宁戚而勿治(即"易"),在于"质乃礼之本也","必先有质而后有文"。① 质为心志,在内;文为藩饰,在外。心诚而后可有文饰,故孔子既以"心安"答宰我"三年之丧"之问(《论语·阳货》),又以"绘事后素"阐明礼的先质后文之义(《论语·八佾》)。孔子"文质之辨",突出心志,强调行为的内在动机,由此而定儒家的道德取向,汉董仲舒即承此而辨文、质:

> ……缘此以论礼,礼之所重者在其志。志敬而节具,则君子予之知礼。志和而音雅,则君子予之知乐。

---

① 见朱熹注《论语·八佾》"丧,与其易也,宁戚"。朱熹集注,陈戍国标点,《四书集注》,前揭,页86。

志哀而居约,则君子予之知丧。……志为质,物为文。文著于质,质不居文,文安施质?质文两备,然后其礼成。文质偏行,不得有我尔之名。俱不能备而偏行之,宁有质而无文。……然则《春秋》之序道也,先质而后文,右志而左物。故曰:"礼云礼云,玉帛云乎哉?"推而前之,亦宜曰:朝云朝云,辞令云乎哉?"乐云乐云,钟鼓云乎哉?"引而后之,亦宜曰:丧云丧云,衣服云乎哉?是故孔子立新王之道,明其贵志以反和,见其好诚以灭伪。其有继周之弊,故若此也。(《春秋繁露·玉杯》)

东汉何休注《春秋公羊传·哀公十四年》,谓孔子作《春秋》,为汉制法。董仲舒虽未明言之,但于上引文已微露此意。上引文明《春秋》贵志好诚,有"为继周之敝"者,①当用此道。汉人多不数秦,以为汉继周受命,"为继周之敝"者,正指汉而言。这与前引董仲舒论"三王之道"、言"今汉继大乱之后,若宜少损周之文致,用夏之忠者"完全相应。循董氏之意,《春秋》立"新王之道",即未必专指汉,亦可谓之"为汉制法"。"新王之道"重在"文质之辨"。董氏既引《春秋》为制法根据,其"文质之辨"也似源自孔子。上

---

① 见俞樾注"其有继周之弊,故若此也"。苏舆撰,钟哲点校,《春秋繁露义证》,前揭,页31。

引文所谓"宁有质而无文"，犹孔子言"礼，与其奢也，宁俭"；至于"志为质，物为文"、"质文两备，然后其礼成"等言，亦如径引孔子之语。但董氏"文质之辨"，特重心志（质），专以好诚灭伪为务，较孔子似过之而无不及。并且，由于董氏学说有鲜明的政治意图，有志于指点汉政，其"文质之辨"在政治权力承接理论和治政实践方面就有两个重要的特殊表现。首先是政治权力的承接原则（以下称继统原则）。董仲舒认为，《春秋》从殷，"法质而王，其道佚阳，亲亲而多质爱，故立嗣予子，笃母弟"，与"其道进阳，尊尊而多义节，故立嗣与孙，笃世子"的文家相对（《春秋繁露·三代改制质文》）。"文质之辨"演而为对尊尊和亲亲继统原则的区分。儒家兼重仁、义，仁者，爱也，故亲亲；义者，理也，故尊尊。① 仁在内，义在外，故仁、义当以质、文论。质家亲亲，文家尊尊，董氏公羊学对亲亲、尊尊的继统原则的分辨可看成其"文质之辨"的一部分，其谓《春秋》主亲亲，也与其《春秋》重质贵志之说一脉相承。② 其次，《春秋》之"质"既重心志，欲著诚灭伪，用以为新王之道，就势必强调运用政治手段对人的主观世界进行改造。董仲舒曰："天生民性有善质而未能善。"（《天人三策》）所谓"善

---

① 《荀子·大略》："亲亲、故故、庸庸、劳劳，仁之杀也；贵贵、尊尊、贤贤、老老、长长，义之伦也。行之得其节，礼之序也。仁，爱也，故亲。义，理也，故行。"

② 此问题虽是董氏政治学说的重点，但与司马迁"文质之辨"的关系不大，故不详论。

质","善善恶恶,好荣憎辱,非人能自生,此天施之在人者
也"(《春秋繁露·竹林》),最近孟子"是非羞恶之心"(参
《孟子·告子上》),犹指"性有善端"。[1] 民"性"虽有"善
端","非教化不成",故王者有"明教化民,以成性"的职任
(《天人三策》)。据此,董氏又提出"德教"主张,即"以德
善化民"(《天人三策》),旨在通过道德教化使民心归善,
要求儒家的道德观念进入人的内在人格,成为其行为的基
本取向。据董氏"宁有质而无文"的说法,亦可言,心志之
善远重于外在行为之善;政教的首要目的,是塑造有道德
的人。这种"德教",显然与汉公羊家所倡的赦事诛意的
"《春秋》折狱"是一体两面之事。因此,董氏所谓的质政,
不可能满足于汉初国家无事、使民不倦之治,正与司马迁
所说的宽柔的质政大异其趣。董氏之质政,非止勇于进
取,更有刚猛太过之嫌——由董氏"《春秋》折狱"学说在
汉武治政实践中的影响可见一斑。[2] 这在司马迁来说,不
仅近于"文",更兼有致"文敝"之虑。

可见,"文、质有以礼言者,有以政言者",[3]董仲舒以礼

---

①　见苏舆注《春秋繁露·竹林》"今善善恶恶,好荣憎辱,非人能
自生,此天施之在人者也"。苏舆撰,钟哲点校,《春秋繁露义证》,前
揭,页63。

②　董仲舒论"《春秋》折狱",可参《春秋繁露》之《精华》、《王道》
等篇。关于汉武狱治及其与公羊家的关系,可参本章第三节。

③　见苏舆于《春秋繁露·王道》"此《春秋》之赦文以质也"下
"案"。苏舆撰,钟哲点校,《春秋繁露义证》,前揭,页123。

言,司马迁以政言,分别甚明。董氏文、质之义,皆出于其儒家的信念立场,旨在教人合于儒家价值标准,故不能不寓进取之意,区别只在于文重外而质重内。从司马迁的文质观念看,董氏文、质之别不过是两种"文"政在具体取向上的差异。司马迁以原始察终为基础的"文质之辨",较之董仲舒的基于儒家立场的"文质之辨",在视野和范围上都更为开阔包容。这两种"文质之辨"皆是务"治"之说,而所指迥异。由于董氏学说有近于司马迁所说的"文"(进取)的倾向,当时董氏公羊学又稳据官方权威地位,对汉武治政不无影响,①司马迁重提"文质之辨"的问题,就似有的放矢。但司马迁"文质之辨"不必看作对董氏学说的批评或回应。司马迁一家言既志在拨乱反正,其"文质之辨"就当主要针对汉武治政而发;换言之,其"文质之辨"的根本旨趣,是政治的、实践的,而非学术的。虽说学者常有指导现实政治之志,但学术与政治之间究竟是影响与被影响的关系,还是被利用与利用的关系,其实是很难完全区分清楚的。② 一个在理论上能自圆其说的学术观点,在政治实践中却陷于悖

---

① 陈苏镇指出,"(汉)武帝所尊之儒术是'以德善化民'的《公羊》学;武帝一朝的内外政策在许多方面受到《公羊》学的影响"(陈苏镇,《汉代政治与〈春秋〉学》,前揭,页 195)。"以德善化民"的《公羊》学即董氏公羊学。

② 关于这个问题,刘易斯·科塞曾就西方近代以来知识分子试图影响政治的诸多事例作过精彩论述,并提供了不少有趣的论证材料。可参刘易斯·科塞,《理念人——一项社会学的考察》,郭方等译,北京:中央编译出版社,2001。

谬。这种情况很多,同学术与政治之间的真实关系有很大关联,不能全归因于理想与现实的差距。在此意义上,汉武之弊政未可尽归责于当日得势的公羊学说本身。司马迁提出"文质之辨",认为汉世当用宽柔之质政以对治"文敝",主要是着眼于当时治政实践中已显现出来的"文敝"现象,非必欲与董氏学说一争短长。他论"三王之道",讲忠、敬、文三教,也是如此。至于司马迁"文质之辨"、三教之说,在用语与表达方式上均与董氏学说甚为接近,有两方面的可能原因。一方面,如前所言,董氏公羊学得意于当时,为人称引应是常事。古人称引他书,往往取其语而另寓己意,对《诗经》断章取义的引用即是一例,司马迁也曾不止一次以类似的方式取用过孔子言论。[1] 因此,他在"文质之辨"等问题上与董仲舒用语相似而旨趣相异,不足为怪。另一方面,文质之说在孔子时已有,三教说在战国时已具雏形,[2]二说至汉初更是普遍流行。[3] 就此而言,司马迁辨文质、论三教,之所以在表达上给人类似董氏学说的印象,不过是由于他们使用的是同一套话语。当然,尽管司马迁无意于学术论争,他的文、质观念确实已初步显示了在治政见解上与汉公羊家的分歧。

---

① 如《史记·管晏列传·赞》:"假令晏子而在,余虽为之执鞭,所忻慕焉。"正是活用《论语·述而》:"富而可求也,虽执鞭之士,吾亦为之。"
② 陈苏镇,《汉代政治与〈春秋〉学》,前揭,页187。
③ 同上,页185。

3.2　礼的实用性与太初改制

司马迁论文、质，以政言而不以礼言，并不意味着他忽视礼的问题。他专作《礼书》一篇，《史记》他处涉及礼的地方也不少。礼作为传统的生活方式，始于先民的祭祀活动，[①]源远而流长，浸入古人生活的诸方面，在相当程度上构造了古人对现实生活的基本理解和想像框架，具有深厚的民间基础和顽强的习俗力量。礼义之序，早已存于中国古人生活的基底之中，并非儒家特有的制度主张；[②]儒家重礼，不过是应对东周以降礼崩乐坏的局面，意图加以恢复并强化礼的排他性正当地位，突出其在政治、伦理上的规范训导功能，赋予其道德教化意义，试图用之以净化、巩固君臣父子的伦理政治关系。在此意义上，司马迁讲礼，未必是自归于儒家阵营的表现。[③] 他关于礼的理解，也表现出有别于大多数儒家学说所特有的信念特征的实用性立场，可视为其"文质之辨"的

①　《礼记·礼运》："夫礼之初，始诸饮食，其燔黍捭豚，污尊而抔饮，蒉桴而土鼓，犹若可以致敬于鬼神。"

②　故孝文之世尚黄老，未尝用儒，而《史记·孝文本纪》称之曰"专务以德化民，是以海内殷富，兴于礼义。"

③　应当注意的是，司马迁所论儒，多指当时儒术儒生，而非指儒学的一般理论（详参本书第五章第一节）。这与他务实的经验性格相符，亦显见古人未尝离人而论道、离事而言理。确实，一种学说或文化，若不能产生优美的影响、造就高贵的人格，欲论其美，除在语词与思辨之中打转外，恐难寻他途。

一个具体运用。在司马迁对礼的实用性要求下,他对汉武制礼的主要成就即太初改制所作的叙述评价,就格外引人注目了。

3.2.1 礼的实用性

《太史公自序》中,司马迁自道作《礼书》之由,谓礼"要以近性情"、"因人质为之节文",指礼本于人的天然质性。《礼书·序》开端,他即从治政的角度阐明礼的这一实用特征。

> 太史公曰:洋洋美德乎! 宰制万物,役使群众,岂人力也哉? 余至大行礼官,观三代损益,乃知缘人情而制礼,依人性而作仪,其所由来尚矣。

此言"天地宰制万物,役使群品,顺四时而动,咸有成功,岂借人力营为哉"(张守节《史记正义·礼书》)。可见天生万物,各具质性,已蕴其成;人于万物无需多虑,也不可自作主张,唯顺其质性,不加干扰而已。治政者于民亦当如是。故三代制礼,皆本于人情、人性,只是由于各代民俗民情互有差异,而不能不各有所损益以应当时。礼缘人情、人性而因时制作的说法,突出了礼应和民性的特质,其中多有任民自然、使民不倦的宽柔意味,而少矫正改造的进取意图,因此在司马迁"文质之辨"的意义上具有明确的尚"质"倾向。同时,礼顺应现实,以用为主,说明礼在根本上不是一种价值理想目标,而是一种治政实用工具。这从《礼书·序》接下来的论说更可见：

> 人道经纬万端，规矩无所不贯，诱进以仁义，束缚以刑罚，故德厚者位尊，禄重者宠荣，所以总一海内而整齐万民也。人体安驾乘，为之金舆错衡以繁其饰；目好五色，为之黼黻文章以表其能；耳乐钟磬，为之调谐八音以荡其心；口甘五味，为之庶羞酸咸以致其美；情好珍善，为之琢磨圭璧以通其意。故大路越席，皮弁布裳，朱弦洞越，大羹玄酒，所以防其淫侈，救其彫敝。是以君臣朝廷尊卑贵贱之序，下及黎庶车舆衣服宫室饮食嫁娶丧祭之分，事有宜适，物有节文。

上引文旨在论礼，当从礼的角度理解其中"仁义"的涵意。仁者爱人，故亲亲；义者循理，故尊尊。[1] 所谓"诱进以仁义"，即是劝人以礼，使其在礼所规定的亲亲尊尊的伦理生活浸染下，渐进于有序，从而达到"总一海内而整齐万民也"的治政目标。此义与"束缚以刑罚"相对，突显了礼的政治效用，

---

① 《荀子·大略》："亲亲、故故、庸庸、劳劳，仁之杀也；贵贵、尊尊、贤贤、老老、长长，义之伦也。行之得其节，礼之序也。仁，爱也，故亲。义，理也，故行。礼，节也，故成。……故曰：仁、义、礼、乐，其致一也。君子处仁以义，然后仁也；行义以礼，然后义也；制礼反本成末，然后礼也。三者皆通，然后道也。"

表明礼和刑同是治术,而各有其用,为治道规矩的两端:"礼禁未然之前,法施已然之后。"(《史记·太史公自序》)这一观点与荀子"治之经,礼与刑"(《荀子·成相》)的说法相似。上引文从"目好五色"、"口甘五味"等人的天然质性论证礼作为治术的合理性,也与荀子将人的欲望本能视为人之"性"、①立"性恶"一说以证礼义法度的必要性的思路如出一辙;②至于"大路越席,皮弁布裳,朱弦洞越,大羹玄酒,所以防其淫侈,救其彫敝"等说法,更似对荀子以下实用观点的总结发挥:"古者先王分割而等异之也,故使或美或恶,或厚或薄,或佚或乐,或劬或劳,非特以为淫泰夸丽之声,将以明仁之文,通仁之顺也。"(《荀子·富国》)③从上引《礼书·序》看,司马迁论礼与荀子有诸多相似相通之处;后人续补《礼

----

①　参《荀子·性恶》:"凡性者天之就也,不可学,不可事";"若夫目好色,耳好声,口好味,心好利,骨体肤理好愉佚,是皆生于人之情性者也;感而自然,不待事而后生之者也。"

并参徐复观,《中国人性论史》(先秦篇),上海三联书店,2001,页205—206。

②　参《荀子·性恶》:"今诚以人之性固正理平治邪? 则有恶用圣王,恶用礼义矣哉? 虽有圣王礼义,将曷加于正理平治也哉? 今不然,人之性恶";"问者曰:'人之性恶,则礼义恶生?'应之曰:'凡礼义者,是生于圣人之伪,非故生于人之性也。……圣人积思虑,习伪故,以生礼义而起法度,然则礼义法度者,是生于圣人之伪,非故生于人之性也。'"详细辨析,可参拙著《荀子的辩说》,北京:华夏出版社,2008,页192—208。

③　并参《荀子·礼论》:"天子大路越席,所以养体也;侧载睪芷,所以养鼻也;前有错衡,所以养目也;和鸾之声,步中《武》、《象》,趋中《韶》、《护》,所以养耳也;龙旗九斿,所以养信也;寝兕、持虎、蛟韅、丝末、弥龙,所以养威也"。

书》正文、赞语，基本袭用《荀子》，恐非无心之合。先秦至汉武，儒家诸子之中，荀子论礼多从其自然人性基础及其治理人群的实际效用着手，[①]显明"礼以顺人心为本"（《荀子·大略》），[②]最为切近实用。司马迁既同样关注礼的实用性，以为礼"因人质为之节文"、有益于治，著《礼书·序》而近于荀说，就在情理之中了。

　　但是，较之荀子，司马迁并未表现出对礼的明确的价值信念立场。价值信念的特征是，信念持有者绝不会满足于其信仰的对象是有用的，而必认为它是绝对正确的，并至少在意识层面自足于自己的信念本身。荀子明确指出礼是"人之所以为人"的根本（《荀子·非相》），将礼看成人的唯一的价值标准，即是他在信念上认同礼的具体表现。礼作为古人的生活仪则，一旦成为唯一的价值标准，就不可能只是一种治政实用工具，而必然主宰道德领域，与"善"同义。这从包括荀子在内的儒家诸子纷纷以礼义作为君子小人的道德评价及区分依据也可见。这些对司马迁来说都是较为陌生的。他仍然保持着战国士人所普遍具有的活泼素朴的功名之心，[③]其道德神经因此也尚未发达到于事事物物上都能感受

---

　　① 可参拙著《荀子的辩说》第三章，前揭。

　　② 按《荀子》下文，此处，"心"近"情性"，下同。且古时"心"作"性"、"情"或"统性情者"者有之，参宗福邦等主编《故训汇纂·忄部·心》，北京：商务印书馆，2003，注项59、60、4。

　　③ 陈桐生曾分析指出，司马迁接受战国士文化，具有及时立功名的战国士人心理。陈桐生，《中国史官文化与〈史记〉》，前揭，页103—104。

到善恶分别的程度。对他而言,由孔子所启发的儒家道德意识是过于微妙了。① 这在《史记》中有不少例证。《管晏列传·赞》曰:

> 管仲,世所谓贤臣,然孔子小之。岂以为周道衰微,桓公既贤,而不勉之至王,乃称霸哉?

中井积德曰:"是论未得孔子之旨"(《史记会注考证·管晏列传》)。《论语·八佾》载孔子云"管仲之器小哉",并谓管仲反坫、树塞门、三归,官事不摄,均奢而不合于礼。可知孔子评管仲"器小",乃据其德而论,指其"身泰意侈"(俞正燮撰《癸巳存稿》卷二)。后世儒家学者释"器小",也多持此义。② 司马迁虽以"管仲之家,兼备三归"为"礼废乐坏,大小相逾"的表现(《史记·礼书·序》),但只是据实而言,未

---

① 孔子讲"仁"、"心安",强调礼的内在动机,是礼的道德化的开始。《论语·阳货》曰:"宰我问:'三年之丧,期已久矣。君子三年不为礼,礼必坏;三年不为乐,乐必崩。旧谷既没,新谷既升,钻燧改火,期可已矣。'子曰:'食夫稻,衣夫锦,于女安乎?'曰:'安!''女安则为之。夫君子之居丧,食旨不甘,闻乐不乐,居处不安,故不为也。今女安,则为之。'宰我出。子曰:'予之不仁也! 子生三年,然后免于父母之怀。夫三年之丧,天下之通丧也。予也有三年之爱于其父母乎?'"

② 扬雄《法言·先知》曰:"或曰:'齐得夷吾而霸,仲尼曰小器。请问大器。'曰:'大器其犹规矩准绳乎? 先自治而后治人之谓大器。'"谓管仲所以"器小",在其不能正身"自治"。

朱熹引程子曰:"奢而犯礼,其器之小可知。盖器大,则自知礼而无此失矣。"朱熹集注,陈戍国标点,《四书集注》,前揭,页94。

尝由此而责管仲器小,倒以为孔子所以谓其"器小",在于其志向不远,未能勉力辅桓公至于王道。在司马迁,"器小"以志向功业论。这与他向来特重功名的人物评价倾向完全相符,[1]表明他在价值取向上偏重于功名之欲而淡化(儒家立场的)道德关注,故难免于下意识中依己意推度孔子。班固认为司马迁"是非颇缪于圣人"(《汉书·司马迁传·赞》)的评价,在道德儒学的层面并非虚言。孔门高弟季次、原宪"终身空室蓬户,褐衣疏食不厌"(《史记·游侠列传·序》),在儒家可谓有德处士,[2]而司马迁于《游侠列传·序》曰:"今拘学或抱咫尺之义,久孤于世,岂若卑论侪俗,与世沈浮而取荣名哉!……诚使乡曲之侠,予季次、原宪比权量力,效功于当世,不同日而论矣。要以功见言信,侠客之义又曷可少哉!"明显据功名立论,"叩其意本不取季次、原宪等,盖言其有何功业而志之不倦,却借他说游侠

---

① 《史记·太史公自序》曰:"扶义俶傥,不令己失时,立功名于天下,作七十列传。"司马迁于各列传人物的评价,多重其及时立功名的志向能力,比较突出如《伍子胥列传》、《苏秦列传》、《张仪列传》、《范雎蔡泽列传》等。陈桐生也指出司马迁评价历史人物的突出及时立功名的非道德化的倾向,参陈桐生,《中国史官文化与〈史记〉》,前揭,页248。

② 《史记·仲尼弟子列传》记孔子曰:"天下无行,多为家臣,仕于都;唯季次未尝仕",言下之意,认为季次是有德行之士。原宪、季次"终身空室蓬户,褐衣疏食不厌"的处世态度极似颜渊。孔子曰:"贤哉,回也! 一箪食,一瓢饮,在陋巷。人不堪其忧,回也不改其乐。贤哉,回也"(《论语·雍也》),又曰"不仁者不可以久约,不可以长乐。仁者安仁。"(《论语·里仁》)据此,在儒家道德观念下,原宪、季次也可称"贤"、称"仁"。

之所为,有过之者而不见称",①以为较之游侠,季次、原宪等一类"拘守志节"者本不足见称于世。② 这与儒家向来排摈游侠而称举有德之士的观念绝不相容。③ 于此,班固谓司马迁"序游侠则退处士而进奸雄"之说(《汉书·司马迁传·赞》)虽或过激,却已照出司马迁对儒家道德生活方式的疏淡态度。④ 这一态度在《货殖列传》中也有表现。《货殖列传》曰:"无岩处奇士之行,而长贫贱,好语仁义,亦足羞也。"本无德行,却贫贱骄人,空谈仁义,此贫贱所以"足羞";"苟有岩处奇士之行,则虽长贫贱无所羞,而太史公固不说(悦)之也"。⑤ 孔子曾赞颜渊"一箪食,一瓢饮,在陋巷"而"不改其乐"(《论语·雍也》);在儒家道德至上

---

① 刘辰翁《班马异同》卷三十一。引自杨燕起、陈可青等,《历代名家评〈史记〉》,前揭,页712。

② 张文虎释"今拘学或抱咫尺之义,久孤于世"曰:"案此谓拘守志节,独行踽踽,不知见于世也。"(张文虎《舒艺室随笔》卷四)

③ 司马迁已于《游侠列传·序》中明言"儒墨皆排摈不载"游侠之事。就儒家言,这与其君臣父子的政治伦理观相关。扬雄称游侠"窃国灵(即命)"(《法言·渊骞》);王夫之亦曰:"公孙弘请诛郭解,而游侠之害不滋于天下,伟矣哉! 游侠之兴也,上不能养民,而游侠养之也。"(王夫之《读通鉴论》卷三《武帝》条一一)即谓游侠扰乱既有的政治伦理关系。

④ 儒家讲仁义,《史记》中有不少地方也提到仁、义,但司马迁对仁、义的理解,与儒家以亲亲为仁、尊尊为义的伦理定位不同。《报任安书》曰:"爱施者,仁之端也;取予者,义之符也。"此司马迁所以称儒家所排摈的游侠有仁、义之德:"救人于厄,振人不赡,仁者有乎;不既信,不倍言,义者有取焉。作《游侠列传》第六十四。"(《太史公自序》)

⑤ 见中井积德说。《史记会注考证·货殖列传》。

的处世观念中,"君子固穷"、"忧道不忧贫"(《论语·卫灵公》)。这显然不是司马迁的志向。他固非"崇势利而羞贱贫"(《汉书·司马迁传·赞》)者,但也不推崇拘守志节德操、甘于贫贱无闻的岩处奇士的生活,而必求有为于世。故其论伍子胥,曰"向令伍子胥从奢俱死,何异蝼蚁。弃小义,雪大耻,名垂于后世",称其为"烈丈夫"(《史记·伍子胥列传·赞》)。而在汉儒看来,"胥也,俾吴作乱,破楚入郢,鞭尸,藉馆,皆不由德"(扬雄《法言·重黎》),判其悖于礼,①在儒家甚为分明。②这就进一步消解了司马迁对礼抱持类似儒家的信念立场的可能性——当然,这只是说明他未自觉地将礼看作绝对的价值标准,并不意味着他漠视或反对礼作为与日常生活相关的

---

① 李轨注"皆不由德"曰"报父兄之耻于斯则无礼"。汪荣宝撰,陈仲夫点校,《法言义疏》,北京:中华书局,1987,页330。

② 儒家亦有"复仇"之说。《春秋公羊传·定公四年》论伍子胥伐楚复父仇事,曰"父不受诛,子复仇可也"。其意指子胥与楚王君臣之义既绝,故可复仇(参何休注)。但是,按司马迁所撰《伍子胥列传》,子胥复仇之志萌于与兄道别之际。其时他尚未去楚,君臣之义未绝,而立志复仇,非但悖于君臣之礼,与《公羊传》的子复父仇之说也明显有偏离。陈曦指出,《伍子胥列传》表现的"个人复国君杀父之仇"的观念,未见于先秦两汉的儒家典籍,当是司马迁的个人主张。(陈曦,《〈史记〉与周汉文化探索》,前揭,页165—171)。

汉代大儒扬雄所著《法言》之《重黎》、《渊骞》等篇对周秦至汉重要历史人物重作品评,常与司马迁不同。其中或也有针对《史记》的意图。《汉书·扬雄传》曰:"雄见诸子各以其知舛驰,大氐诋訾圣人,即为怪迂。……及太史公记六国,至楚汉,讫麟止,不与圣人同,是非颇谬于经。故人时有问雄者,常用法应之,撰以为十三卷,象《论语》,号曰《法言》。"

或隐或显的规范性存在;①毕竟他生长于一个有历史、有传统的现实世界,在这个世界中,人们对生活的认识、想象和期望,相当程度上都来自前人基本生活方式(即礼)的启发和教导。礼作为习俗的潜移默化的影响是无法消除的。②

由于司马迁未表明对礼作为人道规矩的信念认同,在他从治政角度做出的礼"因人质为之节文"的务实理解中,实用性的立场和要求就明显地突出了。这主要表现为强调礼的实际效用。《赵世家》记赵武灵王论易胡服曰:

> 夫服者,所以便用也;礼者,所以便事也。圣人观乡而顺宜,因事而制礼,所以利其民而厚其国也。……乡异而用变,事异而礼易。是以圣人果可以利其国,不一其用;果可以便其事,不同其礼。儒者一师而俗

---

① 可以看到,司马迁在评价人物时虽未自觉运用礼的标准,叙述过程中忠臣、孝子一类却常脱口而出。此外,其《悲士不遇赋》(欧阳询撰《艺文类聚》卷三十"人部十四·怨")有"恒克己而复礼,惧志行而不闻"之语,在主要表达对"闻"的渴求之余,也有认可礼作为正确行为方式的意味。但是,从"闻"的角度看,这种认可不完全是个人性的,还同时包含社会公认的意思;并且,司马迁既愿复礼而又忧不闻于世,是未达正统儒者的信念境界,这一点,稍对照《悲士不遇赋》与董仲舒《士不遇赋》(欧阳询《艺文类聚》卷三十"人部十四·怨")即可知。

② 当然,习俗在某种意义上也带有信念特征;但是,价值信念是基于价值判断而形成,具有明确的自觉性和排他性,习俗的信念性则一般是无反思的、不自觉的、反应性的,因此提供了与其他观念相容共处的可能空间,在传统式微之时尤其如此。

异，中国同礼而教离，况于山谷之便乎？

　　先王不同俗，何古之法？帝王不相袭，何礼之循？虑戏、神农教而不诛，黄帝、尧、舜诛而不怒。及至三王，随时制法，因事制礼。法度制令各顺其宜，衣服器械各便其用。故礼也不必一道，而便国不必古。圣人之兴也，不相袭而王；夏、殷之衰也，不易礼而灭。然则反古未可非，而循礼未足多也。……且圣人利身谓之服，便事谓之礼。夫进退之节，衣服之制者，所以齐常民也，非所以论贤者也。

此处也见于《战国策·赵策二》，且《史记》兼具文学性质，人物谈话多有刻画意图，上引文关于礼的讨论未可轻易视为司马迁个人的见解。不过，从《赵世家》看，司马迁对易胡服一事显然是持肯定态度的。按《赵世家》，赵武灵王易胡服以招骑射后，"其所北却林胡、楼烦，并中山以西，通云中、九原，于以窥秦"，①正是赵国兴盛时代。司马迁还指出，易胡服非止有实际治效，也符合天意，赵简子时代已有人以一种神秘的方式预告了武灵王的这一改革。② 这说

---

　　① 见茅坤《史记钞》卷二二的总结。引自杨燕起、陈可青等，《历代名家评〈史记〉》，前揭，页480。

　　② 《史记·赵世家》："他日，简子出，有人当道，辟之不去，从者怒，将刃之。……当道者曰：'……及主君之后嗣，且有革政而胡服，并二国于翟。'简子问其姓而延之以官。当道者曰：'臣野人，致帝命耳。'遂不见。"

明,司马迁是"将胡服骑射的采用视为能继承春秋时代先祖业绩的武灵王功绩";①《赵世家》详细记述武灵王就易胡服事所展开的论说,意在指明这一改革的理性根据。据此,上引文中"礼者,所以便事也"、"观乡而顺宜,因事而制礼,所以利其民而厚其国也"等说法,在司马迁看来,应具有相当的合理性,因而亦可在某种程度上认为是反映了他的思想。礼以便事的观点,强调了礼作为治政技术的效用性。《鲁周公世家》曰:

> 鲁公伯禽之初受封之鲁,三年而后报政周公。周公曰:"何迟也?"伯禽曰:"变其俗,革其礼,丧三年然后除之,故迟。"太公亦封于齐,五月而报政周公。周公曰:"何疾也?"曰:"吾简其君臣礼,从其俗为也。"及后闻伯禽报政迟,乃叹曰:"呜呼,鲁后世其北面事齐矣! 夫政不简不易,民不有近;平易近民,民必归之。"

孔子曰:"三年之丧,天下之通丧也。"(《论语·阳货》)荀子亦云:"三年之丧,人道之至文者也。"(《荀子·礼论》)在儒家,为父母、人君的三年丧期,"称情而立文,所以为至痛极

---

① 藤田胜久著,《〈史记〉战国史资料研究》,曹峰、广濑薫雄译,上海古籍出版社,2008,页294。

也"(《荀子·礼论》)，依据的是内在情感所升发出的道德意识——"子生三年，然后免于父母之怀"(《论语·阳货》)，而人君亦有为民父母之说。① 故《论语·阳货》中，当宰我从功用立场出发提出三年丧期过久时，孔子即斥之为不德(不仁)。可见，三年之丧，遵循的不是功用原则，而是道德教化原则。② 上引文中，鲁伯禽严守三年丧制，以变俗为目的，其政有进取之意；齐太公为政则简易近民，从俗为便，因便为礼，五月而毕，其与民休息的宽柔治道，体现了其注重功用的为政特征。司马迁曾言周公之圣，③《齐世家》又对齐太公之政多有称许，④上引周公关于齐、鲁两政的评论当与司马迁

---

① 《荀子·礼论》："君之丧所以取三年，何也？曰：君者，治辨之主也，文理之原也，情貌之尽也，相率而致隆之，不亦可乎！《诗》曰：'恺悌君子，民之父母。'彼君子者，固有为民父母之说焉。父能生之，不能养之，母能食之，不能教诲之，君者，已能食之矣，又善教诲之者也。三年毕矣哉！"

② 符合礼的生活方式能够造就相应的道德人格。《荀子·哀公》曰："鲁哀公问于孔子曰：'绅、委、章甫，有益于仁乎？'孔子蹴然曰：'君号然也！资衰、苴杖者不听乐，非耳不能闻也，服使然也。黼衣、黻裳者不茹荤，非口不能味也，服使然也。且丘闻之：好肆不守折，长者不为市。窃其有益与其无益，君其知之矣。'"意指礼所规定的服制有益于成德(仁)。

③ 《史记·太史公自序》："依之违之，周公绥之；愤发文德，天下和之；辅翼成王，诸侯宗周。……嘉旦《金縢》，作《鲁周公世家》第三。"并参《鲁世家》。

④ 《史记·齐太公世家》中，司马迁先记齐太公"从俗为礼"的治效："太公至国，修政，因其俗，简其礼，通商工之业，便鱼盐之利，而人民多归齐，齐为大国。"然后赞曰："吾适齐，自泰山属之琅邪，北被于海，膏壤二千里，其民阔达多匿知，其天性也。以太公之圣，建国本，桓公之盛，修善政，以为诸侯会盟，称伯，不亦宜乎？洋洋哉，固大国之风也！"

本意不相悖。① 从司马迁"文质之辨"看,齐、鲁两国的治政用礼风格,分别对应于他所说的文、质之义;而周公论二政之高下,既与司马迁对礼的实用理解完全相合,也与他提出的"尚质"的拨乱反正的治政原则如出一辙。"尚质"之政重在宽柔,与用礼并不矛盾,关键在于用礼的目的。文家用礼,以教化矫正为目的,意在使人合于既定的道德标准(前述董仲舒"德教"学说即如此),故三年丧期不可变更;质家用礼,以实际效用为目的,意在顺应民情、民性,"因人质为之节文",故以便事为主,因事而制礼。② 正统儒家学者秉持信念,内怀忠恕,常欲推己及人,其崇礼大多是文家作风。司马迁偏于"质"的用礼风格显然与之不同。③ 这说明,即使在较为靠近儒家立场的方面(礼),司马迁旨在拨乱反正的治政思路仍显示了与正统儒者的差异,具有未可据门户作截然分别的

---

① 且古人述史事不免因己意而有所取舍、剪裁。如本节引文所述太公、伯禽故事,也见于刘向《说苑·政理》:"伯禽与太公俱受封而各之国,三年,太公来朝,周公问曰:'何治之疾也?'对曰:'尊贤、先疏后亲,先义后仁也,此霸者之迹也。'周公曰:'太公之泽及五世。'五年,伯禽来朝,周公问曰:'何治之难?'对曰:'亲亲,先内后外,先仁后义也,此王者之迹也。'周公曰:'鲁之泽及十世。'故鲁有王迹者,仁厚也,齐有霸迹者,武政也,齐之所以不如鲁者,太公之贤不如伯禽也。"这与司马迁所述,在细节上有所出入,立意则截然相反。

② 此处文、质,均取司马迁"文质之辨"中的含义,即指治政风格。

③ 司马迁慕晏婴,愿为其执鞭(《史记·管晏列传·赞》)。晏婴亦以为儒家之礼华而不实,不可以为政,谓齐景公曰:"夫儒者滑稽而不可轨法;倨傲自顺,不可以为下;崇丧遂哀,破产厚葬,不可以为俗;游说乞贷,不可以为国。自大贤之息,周室既衰,礼乐缺有间。今孔子盛容饰,繁登降之礼,趋详之节,累世不能殚其学,当年不能究其礼。君欲用之以移齐俗,非所以先细民也。"(《史记·孔子世家》)

务实特征。

3.2.2 太初改制

《礼书·序》中，司马迁略述三代以后学者有关礼的议论主张，仍循其对礼所持的"总一海内而整齐万民"（《史记·礼书·序》）的治政思路。他指出，周衰而礼乐崩废之后，礼所规定的政治伦理秩序已难落实，"循法守正者见侮于世，奢溢僭差者谓之显荣"（《史记·礼书·序》），礼已不具备作为天下仪则（"法"）的约束力，守之未有荣名，僭之亦不见辱；为恢复礼的治政地位和正当性权威，孔子特别提出"必也正名"的主张。按《论语·子路》，"正名"说是孔子应子路问"卫君待子而为政，子将奚先"而发，表达了孔子对礼的治政意义的重视，可以认为是他的一种治政主张：严君臣父子之等级名分，"正名"以正"政"。①《论语》记孔子说礼处比比皆是，而司马迁于《礼书·序》中独举其"正名"一说以强调礼的治政功用，与他将礼视为一种治政技术的

---

① 儒家政治伦理思想的核心不过是礼所规定的君臣父子的等级名分，"正名"当以此论。这从《论语·颜渊》以下记载可见："齐景公问政于孔子。孔子对曰：'君君、臣臣、父父、子子。'公曰：'善哉！信如君不君、臣不臣、父不父、子不子，虽有粟，吾得而食诸？'"故朱熹注《论语·子路》"必也正名乎"曰："是时出公不父其父而祢其祖，名实紊也，故孔子以正名为先。谢氏曰：'正名虽为卫君而言，然为政之道，皆当以此为先。'"朱熹集注，陈戍国标点，《四书集注》，前揭，页206。

另，张晓芒、毕富生也指出孔子"'正名'思想的政治伦理性——正名分"。张晓芒、毕富生，《孔子"正名"思想的语用学意义及社会功用》，《孔子研究》，2008 年第 2 期。

立场完全相应。循此也可明了了《礼书·序》述晁错事的重
点所在：

> 　孝景时，御史大夫晁错明于世务刑名，数干谏孝景
> 曰："诸侯藩辅，臣子一例，古今之制也。今大国专治异
> 政，不禀京师，恐不可传后。"孝景用其计，而六国畔逆，
> 以错首名，天子诛错以解难。事在袁盎语中。是后官者
> 养交安禄而已，莫敢复议。

晁错"学申商刑名"（《史记·袁盎晁错列传》），[①]一般认为
属刑名之家，而司马迁于上引《礼书·序》中揭其生平最为
重要的"削诸侯"的治政主张，显然以为这一主张有关礼
制——也可见，在司马迁的观念中，言礼者未必是儒，非儒者
亦可言礼。上引文中，晁错所言，旨在辨明汉室与诸侯间的
君臣名分地位。按其语，诸侯为天子藩卫辅佐，当循臣子之
例，古今未有不同；而当时大国不用汉法，专治异政，有"拟于
天子"之势，[②]威胁汉室，显非所以置诸侯之意。国大则势
大，势大则难制，难制则君臣名分不严，故"古者诸侯不过百

---

　① 　按：此处只论司马迁于晁错事的看法，非辨史实，故仅引《史
记》以见其意。下同。

　② 　司马迁述吴楚反前后诸侯之势曰："高祖时诸侯皆赋，得自除
内史以下，汉独为置丞相，黄金印。诸侯自除御史、廷尉正、博士，拟于
天子。自吴、楚反后，五宗王世，汉为置二千石，去'丞相'曰'相'，银
印。诸侯独得食租税，夺之权。"（《史记·五宗世家·赞》）

里,强弱之形易制"。① 晁错提出削夺诸侯之地的主张,正出于他自己所说的"不如此,天子不尊,宗庙不安"(《史记·袁盎晁错列传》)的名分考虑。在此意义上,其削地之说也是一种"正名",《礼书·序》归之于礼事范围而予以记载,就不难理解了。周衰以后,主张用礼治政者不在少数(如汉初贾谊),《礼书·序》单述孔子、晁错应对时弊而提出的"正名"之说(按《史记·袁盎晁错列传》,晁说本为孝景采纳但功亏一篑),足见司马迁是在具体实践而非一般的理论意义上将礼看成一种治政技术;在他反复流露出的对晁错的痛惜之意中,②也多少包含了对汉初失却难得的一次"正名以正政"的复礼之机的慨叹。

---

① 《史记·平津侯主父列传》记主父偃语。其后曰:"今诸侯或连城数十,地方千里,缓则骄奢易为淫乱,急则阻其彊而合从以逆京师。"司马迁显然同意主父偃之说,《吴王濞列传·赞》曰:"故古者诸侯地不过百里,山海不以封",即明吴楚之反在势大难制。

② 《史记·礼书·序》述七国以诛晁错为名叛乱,孝景诛错以解难,云"是后官者养交安禄而已,莫敢复议",以晁错之死与其后官者的养交安禄暗作对照,微刺之中对晁错的痛惜之意跃然纸上。此意在《袁盎晁错列传》中表现得更为明显。晁错传末"……邓公曰:'吴王为反数十年矣,发怒削地,以诛错为名,其意非在错也。且臣恐天下之士噤口,不敢复言也!'上曰:'何哉?'邓公曰:'夫晁错患诸侯彊大不可制,故请削地以尊京师,万世之利也。计画始行,卒受大戮,内杜忠臣之口,外为诸侯报仇,臣窃为陛下不取也。'于是景帝默然良久,曰:'公言善,吾亦恨之。'乃拜邓公为城阳中尉。"特引邓公语以明晁错之冤,是司马迁寓论断于叙事之笔法。又,《吴王濞列传·赞》曰"晁错为国远虑,祸反近身",再申晁错之冤。又,《袁盎晁错列传·赞》谓袁盎"虽不好学,亦善傅会"、"资适逢世,时以变易",皆非赞语,而论晁错则云"诸侯发难,不急匡救,欲报私仇,反以亡躯",指其欲以吴楚事论袁盎之罪而反为盎所制,以至亡身,是责备,也是惋惜,因惋惜而责备,责备之中见惋惜。

礼的核心是君君、臣臣、父父、子子的等差名分。"正名"的主要目的在于发挥礼的治政功效,恢复礼所规定的政治伦理秩序,明晰名分大义,整齐君臣父子之礼,使上下有序。就礼作为一种政治技术而言,君臣之间的等级区分主要是制度性的;所谓君君、臣臣,君有君礼,臣有臣礼,礼所要求的节制仪度,对君臣都适用;礼所以规定尊卑贵贱的等差之分,目的在于息争,[①]在于明确上下之序以组织稳定有效的社会运作系统;礼在本质上是"斩而齐,枉而顺,不同而一"的"群居合一之道"(《荀子·荣辱》)。但这不过是学者追述三代而提出的制礼理想。在司马迁看来,三代以降,明礼者固不乏其人(如其所举孔、晁),但于礼衰之势无补,自秦代始,礼已成为尊君上而抑臣下的文饰之术。《礼书·序》指出,"秦有天下,悉内六国礼仪,采择其善",目的只在"尊君抑臣",而不再本于"总一海内而整齐万民"、"诱进以仁义"的治政之需,完全悖于三代制礼之旨。汉以马上得天下,君臣之礼简易,汉高帝不喜群臣放肆懈慢,叔孙通揽此时机,"希世度务制礼"(《史记·刘敬叔孙通列传·赞》),虽"颇有所增益减损",但"大抵皆袭秦故"(《史记·礼书·序》),

---

① 参《荀子·王制》:"人何以能群? 曰:分。分何以能行? 曰:义。故义以分则和,和则一,一则多力,多力则强,强则胜物,故宫室可得而居也。故序四时,裁万物,兼利天下,无它故焉,得之分义也。故人生不能无群,群而无分则争,争则乱,乱则离,离则弱,弱则不能胜物;故宫室不可得而居也,不可少顷舍礼义之谓也。"关于礼义之分的必要性,可并参章学诚《文史通义·原道上》。

仍是"尊君抑臣"之意——这从叔孙通礼成而汉高帝有"吾乃今日知为皇帝之贵也"(《史记·刘敬叔孙通列传》)的感叹亦可略见一斑。

按《礼书·序》,汉高袭秦制礼而形成的"尊君抑臣"局面,至文、景时亦无根本改观。武帝继位后,儒学渐成为国家统治意识形态,对三代制礼的本旨当有所留意,可事实上又如何呢?《礼书·序》云:

> 今上即位,招致儒术之士,令共定仪,十余年不就。或言古者太平,万民和喜,瑞应辨至,乃采风俗,定制作。上闻之,制诏御史曰:"盖受命而王,各有所由兴,殊路而同归,谓因民而作,追俗为制也。议者咸称太古,百姓何望?汉亦一家之事,典法不传,谓子孙何?化隆者闳博,治浅者褊狭,可不勉与!"乃以太初之元改正朔,易服色,封太山,定宗庙百官之仪,以为典常,垂之于后云。

私议云"古者太平,万民和喜,瑞应辨至,乃采风俗,定制作",与司马迁"安宁则长庠序"(《史记·平准书·赞》)、"缘人情而制礼,依人性而作仪"(《史记·礼书·序》)的说法完全相合,"是深知礼意者",[1]而汉武斥之曰"议者咸称太

---

① 方苞《望溪先生文集》卷二《书〈礼书·序〉后》。引自杨燕起、陈可青等,《历代名家评〈史记〉》,前揭,页412。

古,百姓何望",似要应和民望,追俗为制。但如上引文所示,太初所定,不过改正朔、易服色、封泰山以及定宗庙百官之仪,至于礼作为"总一海内而整齐万民"的治术所应体现的"黎庶车舆衣服宫室饮食嫁娶丧祭之分"(《史记·礼书·序》),则一无涉及;且其宗庙百官之仪,循汉初袭秦制之路,大抵亦在"尊君抑臣"之列,亦不合三代制礼本意。由此看,武帝制诏所谓"百姓何望"等等,多是饰辞。故方苞读《礼书·序》曰:"观'制诏御史'云云,则(汉武)惮复古而乐秦仪,情不能自掩矣"。① 可以说,司马迁《礼书·序》所述武帝制礼一节,与其对礼的实用理解和"尚质"的用礼立场形成鲜明对比,其中可见他对汉武复礼改制的刺讥之意。

改正朔、易服色是汉武太初改制的重要内容,而司马迁也是太初改制的参与者之一。缘此,他在《礼书·序》中对太初改制出以微词就不免有点令人费解,故有必要就《史记》关于太初改正朔、易服色的叙述、评价作进一步辨析,以澄清司马迁讥讽汉武改制的真实原因。②

虽然后世学者有言太初改正朔、易服色"于礼无当"(郭嵩焘《史记札记》卷三《礼书》),但在汉公羊家看来,改制具有重要的政治意义。董仲舒曰:

---

① 刘季高点校,《方苞集》(上)卷二《书〈礼书·序〉后》,上海古籍出版社,1983,页40。

② 关于"尊君抑臣"的问题,可参本书第四章第二节。

> 王者必改正朔，易服色，制礼乐，一统于天下，所以
> 明易姓，非继人，通以己受之于天也。
>
> 古之王者受命而王，改制称号正月，服色定，然后郊
> 告天地及群神，远追祖祢，然后布天下，诸侯庙受，以告
> 社稷宗庙山川，然后感应一其司。（《春秋繁露·三代
> 改制质文》）

此言新朝之王所以必改正朔、易服色，目的在于昭告新王受
命、天下易姓，明新王"非继前王而王也"（《春秋繁露·楚
庄王》），其位"受之于天，不受之于人"，[1]故正朔、服色拟定
之后，须"郊告天地群神"等，方可颁布于天下。可见，改正
朔、易服色作为昭示新王受命的一种必要仪式，其政治意义
主要是符号性、象征性的。这种仪式的观念依据是，王者之
位皆受之于天，新王得统天下，非人力营为的结果，而是天
意的体现。借助"天"的神秘性、权威性，新王继位被赋予了
相应的神圣性和正当性，其统治地位因此也就能够获得普
遍的认可、支持和敬畏。这一点，《白虎通义·三正》讲得很
清楚：

> 王者受命必改朔何？明易姓，示不相袭也。明受之

---

① 见何休注《春秋公羊传·隐公元年》"王正月也"。公羊寿传，
何休解诂，徐彦疏，《春秋公羊传注疏》（李学勤主编《十三经注疏》标点
本），北京大学出版社，1999，页8。

于天，不受之于人，所以变易民心，革其耳目，以助化也。

所谓"变易民心，革其耳目"，即言通过改正朔、易服色表明天下易姓而新王不继前朝，使民心变而归向新朝，令百姓视听皆适应于随改朝换代而必有的革新，从而有助于新朝政教的施化。改正朔、易服色的改制既是一种仪式，也可看成一种有目的的治政举措，是"天子之大礼"（《白虎通义·号》）。无论是从治政举措的角度还是从仪式的角度看，改制显然都是试图通过影响人的心理而产生效果的。具体地说，通过神化新王受命换代之事，在人们的心里可以树立一种对新王的敬畏感和信赖感，从而使他们自觉自愿地接受并服从新王的统治。在此意义上，改正朔、易服色亦可谓是"君子以为文，而百姓以为神"（《荀子·天论》）；就其具有某种神道设教的作用而言，完全可以视为一种政治的修辞法。由此看来，汉儒鼓吹改制，要求改正朔、易服色，并不全是出于争夺统治意识形态地位的门户考虑，而是有着深远的政治意图。

仅据汉儒的改制之义，很难完全说明司马迁在《礼书·序》中透露出的对太初改制的批评态度。上述关于改制的解说，虽隐含文饰的立场，未尽合质家清静之旨，但体现了一种实用的政治智慧。司马迁对这种智慧也是有所理解的。其谓"王者易姓受命，必慎始初，改正朔，易服色，推本天元，顺承厥意"（《史记·历书·序》），即是指出王者改制在于宣明顺承"天"命而理民施政的志愿，与董仲舒言改正朔、易服色

"无他焉，不敢不顺天志而明自显也"（《春秋繁露·楚庄王》），同是一义。不过，司马迁"推本天元，顺承厥意"等说法出于《历书·序》却不见于《礼书·序》，且未提及太初改制，故当是他对改制的应有之义的一般理解，而不代表他对太初改制实践的具体定位。

从理论上讲，汉武太初改制涉及当时流行的两种学说，即公羊家的三统说和战国邹衍提出的五德终始说。[①] 太初所定，正朔从夏正，服色尚黄。其正朔固然可从公羊家的黑白赤三统说中推出（即汉为黑统，用夏正），服色则明显与之无关，而与五德终始说相合——按此说，汉得土德，色尚黄。故有学者以为，"太初改制，仍用五行相胜，与董氏《春秋》说不同"。[②] 司马迁未曾专门评论过三统说，对五德终始说倒有比较清楚的理解。《孟子荀卿列传》述邹衍"称引天地剖判以来，五德转移，治各有宜，而符应若兹……作《主运》"后，马上指出：

> 其游诸侯见尊礼如此，岂与仲尼菜色陈、蔡，孟轲困
> 于齐、梁同乎哉！故武王以仁义伐纣而王，伯夷饿不食
> 周粟；卫灵公问陈，而孔子不答；梁惠王谋欲攻赵，孟轲
> 称大王去邠。此岂有意阿世俗苟合而已哉！持方枘而

---

① 关于二说与太初改制的实际关系，详见后文"易服色尚黄"注。
② 见苏舆注《春秋繁露·三代制质文》"王鲁，尚黑"。苏舆撰，钟哲点校，《春秋繁露义证》，前揭，页188。

内圆凿,其能入乎? 或曰,伊尹负鼎而勉汤以王,百里奚
饭牛车下而缪公用霸,作先合,然后引之大道。驺衍其
言虽不轨,傥亦有牛鼎之意乎?

此处以邹衍所为与伯夷及孔、孟相对照,暗指邹衍傅会五行
言五德而作《主运》,是"阿世俗苟合"之举。不过,司马迁接
着又对邹衍学说提出另一种理解,认为他以五德终始论"主
运",亦如伊尹负鼎、百里奚饭牛车下一样,不过是一种自荐
策略,而欲谋引君主于正道:"作先合,然后引之大道"。① 在
当时普遍迷信"主运"的气氛中,司马迁对五德终始说的理
解却富于理性色彩、不沾丝毫怪诞之气,与他在《封禅书》中
批评邹衍说行而"怪迂阿谀苟合之徒自此兴"的立场一脉相
承。可见,司马迁并未将五德终始说看成一种严肃的理论学
说。② 这不奇怪。改制既然旨在昭告"顺承天意"、明示朝代
更新,则对改制理论而言,就不存在对与错的问题,而只存在
实用与否的问题。"对"的学说只有一种,寻求实用的学说
却能包容其他。这大概是三统说和五德终始说"这两种不相

---

　① 可参《史记·殷本纪》:"伊尹名阿衡。阿衡欲奸汤而无由,乃
为有莘氏媵臣,负鼎俎,以滋味说汤,致于王道。"
　② 当然,《史记》曾引用五德终始说,如《五帝本纪》。这种用语方
式很可能给人一种司马迁信奉五德终始说的印象。但是,对作者思想
的把握,应该考虑流行话语方式的力量,并注意作者思想的内在一致性
从而发掘作者的本意。毕竟,运用一种话语方式,与认同这种话语方式
本身包含的思想观念,不能简单等同。关于《五帝本纪》记黄帝得"土
德之瑞"的目的,详见后文。

容的学说"作为理论解说工具相容于太初改制的重要原因。① 其中可见汉人对待理论学说的疏阔态度。从上引文看，这种态度在司马迁身上无疑是更为突出的。

在某种意义上，理论方面的漫不经心，往往意味着对实践目的的重视。参照《史记》他篇可知，司马迁所以在《礼书·序》中对太初改制一事颇有微辞，更深层的原因在于他对汉武帝发动这一改制的真实意图的认识。《史记》曾四次明确提到太初改正朔、易服色之事：除《礼书·序》之外，还见于《历书·序》、《封禅书》、《太史公自序》。其中，《礼书·序》、《历书·序》、《太史公自序》于太初改制仅一语带过，并未详述；而在《封禅书》中，武帝改正朔、易服色与封禅事相始终，此书虽闪烁其词，仍显出，在武帝心里，三者并为一事。②

封禅之礼，本于"报告之义"，即"始受命之日，改制应天，天下太平功成，封禅以告太平也"（《白虎通义·封禅》）。

---

① 顾颉刚《五德终始说下的历史和政治》。顾颉刚，《古史辨自序》（下），石家庄：河北教育出版社，2000，页472。

② 《史记·太史公自序》中，司马迁答壶遂曰："汉兴以来，至明天子，获符瑞，封禅，改正朔，易服色，受命于穆清，泽流罔极，海外殊俗，重译款塞，请来献见者，不可胜道。臣下百官力诵圣德，犹不能宣尽其意。且士贤能而不用，有国者之耻；主上明圣而德不布闻，有司之过也。"给人一种司马迁为武帝政绩欢欣鼓舞的印象。但这种印象并不可靠。司马迁对汉武治政的批评很多，甚至将其与秦始皇并提，在他心目中，武帝如何担得起"圣德"、"明圣"几字？ 司马迁有拨乱反正之志，又曾受腐刑，深知直言贾祸，故"史序多微文"（吴忠匡，《史记太史公自序注说会纂》，前揭，页154），闪烁其辞，似褒还贬。

据此,封禅与改正朔、易服色牵为一事,本无不可。但按《封禅书》,武帝所以热衷于封禅,意在求升仙不死,天下之事遂成一人之事。① 此书对武帝求仙封禅之举多有诋讽,暗中以武帝与秦始皇相比,②可见司马迁于此事之不满。③ 据此,他将改正朔、易服色与封禅事穿插叙述,就寓有深意了。《封禅书》曰:

> 其秋,上幸雍,且郊。或曰"五帝,太一之佐也,宜立太一而上亲郊之"。上疑未定。齐人公孙卿曰:"今年得宝鼎,其冬辛巳朔旦冬至,与黄帝时等。"卿有札书曰:"黄帝得宝鼎宛朐,问于鬼臾区。鬼臾区对曰:'帝得宝鼎神策,是岁已酉朔旦冬至,得天之纪,终而复始。'于是黄帝迎日推策,后率二十岁复朔旦冬至,凡二十推,三百八十年,黄帝仙登于天。"……卿因嬖人奏之。上大说,乃召问卿。……卿曰:"申公,齐人。与安期生通,受黄帝

---

① 牛运震曰:"盖武帝封禅本为长生不死之道,原与古帝王升中告成之旨殊别"。牛运震《史记评注》卷四,引自杨燕起、陈可青等,《历代名家评〈史记〉》,前揭,页443。

② 如牛运震曰:"《封禅书》讥讽嘲笑,可谓尽情极致矣。……封禅求仙,秦皇汉武事迹略同,太史公叙二君事多作遥对暗照之笔。盖武帝失德处,不便明加贬语,而借秦皇特特相形,正以见汉武无殊于秦皇也。"同上。

③ 《封禅书》将河决事、伐匈奴两越事均与武帝封禅求仙牵合为一,可见武帝时战事频仍、民生堪忧,并无行封禅之礼的仁德基础,更何况其意在求仙不死。《封禅书》述秦始皇封禅十二岁而秦亡后,曰"此岂所谓无其德而用事者邪",此语颇堪回味,未尝没有影射武帝的意思。

言，无书，独有此鼎书。曰'汉兴复当黄帝之时'。曰'汉之圣者在高祖之孙且曾孙也。宝鼎出而与神通，封禅。封禅七十二王，唯黄帝得上泰山封'。申公曰：'汉主亦当上封，上封能仙登天矣。……中国华山、首山、太室、泰山、东莱，此五山黄帝之所常游，与神会。黄帝且战且学仙。……百余岁然后得与神通。……黄帝采首山铜，铸鼎于荆山下。鼎既成，有龙垂胡须下迎黄帝。黄帝上骑，群臣后宫从上者七十余人，龙乃上去。……'"于是天子曰："嗟乎！吾诚得如黄帝，吾视去妻子如脱躧耳。"……上遂郊雍，至陇西，西登崆峒，幸甘泉。令祠官宽舒等具太一祠坛，祠坛放薄忌太一坛，坛三垓。五帝坛环居其下，各如其方，黄帝西南，除八通鬼道。……祭日以牛，祭月以羊彘特。太一祝宰则衣紫及绣。五帝各如其色，日赤，月白。……十一月辛巳朔旦冬至，昧爽，天子始郊拜太一。……其赞飨曰："天始以宝鼎神策授皇帝，朔而又朔，终而复始，皇帝敬拜见焉。"而衣上黄。

汉文时，贾谊议论改制，主张"色尚黄"（《史记·屈原贾生列传》）。但此议一直搁置，未被实际采用。从五德循环来讲，贾谊当是"遵了五德终始说而议礼的"。[1] 汉武改制，色

---

[1] 顾颉刚《五德终始说下的历史和政治》。顾颉刚，《古史辨自序》（下），前揭，页455。

尚黄,如前所言,表面上也是依五德终始循环推汉得黄帝土德而定。但这只是一种理论解说。在司马迁看来,汉得土德、色尚黄的决定,与武帝的求仙之欲有莫大关系。上引文即是述此事始末,脉络很清楚。当武帝未定是否郊拜太一之时,公孙卿以黄帝说事,谓汉武获鼎之年朔旦冬至与黄帝时等,并托言申公云"汉当复兴黄帝之时",而武帝既命定为"汉之圣者"(因为是高祖的曾孙),"复兴黄帝之时"的使命就当然地落在他身上了。公孙卿谓:黄帝封泰山,与神会,且战且学仙,最后仙登于天。武帝闻之而有"嗟乎! 吾诚得如黄帝,吾视去妻子如脱躧耳"之叹,情难自掩,可见,在他而言,"复兴黄帝之时"即是效黄帝仙登于天。黄帝为五帝之一,而"五帝,太一之佐也",于是遂有武帝郊拜太一之事。其祠坛以五帝坛环居太一坛下,正像五帝之佐太一;而"五帝各如其色",其中"黄帝"得黄色。这一安排颇具寓意:秦有据水德而郊社服尚黑之制(杜佑《通典》卷六十一),可知按古人惯例,郊社服色当从"首色";①武帝郊拜太一而"衣上黄",与坛中"黄帝"同色,正是效法黄帝、自居土德之意,就连其祝词"天始以宝鼎神策授皇帝,朔而又朔,终而复始",也与公孙卿述鬼臾区劝黄帝迎日推策而终使其

---

①　董仲舒《春秋繁露·三代改制质文》:"帝迭首一色,顺数五而相复",苏舆注曰:"此五行更王之义。如黄帝土德,以黄为首色是也"(苏舆撰,钟哲点校,《春秋繁露义证》,前揭,页186)。所谓"首色",即与所获之"德"相应的色,也即改制所尚之色,如秦为水德,尚黑,黑即首色。

仙登于天之语似出一辙。依司马迁之见，汉得黄帝土德而色尚黄，早在元鼎五年武帝郊太一之时已定，原因与封禅"欲放（仿）黄帝以上接神仙人蓬莱士"（《史记·封禅书》）无二，至太初改制，始正式易服色尚黄，①武帝效黄帝求仙而尚黄的意图遂不彰明。按《封禅书》，改正朔与封禅求仙的关系虽远非如此直接，但有一点是比较清楚的：武帝于改正朔事中仍冀得升仙之机。

> 其后二岁，十一月甲子朔旦冬至，推历者以本统。天子亲至泰山，以十一月甲子朔旦冬至日祠上帝明堂，毋修封禅。其赞飨曰："天增授皇帝太元神策，周而复始。皇帝敬拜太一。"东至海上，考入海及方士求神者，莫验，然益遣，冀遇之。

十一月甲子朔旦冬至，是当时学者精密测算的结果，故推历

---

① 严格地说，"易服色"之"服色"具体指车马祭牲的颜色（可参郑玄、孔颖达释《礼记·大传》"易服色"），而非衣服的颜色。但改制所定首色，为一代所尚之色，除规定车马祭牲的颜色外，也反映在衣饰器械等方面。如董仲舒《春秋繁露·三代改制质文》曰："天统气始通化物，物见萌达，其色黑。故朝正服黑，首服藻黑，正路舆质黑，马黑，大节绥帻前黑，旗黑，大宝玉黑，郊牲黑，……祭牲黑牡，……乐器黑质。"

可见，太初改制，色尚黄，乃是以黄为首色，并不限于改定车马祭牲的颜色。这更可证元鼎五年武帝郊拜太一效黄帝登仙而"衣上黄"之事，与太初改制相关。

至于改制何以单言"易服色"，或与祭祀（用祭牲）、战争（用车马）在古代的地位有关："国之大事，在祀与戎。"（《左传·成公十三年》）

者以为历元。历元作为古代历法推算的起算点，是太初改历定正朔的基础。武帝于此日至泰山拜太一，表面上似是重视改历之事，实则仍意在求仙。据前引文公孙卿言，黄帝朔旦冬至得鼎，于是"迎日推策，后率二十岁复朔旦冬至，凡二十推，三百八十年，黄帝仙登于天"，武帝于朔旦冬至日再行祭太一之事，当存仿效黄帝之意。这从其祝词亦可见，与前述元鼎五年郊太一的祝词基本相同，仍循鬼臾区告黄帝之语。故此，上引文中，司马迁述武帝之祝词毕，即言其"东至海上，考入海及方士求神者，莫验，然益遣，冀遇之"，揭其借改历而求仙的意图可谓淋漓尽致。

既然司马迁认为武帝将易服色、改历与求仙并为一事且对之加以讥讽，他参与太初改制岂不奇怪？《汉书·郊祀志·赞》云："孝武之世，文章为盛，太初改制，而兒宽、司马迁等犹从臣、谊之言，服色数度，遂顺黄德"。此事未见载于《史记》。究其底里，或者司马迁并无进言"色尚黄"之事，或者实有此事而司马迁不愿提及。即使班固记载准确，也不能说明太初易服色尚黄是司马迁等议定的结果。如前所析，若"色尚黄"在元鼎五年武帝郊拜太一时已定，则司马迁等后来主张"顺黄德"，不过是传达上意而已。至于司马迁参与太初改历，确是事实。[1] 但是，与易服色的纯象征性不同，历法事关民生，改历多有实用意义。司马迁《历书·序》曰："先王之正时也，履

---

[1] 《史记·韩长孺列传·赞》："太史公曰：余与壶遂定律历……"

端于始，举正于中，①归邪（余分）于终（闰月）。履端于始，序则不愆；举正于中，民则不惑；归邪于终，事则不悖。"明言历法于民生事业关系重大。众所周知，汉初所用的《颛顼历》极不合理。晦朔见月，至月望却月亏，上下弦日又见满月；给民生日用带来很大不便，"加以十月为正，先冬后春，于四时之序又不相应"，于是改历遂成为当时上下一致的要求。② 司马迁亦尝言汉袭用秦历，然秦历于"历度闰余，未能睹其真也"，并以为"昔自在古，历建正作于孟春（即建寅）"，而"正不率天，又不由人，则凡事易坏而难成矣"，暗示了改历以建寅为正的必要（《史记·历书·序》）。司马迁对历法既有如此认识，又官属太史令，掌天时星历，制历本其职责，在当时改历势在必行的情形下，他积极参与太初改历，就是当然之事了。③

从改制的应有之义和太初改制掺杂的求仙意图来看，司马迁对汉武改制的批评是意味深长的。改正朔、易服色作为"天子之大礼"，一方面在于昭告政权更迭、天下易姓，收拾民心，另

---

① 按裴骃《史记集解·历书》引韦昭注，"履端于始"，即"谓正历必先称端始也，若十一月朔且冬至也"；"举正于中"，指"气在望中，则时日昏明皆正也"。

② 顾颉刚《五德终始说下的历史和政治》。顾颉刚，《古史辨自序》（下），前揭，页469—470。

③ 太初改正朔从夏正建寅，表面上是依据三统说，但其实是当时历法专家精密测算而定的。顾颉刚认为，"三统说只是汉用寅正的敲门砖，孔子行夏时等等又只是三统说的护身符，实际上乃与汉家历法没有关系，因为那里所要求的乃是一个精密的历法，什么'夏时'，什么'黑统'，都不过替它戴上的帽子而已。"（顾颉刚《五德终始说下的历史和政治》。顾颉刚，《古史辨自序》（下），前揭，页471。）

一方面——如司马迁所强调——也是王者借以宣明其顺承天意而施政理民之决心的重要时刻。在后一种意义上,改正朔、易服色是一种庄重的明志仪式,可视为新王的政治承诺。但在司马迁看来,太初改制并无开辟新政以承天命的考虑,而不过是"以文封禅",[①]欲助武帝效法黄帝求仙。改制这种本应具实际政治意义的仪式,于是沦为一种纯粹的文饰工具。再说司马迁对礼的理解,原就重其"总一海内而整齐万民"的治政实用性。汉武太初所制,既无关百姓日用,便已失制礼之义大半,又何况其借改制之名,行个人私欲之实,徒有劳民伤财之费,而无国家治政之用,不仅悖于质家与民休息的清静原则,与三代"因人质为之节文"的制礼本旨更是不异霄壤。由此可知,司马迁之讥议汉武改制,与其质家立场是完全一致的。

批评并非司马迁的最终目的。武帝效法黄帝土德的意愿,固然是激于黄帝仙登于天的传说,但五德终始说由于推汉得土德,遂成为当时一种合用的理论附会工具。[②] 这种附会除了可为太初改制提供理论支持外,按司马迁关于五德终始说的理解,亦可体现为"作先合,然后引之大道"。何谓"引之大道"?《史记》以《五帝本纪》为首,《五帝本纪》首记

---

① 刘季高点校,《方苞集》(上)卷二《书〈礼书·序〉后》,前揭,页40。

② 《汉书·郊祀志·赞》曰:"孝武之世,文章为盛,太初改制,而兒宽、司马迁等犹从臣、谊之言,服色数度,遂顺黄德。彼以五德之传,从所不胜,秦在水德,故谓汉据土而克之。"是当时有据五德循环而谓得土德之说。

黄帝,而黄帝纪中又着重述黄帝之治云：

> ……置左右大监,监于万国。万国和,而鬼神山川
> 封禅与为多焉。获宝鼎,迎日推筴。举风后、力牧、常
> 先、大鸿以治民。顺天地之纪,幽明之占,死生之说,存
> 亡之难。时播百谷草木,淳化鸟兽虫蛾,旁罗日月星辰
> 水波土石金玉,劳勤心力耳目,节用水火材物。有土德
> 之瑞,故号黄帝。……黄帝崩,葬桥山。

上引文与汉武行事暗中比照的地方较多。其一,黄帝崩且
葬,可见武帝效黄帝求仙不死之谬。其二,黄帝虽行封禅
之事,得宝鼎而迎日推策,但其目的,终在于举贤治民、淳
化天下,与汉武求仙的心意截然相反。其三,黄帝为政之
"劳勤心力耳目,节用水火材物",也与武帝的以下作为形
成鲜明对比："方忧河决,而黄金不就"之时,乃以重金赏五
利将军通神求仙(《史记·封禅书》);"既临河决,悼功之
不成",而又作歌思神仙之难近。[1] 武帝欲"复兴黄帝之

---

[1] 《史记·河渠书》。是书述武帝临河决所作之歌曰："瓠子决兮
将柰何? 皓皓旰旰兮闾殚为河! ……归旧川兮神哉沛,不封禅兮安
知外!"
　　又,《河渠书》开篇即举《夏书》曰"禹抑洪水十三年,过家不入门",
并谓其"唯是为务"。这与同书所记武帝以封禅求仙为要,已祷万里沙,
始"还自临河决",又成一对比。结合上述《瓠子》诗句,可略见司马迁
于汉武治河事的微意。

时",尚黄以示与黄帝同得土德,行事却皆悖于黄帝修政之道。对此,《封禅书》已尽讥评之事,至于"引之大道",《黄帝本纪》堪担此任。故李邺嗣曰:"盖《黄帝本纪》,实太史公之谏书也,当与《封禅书》并读。"①结合司马迁拨乱反正的著述意图看,《史记》始于黄帝,颇耐人寻味。汉有土德之称,而黄帝已先获"土德之瑞",五德循环,自当首记黄帝,以应汉事。《黄帝本纪》除照应武帝求仙事外,与汉武改制有受命修政之名而无修政之志、有土德之称而无土德之实更是不无关系。据此而言,司马迁述汉武改制表里,就不止于讥讽,且有劝谏意味。如果考虑到黄帝在汉代被赋予的道家色彩,这种讥讽和劝谏还别具一种特殊的意义。与后世隐逸之道家不同,汉初道家尚治术,称黄老,"黄"即黄帝。《汉书·艺文志》"道家"目下所记《黄帝四经》、《黄帝铭》、《黄帝君臣》等书,乃战国时人所作,与《老子》相似而托言黄帝(见《汉书·艺文志》班固自注)。可知,黄帝的治道与《老子》的清虚无为之道——在战国至汉的传说中——相去无几,②亦是以宽柔清静为主,同司马迁"尚质"的治政主张相契合。这虽未必与《史记》首记黄帝

---

① 李邺嗣《杲堂文钞》卷四《五帝本纪论》。引自杨燕起、陈可青等,《历代名家评〈史记〉》,前揭,页320。

② 顾颉刚指出,"我们如果研究黄帝,切勿以为所研究的是夏以前的史,而应当看作战国、秦、汉史,因为他的传说只是战国、秦、汉间的思想学术的反映,只是表现了战国、秦、汉间的文化。"顾颉刚,《秦汉的方士与儒生》,前揭,页32。

的意图有直接关系,①但显然更突出了司马迁对汉武改制的
讽谏之中所寓的"尚质"之意。

3.3 "必也使无讼"与汉武用"法"

司马迁曾引贾谊曰:"礼禁未然之前,法施已然之后"(《史
记·太史公自序》),以为礼、法为治道两端,一张一弛,便已概
括治政的基本任务。这与荀子"治之经,礼与刑"(《荀子·成
相》)的观点在思路上完全相同,②亦可略见古人治政思维之
简明、直接。前面已述司马迁对礼的实用性理解及其对汉武
改制实践的态度。汉武未曾留意有关日用伦常的真正的"礼
文之事",③其改制活动虽悖于"质",却未必称文家之意,或者
说,太初所定的改正朔、易服色、封泰山以及宗庙百官之仪,即

---

① 《黄帝本纪》并未突出黄帝政术的宽柔风格,且《史记·高祖本
纪》曾明言汉政当效夏而用忠质。此外,司马迁列诸本纪、世家,未尝据
己好恶,而均有某种客观的依据。例如,司马迁对吕后多有微词,而著
《吕太后本纪》;惜淮阴之才与不幸,而退之列传,不与萧(何)、曹(参)
等。皆是据实是定。如陆家春所说,"孝惠虽天子,政己出,不立本纪,
而以属之吕后,但论势也。世家多属诸侯,然非如分封锡土非诸侯不得
用,故萧、曹、张、陈,食数邑而为世家,韩、彭、黥、陈,控地数千里,不能
历久,退之列传,但论年也。"陆家春《学古堂日记丛钞》卷六《孔子世
家》。引自杨燕起、陈可青等,《历代名家评〈史记〉》,前揭,页498。
　　故赵生群于《〈史记〉体例平议》中指出,"《史记》体例的安排是有
其客观标准的。作者对人物固然有褒有贬,但与体例编排无关。"赵生
群,《〈史记〉文献学丛稿》,前揭,页211。
② 在早期古人观念中,法、刑相近,或者说,法多指刑。
③ 《汉书·礼乐志》述武帝曰:"是时,上方征讨四夷,锐志武功,
不暇留意礼文之事。"

使从文家用礼的角度看,也未能尽礼的德教化民之职。由于汉武制礼尚未入文家范围,就"礼"这一方面来说,司马迁的"文质之辨"对现实治政所可能起到的拨乱反正作用,就更多地体现为批评引导而非具体对治。就"法"这一方面来说,情形则有所不同。司马迁申明与"尚质"原则相应的"必也使无讼"一说,对汉武时代趋于刚猛强暴的用"法"风格,兼有批评、对治之意,其中"忠质以救文敝"的思路甚为明显。

"必也使无讼"是孔子语,出自《论语·颜渊》,代表了儒家"使民无讼"的理想治政目标。司马迁在《酷吏列传·序》中称引此说,表达的显然也是类似的目标和愿望。至于在达成或接近这一理想目标的手段方面,二者间是否也存在这种相似性,则未可断然论定,而需仔细梳理司马迁的相关叙述。《酷吏列传·序》开篇即引孔、老曰:

> 孔子曰:"导之以政,齐之以刑,民免而无耻。导之以德,齐之以礼,有耻且格。"老氏称:"上德不德,是以有德;下德不失德,是以无德。法令滋章,盗贼多有。"

此处孔子语出自《论语·为政》,意谓以法制、刑罚治民,[①]则民皆巧诈苟免而心无愧耻,以德、礼化民,则民有愧耻而能自

---

① "导之以政"之"政",孔颖达释曰:"谓法教"(何晏注,邢昺疏,《论语注疏》,前揭,页15),朱熹注曰:"谓法制禁令也。"(朱熹集注,陈戍国标点,《四书集注》,前揭,页76)

修归正。① 可见法、刑之治不如德、礼之化,孔子所言,旨在明
"为政以德之效也"。② 何谓"为政以德"?司马迁引老子"上
德不德,是以有德;下德不失德,是以无德"之语,正为释此问
题。"上德"、"下德",犹谓君道之上者、下者。③ 韩非曰:"凡
德者,以无为集,以无欲成,以不思安,以不用固。为之欲之,
则德无舍;德无舍则不全。用之思之,则不固,不固则无功,无
功则生有德。德则无德,不德则有德。"(《韩非子·解老篇》)
颜师古亦曰:"上德体合自然,是以为德;下德务于修建,更以
丧之。"④故君道之上者,无欲、无为、无思、无用,任民自然,方
可谓有"德"。司马迁引老子"不德则有德"的无为之论,并不
合于孔子"为政以德"所包含的德教德化的修建之意,⑤而完
全体现了他自己"尚质"的治政主张,与他关于君主之"德"的
具体理解也是符合的。《史记·律书·序》曰:"文帝时,会天
下新去汤火,人民乐业,因其欲然,能不扰乱,故百姓遂安。自
年六七十翁亦未尝至市井,游敖嬉戏如小儿状。孔子所称有
德君子者邪!"所谓"因其欲然,能不扰乱",近于老子无为之

---

① 参何晏注,邢昺疏,《论语注疏》,前揭,页 15。
② 同上。
③ 见张舜徽《周秦道论发微·老子疏证卷上》,前揭,页 103。
此说与司马迁对老子语的理解最近。司马迁先引孔子关于为政之
道的论说,接着引老子"上德"、"下德"之语,当是以为二子所论之事相
同,明显是从治政的角度解"上德"、"下德"。
④ 韩兆琦,《史记选注汇评·酷吏列传》,前揭,页 503—504。
⑤ 《论语·为政》曰:"为政以德,譬如北辰,居其所而众星共之。"
谓为政者修身正己,为众民道德榜样,故能化民于无为无形,使民自动
归附,如众星环绕北极星。正是儒家德教德化之意。

"德",是质家宽柔清静、与民休息之政德,而非文家进取教化之"德"。文帝尚黄老术,固非儒家理想中"恭己正南面"(《论语·卫灵公》)的德化之主,司马迁谓其"孔子所称有德君子",是未得孔子之意。不过,司马迁称引孔子,多不遵其本旨,而常另赋他意。上引文又是一例。他所以同引孔、老,目的正在于牵合二说以表"尚质"薄刑之旨,[1]显无专奉孔子教诲之志。二子之说,道虽不同,大意却都在明"法令滋章"之害。故接上引文后,司马迁即言:

> 信哉是言也!法令者治之具,而非制治清浊之源也。昔天下之网尝密矣,然奸伪萌起,其极也,上下相遁,至于不振。当是之时,吏治若救火扬沸,非武健严酷,恶能胜其任而愉快乎!言道德者,溺其职矣。故曰"听讼,吾犹人也,必也使无讼乎"。"下士闻道大笑之"。非虚言也。

此处承孔老之语、薄刑之旨,明言法令绝非治政根本,并举秦时法网严密而卒败亡之例以为反证。[2] 上引文所述酷法

---

① 董份释《史记·酷吏列传·序》曰:"前引孔子、老氏发端,见上德薄刑",见凌稚隆辑校,李光缙增补,《史记评林》卷一百二十二引。

② 韩兆琦注"昔天下之网尝密矣"之"昔"曰"指秦时"(韩兆琦,《史记选注汇评·酷吏列传》,前揭,页504页),金圣叹点评《史记·酷吏列传·序》,亦曰"昔天下,秦天下也"(张国光点校,《金圣叹批才子古文》,前揭,页301)。二说皆是,后文所言与秦事合,且序末曰"汉兴",可知此前所论之"昔"当为秦时。

之祸,均与《史记》所叙秦事相应。《秦始皇本纪》谓始皇帝"刚毅戾深,事皆决于法,刻削毋仁恩和义,然后合五德之数。于是急法,久者不赦",并借方士侯、卢两生之语指明秦法酷烈,[①]始皇"乐以刑杀为威","专任狱吏,狱吏得亲幸"。秦始皇特尚刑罚,法网不可谓不密,然而"天下畏罪持禄,莫敢尽忠"(《史记·秦始皇本纪》),正是上引文"奸伪萌起"之兆。至二世,"用法益刻深"(《史记·秦始皇本纪》),而李斯又阿二世欲以求容,上书请设"督责之术",自此之后,"行督责益严,税民深者为明吏","刑者相半于道,而死人日成积于市。杀人众者为忠臣"(《史记·李斯列传》)。用法之酷,莫此为甚。加之赵高用事,人人自危,罕有直言(《史记·李斯列传》),竟致秦朝将亡之时,二世犹以为小盗作乱不足惧(《史记·娄敬叔孙通列传》),终于败亡。上引文"其极也,上下相遁(即欺瞒、隐匿之意),至于不振"一语,简直就是据此而发。当秦之时,吏治既如此惨酷,宽柔薄刑之说,便不敷用,即上引文所谓"言'道德'者,溺其职矣"——此处"道德",与前述司马迁的"尚质"薄刑之旨同,当指老子"不德则德"的清静无为之术;周秦之际,儒家仁义道德称"德",罕有"道德"之名,"道德"一词,常指

---

① 《史记·秦始皇本纪》:"侯生、卢生相与谋曰:'……秦法,不得兼方,不验,辄死。……'"张守节《史记正义·秦始皇本纪》释曰"言秦施法不得兼方者,令民之有方伎不得兼两齐(剂),试不验,辄赐死。言法酷。"

老子南面术,①西汉人对"道德"仍有此认识,②《史记》亦多以"道德"指(黄)老术,并无儒家据以修身自正的"德"的意味。③ 清静宽柔的"道德"之术既不足信,更无他途可以息止狱讼。故上引文认为,若有人言"必也使无讼","下士"必闻"道"而大笑之。这又合孔、老语为一意,笔态奇特。"下士"闻"道"而大笑,正见"道"之不行,兼明"必也使无讼"为正"道"。至此,司马迁指出了一个因果关系:法网过密,吏治苛酷,宽柔之术不用,则狱讼不息。在他看来,达到或接近"必也使无讼"的治政境界的途径,必然是其《酷吏列传·序》开篇借孔、老语阐明的清静忠质的用"法"之道。进一步说,他提出"必也使无讼",与主张宽柔的用"法"之术,同是一义。这从他称述汉初吏治可见:

> 汉兴,破觚而为圜,斫雕而为朴,网漏于吞舟之鱼,而吏治烝烝,不至于奸,黎民艾安。由是观之,在彼不在此。

此节为《酷吏列传·序》末,紧接前述秦法尚酷以致"下士闻

---

① 参张舜徽《周秦道论发微·道论通说》,前揭,页36—38。

② 同上,页38—40。

③ 如《老子韩非列传》:"老子修道德,……言道德之意五千余言而去,……太史公曰:庄子散道德,放论,要亦归之自然。申子卑卑,施之于名实。韩子引绳墨,切事情,明是非,其极惨礉少恩。皆原于道德之意,而老子深远矣";《孟子荀卿列传》:"慎到,赵人。田骈、接子,齐人。环渊,楚人。皆学黄老道德之术,因发明序其指意";《太史公自序》论六家,更明以"道德"称道家。

道大笑之"后。汉初治政任民自然，①用法简约宽柔，而吏治纯厚，"不至于奸"，百姓安定，与前述秦事成鲜明对照。按司马迁"文质之辨"，秦法酷烈，强暴太过，可谓"文敝"，汉兴而承之以清静简约之法，正是"以忠质救文敝"。这一暗伏于《酷吏列传·序》的叙述思路，《史记·高祖本纪·赞》早已揭明："文之敝，小人以僿，故救僿莫若以忠。……周、秦之间，可谓文敝矣。秦政不改，反酷刑法，岂不缪乎？故汉兴，承敝易变，使人不倦，得天统矣。"②这更表明，司马迁讲"必也使无讼"，其实是他"文质之辨"的一部分，而他总结秦、汉（初）用"法"教训，谓法令之本，"在道德，不在严酷"，③亦遂成为他为汉政定下的"尚质"原则的一个具体运用。

《酷吏列传》正文专记汉事，不涉及战国暴秦之时，加之汉酷吏行事与前述"必也使无讼"的"尚质"之旨截然相反，此传拨乱反正的意图是很明显的。司马迁载酷吏十余人，其中，侯封得意于吕后时，郅都仕文、景两朝，晁错仕景帝时，皆非汉武酷吏。而牛运震曰："《酷吏传》伤武帝之峻刑也"。④当是。十酷吏用事于汉武时，张汤更是武帝的心腹酷吏。⑤

---

① "破觚而为圜，斫雕而为朴"，泷川资言曰："言反（同"返"）自然也。"见《史记会注考证·酷吏列传》。

② 具体辨析可参本章第一节。

③ 见裴骃《史记集解·酷吏列传》引韦昭释《酷吏列传·序》"在彼不在此"。

④ 牛运震《史记评注》卷十。引自杨燕起、陈可青等，《历代名家评〈史记〉》，前揭，页704。

⑤ 《史记·酷吏列传》："汤每朝奏事，语国家用，日晏，天子忘食。丞相取充位，天下事皆决于汤。……汤尝病，天子至自视病，其隆贵如此。"

且按司马迁所述,吕后酷吏独有侯封,而郅都、晁错行法严酷,固然有违汉初忠质纯朴的治政气氛,[①]但文、景未尝助其威,故"酷"多属官吏个人治狱作风,不足蔓延为国家的普遍用法风格。司马迁述汉武酷吏则不同。其言"武帝即位,吏治尚循谨甚",然酷吏穷治一狱而"上以为能"、"以为尽力无私"(《史记·酷吏列传》),可见,"行其酷者酷吏也,而成其酷者天子也"。[②]《酷吏列传·赞》谓诸酷吏"虽惨酷,斯称其位矣",即是以反语明此意。[③] 武帝既称许纵容酷吏,酷吏便因之鼓舞而不知稍敛,并转相效法以酷为能,[④]致成当时酷暴的为吏风气,使汉武之世有苛法酷治之名。[⑤] 司马迁之意,正如李晚芳所言:"张酷吏之威者天子,流酷吏之害者政治";[⑥]酷吏在汉

---

① 《史记·酷吏列传》:"是时民朴,畏罪自重,而都独先严酷,致行法不避贵戚,列侯宗室见都侧目而视,号曰'苍鹰'。"

② 李云璈《简松堂文集》卷八《读酷吏传》。引自杨燕起、陈可青等,《历代名家评〈史记〉》,前揭,页706。

③ 程金造《史记的论断语言》论此句赞曰:"外似直言,却是反语。清殿本《考证》引张照说:'诸酷吏皆武帝意所向,故深其文,使读者自明,非正辞也。'这可说是得太史公之心意了。"程金造,《史记管窥》,前揭,页361。

又,此句赞以"矣"字结尾,李长之指出,"'矣'字最能够代表司马迁的讽刺和抒情。"李长之,《司马迁之人格与风格》,前揭,页289。

④ 《史记·酷吏列传》:"(义)纵廉,其治放郅都";"自温舒等以恶为治,而郡守、都尉、诸侯二千石欲为治者,其治大抵尽放温舒";"其(即杜周)治与宣(即减宣)相放,然重迟,外宽,内深次骨。宣为左内史,周为廷尉,其治大放张汤而善候伺。"

⑤ 牛运震曰:"武帝之世,烦文苛法,以严酷为治,怨愁惨伤,民几不聊其生。"牛运震《史记评注》卷十,引自杨燕起、陈可青等,《历代名家评〈史记〉》,前揭,页704。

⑥ 李晚芳《读史管见》卷三《酷吏列传》。同上,页703。

武一朝的荼毒，反映了当时治政用"法"之弊。据此，司马迁叙酷吏，不独是为其立传以戒后世，[①]更直指其赖以生存的政治土壤，有追根溯源的意味。这当是《酷吏列传》所以主要针对汉武吏治的重要原因。此外，司马迁生汉武时，关注本朝吏治，正合其拨乱反正的救时意图——至于《酷吏列传》记吕后及文景时酷吏，实录之中，更可见酷吏之风至汉武时始盛，且愈演愈烈，[②]从而更突出了拨乱反正的必要。

按《酷吏列传》，武帝为政，喜用酷吏，丞相充位而已，堪比前述秦始皇"专任狱吏，狱吏得亲幸"而"乐以刑杀为威"的作风；汉武用法刻深，终致"吏民益轻犯法，盗贼滋起"，"上下相为匿，以文辞避法焉"，亦如秦时法网密而"奸伪萌起"，"上下相遁"，故不免有"至于不振"之忧——王船山亦谓汉武任法"有丧邦之道焉"（《读通鉴论》卷三《武帝》条二十五）。可以看到，《酷吏列传》（含序）有一个完整的结构：先据孔、老语点出"尚质"的用法之旨，次述秦政"文敝"之祸，再言汉初"吏治烝烝"，复次以大篇幅揭出汉武吏治之酷。一正一反，两两照应。汉初"吏治烝烝"，可见"尚质"之

---

① 《史记·酷吏列传》所载酷吏十三人中，惟赵禹晚年"治加缓而名为平"后以寿终，杜周、宁成不言其死，其余皆难得善荣。垂戒之意，跃然纸上。尚镕谓之"得《春秋》善善抑恶之遗"。（尚镕《史记辨证》卷十《酷吏列传》，同上，页708。）

② 参《史记·酷吏列传》："是时赵禹、张汤以深刻为九卿矣，然其治尚宽，辅法而行，而纵以鹰击毛挚为治。"此传末述杜周，曰："其治暴酷皆甚于王温舒等矣"。汉武用法越来越酷之势，清晰可见。

效;而秦事与汉武吏治相应相照,暗指汉武用法过于强暴,"文敝"已甚。所谓"前事之不忘,后事之师也",①汉武时去秦未远,言秦正为言汉。汉初治政宽柔无为,意在承敝易变,以纠秦政"反酷刑法"之谬;汉武勇于进取,摒弃前朝清静之术,好用酷吏,拟于秦政,②是又当效汉初而承敝易变,以忠质救"文敝"。故《酷吏列传·序》述汉初"尚质"之效后即言"在彼不在此",暗示当变汉武之酷法而返汉初之简约。③ 如尚镕云:"(此序)首言秦网之密,以刺今而思汉初吞舟之漏,亦鱼藻之义也。"④

　　有酷吏便有循吏。司马迁《循吏列传》,所载皆秦以前人物,却既不归于先秦人物列传部分,也未直接纳入《史记》的类传群,而列于《淮南衡山列传》与《汲郑列传》之间,比同汉传。据司马迁述酷吏的拨乱反正意图,《循吏列传》与《汲郑列传》确有某种相关。⑤《汲郑列传》记汲黯、郑庄事迹,以汲黯为主。⑥ 二人均好黄老之言,汲黯更用之于政:"治官理

---

　　① 见《史记·秦始皇本纪·赞》引贾谊《过秦论》。

　　② 司马光也指出,汉武帝之政,"异于秦始皇者无几矣"。参见马光《资治通鉴》卷二十二"汉武帝后元二年"。

　　③ 韩兆琦注"在彼不在此"曰:"彼:谓彼时(汉初)之崇简约;此:谓此时(武帝)之尚酷法。"(韩兆琦,《史记选注汇评·酷吏列传》,前揭,页504)从此句与上下文的逻辑关系看,韩说甚是。

　　④ 尚镕《史记辨证》卷十《酷吏列传》。引自杨燕起、陈可青等,《历代名家评〈史记〉》,页708。

　　⑤ 泷川资言曰:"《循吏传》后叙汲黯、郑当时者,以二人亦循吏也"(《史记会注考证·伯夷列传》)。可备一说。

　　⑥ 《汲郑列传》述汲黯事详而郑庄事略。尚镕亦曰:"郑庄非其(汲黯)比,以与黯善,且推毂士夫,故合传也。"尚镕《史记辨证》卷十《汲郑列传》。引自杨燕起、陈可青等,《历代名家评〈史记〉》,前揭,页696。

民,好清静,择丞史而任之。其治,责大指而已,不苛小";"治务在无为而已,弘大体,不拘文法"。这与司马迁主张的"尚质"的治政原则完全相应。"忠质"与"文敝",有如水火;汲黯之尚宽厚无为与不喜酷吏乃一体两面之事,其评酷吏亦有黄老之风:"专深文巧诋,陷人于罪,使不得反其真,以胜为功。"这与他斥张汤是同一立意:

> 黯数质责汤于上前,曰:"公为正卿,上不能褒先帝之功业,下不能抑天下之邪心,安国富民,使囹圄空虚,二者无一焉。非苦就行,放析就功,何乃取高皇帝约束纷更之为? 公以此无种矣。"(《史记·汲郑列传》)

所谓"使囹圄空虚",亦即"必也使无讼"——无讼则牢狱虚设。张汤为酷吏之首,其用法愈酷,而狱讼愈繁,与"无讼"的目标南辕北辙,远不如汉初清静无为之治效。故汲黯责其"何乃取高皇帝约束纷更之为",言下之意,指如汉高帝之用法简约才是达到"无讼"的正途,完全照应了《酷吏列传·序》"在道德不在严酷"(即"在彼不在此")的观点。这同样是《循吏列传·序》的主旨所在:

> 太史公曰:法令所以导民也,刑罚所以禁奸也。文武不备,良民惧然身修者,官未曾乱也。奉职循理,亦可

以为治,何必威严哉?

此处再申《酷吏列传·序》"法令者治之具,而非制治清浊之源"的说法,谓法令(即"文")、刑罚(即"武")虽不齐备尽用,然民性质朴而畏罪自重,亦可以为治。汉初用法宽疏,"网漏于吞舟之鱼",即与此类,其时也有近似"奉职循理"之说。司马迁载曹参语惠帝曰:"高帝与萧何定天下,法令既明,今陛下垂拱,参等守职,遵而勿失,不亦可乎?"(《史记·曹相国世家》)所谓"不亦可乎",意即上引文"亦可以为治"。法令既明,君上清静无为,臣下循之勿失,"举事无所变更"(《史记·曹相国世家》),唯守职而已——此亦司马迁之谓循吏"不伐功矜能",①与酷吏之"务在深文"(《史记·酷吏列传》)、"以胜为功"正相对言。"不伐功矜能",则不以酷法为功、刑杀为威,故曰"何必威严哉"。"何必威严"一语,意犹《酷吏列传·序》"在彼不在此",同样含有讥时的意味。且上引文与汉初治效相照应——汉初黄老人物虽未能入《循

---

① 《史记·太史公自序》:"奉法循理之吏,不伐功矜能,百姓无称,亦无过行。作《循吏列传》第五十九。"按:朱东润谓"按《循吏传》孙叔敖、子产,不得言奉法循理,百姓无称也。盖史本有是传而亡之,后人摭拾补缀,不知其与《序传》不合也。"(朱东润,《史记考索》,前揭,页37。)此说未足为据。司马迁所言"循吏",应与"酷吏"对参。孙叔敖、子产等固甚孚民望,但《太史公自序》"百姓无称"当不以此论,而与"不伐功矜能"连缀而言,意指百姓之称由"伐功矜能"之吹播而来,"不伐功矜能则"化民于无迹,故"百姓无称"。此处"奉法循理"、"百姓无称"等语,而意在明循吏的清静本质,不过与酷吏之深文巧诋、"欲务声名"(《史记·曹相国世家》)对立而言。

吏列传》，①但亦稍显循吏之风，可助以明"循吏"之义。② 颂
美汉初则讥刺当时（汉武），是《史记》常用书法。尚镕论《循
吏列传》，云："此迁刺武帝宠用酷吏，贼虐烝民而为传也"。
参照《酷吏列传·序》"无讼"、"尚质"之旨，当是。循吏与酷
吏相对，酷吏强暴严酷，循吏宽柔忠质。《循吏列传》记五
人，孙叔敖"政缓禁止"，"各得其所便"，"不教而民从其化"，
公仪休"奉法循理，无所变更，百官自正"，皆合司马迁清静
宽柔之说；其余如子产只言其政绩，述石奢、李离则突出其
"奉职循理"的自修之德。可见，《循吏列传》其实与《酷吏列
传》是同一主张，从正面强调了"尚质"的用法原则，其中隐
含了对治汉武"文敝"之政的现实意图，固宜侧于汉诸传
之列。

司马迁"文质之辨"，在"法"方面，特显其拨乱反正之
用。在他而言，"乱"、"正"都是现实的、经验的。所谓原
始察终、深观时变，他对汉武的用"法"实践作出"文敝"的

---

① 汉初曹参等可谓"奉法循理"、"不伐功矜能"，然而不入《循吏
列传》。尚镕《史记辨证》卷十《循吏列传》曰："汉臣无一足与其数矣。"
是也。曹参等贵清静而任民自定，不徒以治为虑，更有防身之意，这在
司马迁看来，难免失人臣在其位则任其责的正大之义。（关于此问题，
可参本书第四章第二节）从《史记》诸传看，司马迁所谓循吏，汉臣唯汲
黯近之。（此说可参何焯《义门读书记》卷十四《汲郑列传》"条）

② 余英时甚至认为，"司马迁心中的循吏是汉初文、景之世黄老
无为式的治民之官"，其"奉法循理"是"道家的无为"。见余英时，《士
与中国文化》之《汉代循吏与文化传播》，上海人民出版社，1987。

陈金霞也指出，《史记·循吏列传》较为突出地体现了黄老思想。
陈金霞《从〈史记·循吏列传〉看司马迁所受黄老学影响》，《求索》，
2009 年第 3 期。

判断并由之提出"尚质"的用"法"原则,均是以秦、汉初的治政经验为参照,其主张的合理性基础是经验性的。因此,任何脱离他所处的特定经验背景的理论解说(例如对"尚质"原则的纯理论剖析),都不足以支持或否定他的主张。在现实经验层面,"法"作为治政措施永远不可能完全隔绝于其他治政事务,对"法"的评论或多或少总要牵涉到某些相关的实际治政问题。对司马迁来说,汉武治政中,至少存在两个明显与当时深酷的用"法"风格相关的问题。

一是汉武的耗财敛财之政。耗财过甚,必继以暴敛,于是弊政丛生。《史记·平准书》述之尤明。按此书,汉武即位之初,承文景之治,府库充盈,百姓丰足,公私之富逾于往昔,然而武帝好进取,事两越、通西南夷、置沧海郡、诈马邑而兴匈奴兵祸,以致"财赂衰耗而不赡"。《平准书》谓之"物盛而衰",暗示文景盛世而至武帝时转衰,直指武帝治政。① 由于汉武征伐不断,尤以匈奴事耗费巨大,且又有天子巡游建宫室等事,终致府库空虚,于是国家敛财之道生。一方面是鬻爵拜官,如入物补官,入羊为郎,置武功爵以聚民财,"吏道杂而多端",如桑弘羊、孔仅等兴利之臣,皆出于商家,卜式亦

---

① 茅坤《史记钞》论《平准书》曰:"将言武帝耗财,先言其富以为起岸。"(韩兆琦,《史记选注汇评·平准书》,前揭,页91)当是。《平准书》述武帝即位时的富足景况后,即以"物盛而衰,固其变也"一句,转而言事两越、通西南夷等事,故"衰"、"变"皆当指武帝治政而言。

以入财见用。另一方面是兴利之政，如铸钱、盐铁官营、算缗、告缗，乃至用平准之法，"笼天下货，官自为商贾，卖买于京师"，[1]可谓敛财之极。以上武帝由耗财而敛财致与民争利，是《平准书》比较清晰的一条叙述线索，故有学者言此书"讥武帝之好利也"。[2] 司马迁曾曰："利诚乱之始也"，"自天子至于庶人，好利之弊何以异哉！"（《史记·孟子荀卿列传·序》）未尝不是睹世事而发感慨，更有学者认为是"对武帝专用兴利之臣的讽刺"。[3]

顾炎武曰："财聚于上，是谓国之不祥。"（《日知录》卷十二"财用"条）这代表了古人的一般观念。司马迁揭示，武帝好利，触"王者专利"之忌，[4]使"选举陵迟"（《史记·平准书》），其弊更流而为酷吏之祸。董份评《平准书》，亦云："上兴利而与下争，则民必多犯，而不得不严刑，以致人之死命，此皆相因而有者也。"[5]按《平准书》，铸钱之政行，吏民坐盗

---

① 黄震《黄氏日钞》卷四六。韩兆琦，《史记选注汇评·平准书》，前揭，页117。

② 凌稚隆辑校，李光缙增补《史记评林》卷三十引陈仁锡语。

③ 张高评《〈史记〉笔法与〈春秋〉书法》，张高评《春秋书法与左传学史》，前揭，页81。

④ 《史记·周本纪》述周大夫芮良夫谏厉王曰："……夫利，百物之所生也，天地之所载也，而有专之，其害多矣。天地百物皆将取焉，何可专也？所怒甚多，而不备大难。……夫王人者，将导利而布之上下者也。使神人百物无不得极，犹日怵惕惧怨之来也。故《颂》曰'思文后稷，克配彼天，立我蒸民，莫匪尔极'。《大雅》曰'陈锡载周'。是不布利而惧难乎，故能载周以至于今。今王学专利，其可乎？匹夫专利，犹谓之盗，王而行之，其归鲜矣。"正可对汉武兴利行平准事言。

⑤ 凌稚隆辑校，李光缙增补《史记评林》卷三十引。

铸金钱死罪者不可胜数,司马迁于《酷吏列传》也表明,武帝所以重用酷吏义纵、王温舒,正为此事。① 又如《平准书》言告缗之令出,"中家以上大抵皆遇告","于是商贾中家以上大率破,民偷甘食好衣,不事畜藏之产业,而县官有盐铁缗钱之故,用益饶矣"。显然,这一剥夺民财以肥官家的政绩,非《酷吏列传》所谓"舞文巧诋以辅法"的酷吏之治不能至。由此可见,《酷吏列传》与《平准书》互为说明,已寓酷法、厚敛相济相推之意。② 由之《平准书》的另一条线索亦可呈现:选举之道衰废,则兴利之臣用事;③所谓兴利,并非增加社会财富总量,而是凿无为有,夺民之财以兴天子之利,④如此则必用法深酷——财富的强行转移从来都只能通过或隐或显的暴力实现。故《平准书》记武帝耗财兴利的同时,常穿插叙述当时惨酷的吏治状况,兼明张汤、杜周等酷吏之用事本末。某种意义上,酷吏也是兴利之臣。司马迁指出,"造白金及五铢钱,笼天下盐铁,排富商大贾,出告缗令"等,皆是张汤迎合

---

① 《史记·酷吏列传》曰:"后会五铢钱白金起,民为奸,京师尤甚,乃以纵为右内史,王温舒为中尉。温舒至恶,其所为不先言纵,纵必以气凌之,败坏其功。其治,所诛杀甚多,然取为小治,奸益不胜,直指始出矣。吏之治以斩杀缚束为务,阎奉以恶用矣。"

② 可参牛运震《史记评注》卷十中的类似观点。引自杨燕起、陈可青等,《历代名家评〈史记〉》,前揭,页705。

③ 《史记·平准书》曰:"入物者补官,出货者除罪,选举陵迟,廉耻相冒,武力进用,法严令具。兴利之臣自此始也。"

④ 司马迁对武帝兴利的批评态度是很鲜明的。《史记·循吏列传》记公仪休的治政原则曰:"使食禄者不得与下民争利,受大者不得取小。"《平准书》更以卜式斥桑弘羊兴平准作结:"县官当食租衣税而已,今弘羊令吏坐市列肆,贩物求利。亨弘羊,天乃雨。"

上意而带头倡言,并辅之以酷法(《史记·酷吏列传》),①其兴腹诽之法也源于造白鹿皮币事,甚得武帝心意,②故张汤"每朝奏事,语国家用,日晏,天子忘食"(《史记·酷吏列传》)。汉武的另一著名酷吏杜周穷治告缗之狱,"得民财物以亿计"(《史记·平准书》),亦可谓得兴利之旨。在司马迁看来,酷吏所以为酷,多在"专以人主意指为狱"(《史记·酷吏列传》);③武帝之好利兴利,是其时酷吏峻法的一大病根。司马迁既重申汉初宽柔之治,意图对治汉武用法之弊,则对当时直接或间接激发酷吏之风的诸多内政外战,自然就有必要进行反思了。④

二是汉公羊家的"《春秋》决狱"主张在当时法律实践中的运用。这涉及汉武独尊儒术的问题。所谓独尊儒术,其实是春秋公羊学一家取得国家法定正统学说的独尊地位;所谓

---

①　韩兆琦认为,此处"告缗令"当为"算缗令",元鼎三年出告缗令时,张汤已死。韩兆琦,《史记选注汇评·平准书》,前揭,页519。

②　《平准书》曰:"初,异为济南亭长,以廉直稍迁至九卿。上与张汤既造白鹿皮币,问异。异曰:'今王侯朝贺以苍璧,直数千,而其皮荐反四十万,本末不相称。'天子不说。张汤又与异有郤,及有人告异以它议,事下张汤治异。异与客语,客语初令下有不便者,异不应,微反唇。汤奏当异九卿见令不便,不入言而腹诽,论死。自是之后,有腹诽之法比,而公卿大夫多谄谀取容矣。"

③　此语乃他人责让杜周之语。杜周治狱,"上所欲挤者,因而陷之;上所欲释者,久系待问而微见其冤状",且自言"三尺安出哉? 前主所是著为律,后主所是疏为令,当时为是,何古之法乎!";张汤亦如此:"所治即上所欲罪,予监史深祸者;即上意所欲释,与监史轻平者"。见《酷吏列传》。

④　关于此问题的进一步论说,可参本章第四节。

"《春秋》决狱",是指运用汉公羊家所认定的《春秋》大义决判案件。董仲舒名为汉代儒宗,但他在元光元年诏举贤良文学时所发表的包含公羊学重要思想的《天人三策》,并未受到武帝足够重视;公羊学成为国家统治意识形态,是元光五年公孙弘再次应贤良文学之举,参加对策而获重用以后的事。① 公孙弘"本为公羊学",是汉公羊学得以定于一尊的关键人物,②他作为武帝丞相,对当时援用《春秋》大义议决狱讼的做法,不无影响。如学者所公认,司马迁"最不满公孙弘",③谓之"曲学阿世"。④《史记·儒林列传·序》著公孙弘请置博士弟子奏疏,明其开儒学利禄之途。⑤ 儒学的功利化、工具化,不仅表现为士人用以为进身之道,在当时的酷吏

---

① 参陈苏镇,《汉代政治与〈春秋〉学》,前揭,页212—220。

② 《汉书·儒林传》:"武帝时,江公与董仲舒并。仲舒通五经,能持论,善属文。江公讷于口,上使与仲舒议,不如仲舒。而丞相公孙弘本为《公羊》学,比辑其议,卒用董生。于是上因尊《公羊》家,诏太子受《公羊春秋》,由是《公羊》大兴。"

③ 见曾国藩评《史记·儒林列传》。陈书良整理,《曾国藩全集·读书录》,长沙:岳麓书社,1989,页86。

④ 结合《史记》他篇对公孙弘的态度,《儒林列传》载辕固生斥公孙弘"曲学以阿世",当是司马迁寓论断于叙事之法,与其谓公孙弘"希世用事"(《儒林列传》)完全一致。

⑤ 司马迁详载公孙弘议置博士弟子并列其为仕途正式出身之后,曰:"自此以来,则公卿大夫士吏斌斌多文学之士矣。"微意可见。杨绍文《云在文稿·史记儒林列传》更直言:"自布衣为天子三公者,乃公孙弘等,……则是风天下之为学者,治章句以为荣宠之资,而争为阿谀之术以取宰相卿大夫,抗颜而为儒林而不知愧也。……汉之举贤良孝弟,古序序之法也,较唐宋为盛,其使天下鹜于功利而背乎先王之道,则学校之失也。……故学校不坏于周之废,而坏于汉之兴,则公孙弘之罪也。"引自杨燕起、陈可青等,《历代名家评〈史记〉》,前揭,页699。

治狱中也甚为明显。按《酷吏列传》，当汉武尊儒之时，张汤本人为酷吏，也喜用酷吏，其决大狱，皆以上意为准，而常傅会《春秋》、《尚书》古义以为粉饰，"依于文学之士"，故丞相公孙弘"数称其美"。在司马迁来说，这不足为怪。公孙弘出身狱吏，"外宽内深"（《史记·平津侯主父列传》），对深文巧诋的酷吏手法并不陌生，更以身行之。① 他既为儒相，对当时儒生有特殊影响，② 又称美酷吏，则酷吏之傅会古义便能够在运用儒术方面获得某种正当性意义，从而有可能使酷吏之治倚傍儒学的正统地位取得相应的合法性。难怪司马迁在《汲郑列传》中一再将他与张汤相提并论，在《平准书》中更将其二人连缀而言，同视为酷法之源：

> 自公孙弘以《春秋》之义绳臣下取汉相，张汤用峻文

① 按《史记·游侠列传》，族郭解事乃公孙弘主张。有人为郭解杀儒生，而郭不知，故吏奏其无罪，而公孙弘曰："解布衣为任侠行权，以睚眦杀人，解虽弗知，此罪甚于解杀之。当大逆无道。"遂族郭解。中井积德论曰："弗知之罪，甚于亲杀，是老吏弄文处。"（《史记会注考证·游侠列传》）正指公孙弘之"深文"。徐孚远《史记测义》更言："杀主父偃，族郭解，皆缘《春秋》之义。"（韩兆琦，《史记选注汇评·平准书》，前揭，页95）。

② 公孙弘在士人中有较高声望："食一肉脱粟之饭。故人所善宾客，仰衣食，弘奉禄皆以给之，家无所余。士亦以此贤之"（《史记·平津侯主父列传》）。他对儒生的功利性影响，由《史记·儒林列传》可见一斑："公孙弘以《春秋》白衣为天子三公，封以平津侯。天下之学士靡然乡风矣。"且其作为"儒术独尊得到法律保护的实行者"（马勇，《汉代春秋学研究》，前揭，页56），是当时儒生利益的最大庇护者，如"为博士官置弟子员五十人，复其身"（《汉书·儒林传》），"起客馆，开东阁以延贤人，与参谋议"（《汉书·公孙弘传》），使儒生得以参与政治。

决理为廷尉,于是见知之法生,而废格沮诽穷治之狱用矣。其明年,淮南、衡山、江都王谋反迹见,而公卿寻端治之,竟其党与,而坐死者数万人,长吏益惨急而法令明察。

按前述,酷吏援用儒术,不过为傅会装点,并非有意真正实践公羊家的"《春秋》决狱"学说。汉公羊家认为,"《春秋》重人"(董仲舒《春秋繁露·俞序》),其旨"以仁为归",[1]公孙弘虽"曲学",如何能凭"《春秋》之义"与酷吏合流而助酷法之威?这同公羊家"《春秋》决狱"原则的理论基础有绝大关系。按公羊家,"《春秋》之听狱也,必本其事而原其志"(董仲舒《春秋繁露·精华》),"原心定过,赦事诛意"(《后汉书·霍谞传》)。上引文所说的"见知之法",规定"吏见知不举劾为故纵",[2]就是沿用了公羊家强调行为人主观动机的决狱思路;至于"沮诽"(沮毁政事,诽谤君上)这样的言语之罪,更是穷究人的主观思想,原心定罪,如张汤以腹诽论颜异之反唇。[4] 由于"见知而故不劾举,各与同罪","废格"("废格天子文法,使不行也")、[5]"沮诽"之法的惩治范围就

---

① 见苏舆注《春秋繁露·俞序》"霸王之道,皆本于仁。仁,天心,故次以天心"。苏舆撰,钟哲点校,《春秋繁露义证》,前揭,页161。

② 见裴骃《史记集解·平准书》引张晏说。

③ 参陈苏镇,《汉代政治与〈春秋〉学》,前揭,页253。

④ 裴骃《史记集解·平准书》引如淳释上引文"沮诽"曰"诽谓非上所行,若颜异反唇之比也。"颜异腹诽一案,见《史记·平准书》。

⑤ 见裴骃《史记集解》引如淳说。

扩大了, 且官吏为避免获 "见知" 之罪, 自然互相监察、举报, 讹传附会在所难免, 于是便 "用法益刻"。① 此上引文所以言 "于是见知之法生, 而废格沮诽穷治之狱用矣"。"于是" 一语, 道破了司马迁对酷吏与公羊家 "《春秋》决狱" 说的关系的认识。

公羊家与酷吏, 道近而旨异, 本不可同日而语——如董仲舒便主张 "任德不任刑" (《汉书·董仲舒传》)。但公羊家 "原心定罪" 的原则确实在客观上给予法吏很大的擅断权力, 为酷吏 "舞文巧诋"、"因缘为市" (章太炎《检论·原法》) 打开方便之门, 致招当日后世的诸多诟病。② 司马迁既志在拨乱反正, 据实而论当时正统儒术与酷吏之治在具体实践中的结合, 固情理之当然。况且, 他也注意到, 以儒术缘饰酷法, 正是汉武帝所需要的。③ 从此角度看, 《史记》载公孙弘称美酷吏, 未必没有责其阿世取容之意。由于武帝的默许

---

① 《史记·酷吏列传》: "(赵禹) 与张汤论定诸律令, 作见知, 吏传得相监司。用法益刻, 盖自此始。" 何焯释 "吏传得相监司" 曰: "司似当读为伺。谓互相监察也。" 何焯《义门读书记》卷十四 "《酷吏列传》" 条。

② 俞正燮《癸巳存稿》卷一《公羊传及注论》: "《公羊》集酷吏、佞臣之言附之经义, 汉人便之, 谓之通经致用。" 又, 马端临《文献通考》卷一百八十二《春秋决事比》: "盖汉人专务以《春秋》决狱, 陋儒酷吏, 遂得以因缘假饰。"

③ 《史记·平津侯主父列传》谓公孙弘: "每朝会议, 开陈其端, 令人主自择, 不肯面折庭争。于是天子察其行敦厚, 辩论有余, 习文法吏事, 而又缘饰以儒术, 上大说之。" 武帝闻公孙弘以儒术装点文法吏事而悦, 喜爱酷吏之情, 难以自掩。这不难理解。如前所述, 汉武兴利不得不倚酷吏, "缘饰以儒术", 则使酷吏便于行事, 而不必直露上意。

甚至鼓励,峻法严刑就可能在"《春秋》决狱"的名义下成为尊儒、用法的一种正当形式。① 如上引《平准书》所述坐死者数万人的淮南衡山狱,即是醇儒董仲舒弟子吕步舒持节"以《春秋》之义正之"(《史记·儒林列传》)。而司马迁谓之"寻端治之",不喜之情,溢于言表,暗示了他在当时尊儒大气氛下对"《春秋》决狱"的消极态度。② 这一态度显然是直指汉武帝的对酷吏之治起推波助澜作用的尊儒用法方略,③与他提出的"尚质"的用法原则有内在联系,从而使他的"文质之辨"延伸到了"《春秋》决狱"的问题上。因此,他提出"以忠质救文敝"的治政思路,在对治酷吏之治的同时,客观上也将"《春秋》决狱"纳入了"文敝"的范围。④ 后汉张敏以"救文莫如质"驳议据"《春秋》之义"而定的《轻侮》之法,重提汉高三章之约(《后汉书·张敏传》),即与此类似。可见

---

① 陈苏镇指出:"在运用法律加强汉朝统治的问题上,《公羊》家与汉武帝及张汤、赵禹等文吏是一致的。"陈苏镇,《汉代政治与〈春秋〉学》,前揭,页259。

② 金春峰认为,"董仲舒著《春秋决狱》、《春秋决事比》",吕步舒决淮南狱,"正是董仲舒公羊学的精神的体现"。参金春峰,《汉代思想史》,北京:中国社会科学出版社,1997,页207—208。

③ 蒙文通曾指出汉武帝所尊公羊学与法家的关系,认为"《公羊春秋》从殷,是有取于法家的理论"。蒙文通《经史抉原》,前揭,页164。

④ 据司马迁的这一观点看《史记》篇目的顺序,是很有意思的。《循吏列传》申"尚质"之旨,不记汉臣;其后《汲郑列传》,汲黯好黄老之术,近古之循吏;其后《儒林列传》,儒家进取,近于文家,传中述张汤、吕步舒缘儒术议决大狱,隐约可见"文敝";其后《酷吏列传》,直揭汉武"文敝"之甚。由此看,《史记》篇目排序并非无章法,例如汉儒林与汉酷吏的传记相邻,就与司马迁关于二者关系的看法相合。

司马迁的观点在后世亦有余响。在今天看来,汉儒的"《春秋》决狱"无论在理论还是实践上或有其积极意义可探,[1]且汉承秦制,汉初的法律制度多袭秦而有,并不如司马迁所称,"承敝易变"、尽除秦法之弊。[2] 然而,任何的历史观察、叙述和评论都基于也受限于特定的视角、立场以及知识框架。司马迁对"《春秋》决狱"和汉初治政的认识,虽未必尽如事实,但总是他近距离观察和体验的结果;重要的是,他对汉武用法之弊的判断及对相应救治之术的考虑,都只能根据这一认识结果予以理解。更何况,单就"《春秋》决狱"一说来看,即使司马迁未将酷吏问题与之牵连而论,汉公羊家赋予此说的"德教"、[3]进取之意,也与他的"尚质"之旨不能相容。

3.4　"因之"与汉武征伐

　　司马迁的"文质之辨",作为其拨乱反正之策的重要部分,崇尚宽柔忠朴的质政。所谓质政,与文政的进取意图相

---

① 此问题与本书关系不大,且俞荣根有较详论述,不赘。可参俞荣根,《儒家法思想通论》,南宁:广西人民出版社,1992,页579—584。

② 关于汉承秦制的问题,可参陈苏镇,《汉代政治与〈春秋〉学》,前揭,页56—66。

③ 董仲舒《春秋繁露·精华》曰:"《春秋》之听狱也,必本其事而原其志,志邪者不待成,首恶者罪特重,本直者其论轻。……故折狱而是也,理益明,教益行。折狱而非也,闇理迷众,与教相妨。教,政之本也。狱,政之末也。"可见"《春秋》决狱"之为教,旨在改变人的心志,即汉儒所谓"德教"。

对,主张治政者清静无为、与民休息,即任民自然,因民之性而立其政,其实是黄老道家的因循为用之道。这在此前司马迁论礼、刑两大根本治术中已充分体现。因循为用之道,遵循人和事物的本然、自然,顺而序之,因时为变,本质上并非某种先在的基于特定价值立场的信念观点,而是一种要求承认并服从现实性存在的实用主张,与司马迁业已表露的务实的思想性格完全契合,使得他进而从实然角度对人性作出具有普遍意义的解说并申明"因之"的治政对策。由此,他的"文质之辨",也超出了礼、刑的范围,触及到汉武治政的其他方面。

司马迁关于人性的一般解说,主要见于《货殖列传》。自班固父子先后讥诋此篇"轻仁义而羞贫穷"(《后汉书·班彪传》)、"崇势利而羞贱贫"(《汉书·司马迁传·赞》),此篇言"利"之旨,便已彰明。后来学者所争议的,多是司马迁言"利"的意图。言"利"非必等于崇"利"。《货殖列传》乃司马迁"借以写其胸中实用"之作,[1]著人、事之固然、必然,[2]其所以言"利",正在于好"利"是人的自然本性。《货殖列传》曰:

> 由此观之,贤人深谋于廊庙,论议朝廷,守信死节隐

---

[1] 钟惺语(录自葛氏《史记》卷一百二十九)。引自杨燕起、陈可青等,《历代名家评〈史记〉》,前揭,页728。

[2] 钱钟书,《管锥篇》(第一册),前揭,页382。

居岩穴之士设为名高者安归乎？归于富厚也。是以廉
吏久，久更富，廉贾归富。富者，人之情性，所不学而俱
欲者也。故壮士在军，攻城先登，陷阵却敌，斩将搴旗，
前蒙矢石，不避汤火之难者，为重赏使也。其在闾巷少
年，攻剽椎埋，劫人作奸，掘冢铸币，任侠并兼，借交报
仇，篡逐幽隐，不避法禁，走死地如骛者，其实皆为财用
耳。今夫赵女、郑姬，设形容，揳鸣琴，揄长袂，蹑利屣，
目挑心招，出不远千里，不择老少者，奔富厚也。游闲公
子，饰冠剑，连车骑，亦为富贵容也。弋射渔猎，犯晨夜，
冒霜雪，驰阬谷，不避猛兽之害，为得味也。博戏驰逐，
斗鸡走狗，作色相矜，必争胜者，重失负也。医方诸食技
术之人，焦神极能，为重糈也。吏士舞文弄法，刻章伪
书，不避刀锯之诛者，没于赂遗也。农工商贾畜长，固求
富益货也。此有知尽能索耳，终不余力而让财矣。

如刘咸炘所见，《货殖列传》中"固有感慨讥刺之言，然此篇
固不为感慨讥刺而作也"。[①] 上引文承述各地风俗物产人情
世态后，故用"由此观之"一语起头。虽语带嘲弄，亦是述人
性世情之实，显明好利欲富是人的天然情性，社会各阶层皆
不能越此范围，即贤人处士亦难例外。"廉吏久，久更富"一

---

　　① 刘咸炘《太史公书知意》。引自韩兆琦，《史记选注汇评·货殖
列传》，前揭，页612。

类说法,非愤世之言,而是司马迁持平之论,其述循吏公仪休之立身处世,即存此意。① 这与《货殖列传》所引"天下熙熙,皆为利来;天下壤壤,皆为利往",同是一义。这一人性观点并无特出之处,早为周秦诸子道出,②不过从上引文看,仍可视为司马迁经验观察的结果,因此并不具有绝对的理论意义,而只有普遍的经验意义,揭示的是现实中人的趋利本性,即使偶涉讥讽,也不必视同于人性批判,而只是一种事实描述,即钱钟书所谓的"示人之所实行者"。③ "崇势利"是天下人的共性,司马迁不过据实言之;唯其以中立态度看待人的好利本性,未申汉儒"贱利"之义,④难免予后世儒者"崇势利"的印象。

某种意义上,司马迁确有倡"利"之嫌。《货殖列传》既举春秋至汉时人物累财而致"素封"的事例,又揭财富令人"得势益彰"之世情,明风气所尚,就不可能满足于仅在实然层面上点明人的好利天性。刘古愚论《货殖列传》云,利欲"即一人言之为欲,即人人言之则风俗。风俗者,政教之效

---

① 《史记·循吏列传》:"客有遗相(即公仪休)鱼者,相不受。客曰:'闻君嗜鱼,遗君鱼,何故不受也?'相曰:'以嗜鱼,故不受也。今为相,能自给鱼;今受鱼而免,谁复给我鱼者? 吾故不受也。'"

② 著名者如荀子,可参《荀子·性恶》。另如《管子》亦持此说,其《形势解》云:"民利之则来,害之则去;民之从利也,如水之走下,于四方无择也。"

③ 钱钟书,《管锥篇》(第一册),前揭,页382。

④ 如董仲舒《春秋繁露·玉英》云:"凡人之性莫不善义,然而不能义者,利败之也。故君子终日言不及利,欲以勿言愧之而已,愧之以塞其源也。"《王道》云:"君子笃于礼,薄于利,要其人,不要其土。"

也"，"政教之用尽于货殖乎"。① 此解与司马迁拨乱反正的
著述意图相应，指明了其述货殖的治政目的。这一目的在
《货殖列传》篇首便已申明：

> 老子曰："至治之极，邻国相望，鸡狗之声相闻，民各
> 甘其食，美其服，安其俗，乐其业，至老死不相往来。"必
> 用此为务，挽近世涂民耳目，则几无行矣。
>
> 太史公曰：夫神农以前，吾不知已。至若《诗》、
> 《书》所述虞、夏以来，耳目欲极声色之好，口欲穷刍豢
> 之味，身安逸乐，而心夸矜势能之荣。使俗之渐民久矣，
> 虽户说以眇论，终不能化。故善者因之，其次利道之，其
> 次教诲之，其次整齐之，最下者与之争。

杨慎析曰："将伸己说，先引《老子》破之，以为必不然。"②
当是。按上引文，老子所谓"至治之极"，其实是传说中的
上古寡欲之治，"以涂塞民耳目为务"，③但是，"近世涂民，
耳擩目染于声色嗜欲，若必以上古之治挽之，不能行也"。④
同时，司马迁又自言不知上古，谓《诗》、《书》所载虞、夏以

---

① 刘古愚《烟霞草堂遗书》之《史记货殖列传注后论》。引自杨燕
起、陈可青等，《历代名家评〈史记〉》，前揭，页737。

② 凌稚隆辑校，李光缙增补《史记评林》卷一百二十九引。

③ 见泷川资言释。《史记会注考证·货殖列传》。

④ 见张文虎释《货殖列传》"必用此为务，輓近世涂民耳目，则几
无行矣"。张文虎《舒艺室随笔》卷四。

来,民俗皆趋于利欲,即使逐户劝说以老子所倡导的寡欲的高妙之论,也不能化民好利之性。循其本意,老子至治之说,"实在惝恍迷离,不可凭信",①非止近世,更远的时代也难以实行,毕竟"富者,人之情性,所不学而俱欲者也"。上引文所以必言"近世",主要是由于司马迁意在汉政,有拨乱反正之志,故特别指出人的好利本性是近世之治所必须正视的问题,从而使人性与治政的关系成为一个具体的实践问题,而非一般性的理论问题。人既生而好利,则"欲来民者,先起其利,虽不召而民自至"(《管子·形势解》)。于是,破老子"至治"之言后,司马迁提出自己的具有现实人性基础的治政主张:"善者因之,其次利道之,其次教诲之,其次整齐之,最下者与之争"。所谓"因之",即是顺应人的好利之性,②任其自然,不加干扰,与司马迁"尚质"之旨一脉相承,也即老子所谓"我无为而民自化,我好静而民自正,我无事而民自富"(今本《老子》第五十七章)、"民莫之令而自均"(今本《老子》第三十二章),正是黄老道家因循为用之道。破除老子至治寡欲之说后,又回到老子清静无

---

① 潘吟阁注上引文"太史公曰"至"终不能化"曰:"史公作史,须求取信后人,故以《诗》《书》所载者为限,以前之时,置之不论。他的意思,就是说老子所说的'至治',实在惝恍迷离,不可凭信。"潘吟阁,《史记货殖传新诠》,上海:商务印书馆,1931,页2。

② 张大可《史记论赞辑释》认为:"'善者因之'的'之',主要内容是指人人不学而有的求富之欲。"张大可辑评,《史记》(百家汇评本),武汉:长江文艺出版社,2007,页889。

为之术。这在某种程度上说明，司马迁对待老子之学，并非特定门户观念下的亦步亦趋或断然否定，而是以一种实用理性的态度有所取舍。当然，他依据对人性的经验观察观点而将"因之"视为当时治政上善之术，遵循的还是质家使民不倦的宽柔的治政思路。《货殖列传》曰：

> 故待农而食之，虞而出之，工而成之，商而通之。此宁有政教发征期会哉？人各任其能，竭其力，以得所欲。故物贱之征贵，贵之征贱，各劝其业，乐其事，若水之趋下，日夜无休时，不召而自来，不求而民出之。岂非道之所符，而自然之验邪？

此言农、虞、工、商各任其能，各尽其力，虽无政令调配安排，也能有序合作、有效实现财富增殖，各得所欲。之所以能如此，正在于他们均受趋利本能的驱使，自觉地朝向自身利益的最大化，"各劝其业，乐其事，若水之趋下，日夜无休时"，治政者不为而民自为，不治而无不治。这即是司马迁所推重的"因之"的治效。[①] 在他看来，这也可谓"道之所符"、"自然之验"。"道"与"自然"并言，而"因之"一术亦是道家因循为用之道，加之《史记》有径以

---

① 方苞曰："农而食之，虞而出之，工而成之，商而通之，所谓因之、利导之也。"刘季高点校，《方苞集》（上）卷二《书货殖传后》，前揭，页57。

"道"称黄老之道之例，①此处"道之所符"之"道"当指黄老道家之道。据此，司马迁提出"因之"的主张，纠老子至治寡欲之偏，可以看成他对黄老道术实际运用所作出的自家理解——上引文"岂非"一语，稍露此意。这很正常，他崇尚的"质政"本来就极近于黄老无为之道，自然不会越出此范围去指点政术。

在今天看来，上述"因之"、"利导之"等策略属于经济政策范畴，不过是国家政治之一端，但在司马迁而言，却是治政重点。《史记·周本纪》记周太王古公曰："有民立君，将以利之。"这与古代王者之德在"利民"的观念②完全相契。何谓"利"？按司马迁"文质之辨"，有文家之"利"，有质家之"利"。文家进取，有积极的价值立场，例如儒家，不甘于人的求富之欲，而必施之以教，文之以德，将仁义教化视为"利"民之大端，故孔子有"富之"、"教之"一说（《论语·子路》），董仲舒更言"万民之从利也，如水之走下，不以教化堤防之，不能止也"（《天人三策》）。质家宽柔无为，无可无不可，愿天下无事，与民休息，故其"利"民即体现为使民不倦、

----

① 如《曹相国世家·赞》："参为汉相国，清静极言合道。然百姓离秦之酷后，参与休息无为，故天下俱称其美矣。"《淮阴侯列传·赞》："假令韩信学道谦让，不伐己功，不矜其能，则庶几哉，于汉家勋可以比周、召、太公之徒，后世血食矣。"《老子韩非列传》："盖老子百有六十余岁，或言二百余岁，以其修道而养寿也。"

② 《逸周书·王佩解》："王者所佩在德，德在利民。"又《左传·襄公七年》："恤民为德。"又，《管子·正》："爱之生之，养之成之，利民不德，天下亲之，曰德。"

得其所欲。司马迁"因之"一说发明质家为民"利"民之义，
亦是对夏政"安民"之旨的附和。[①] 从古人"立君为民"的立
场看，[②]"因之"可视为质家为治的首要任务。较之文家（如
儒家）试图引导提升人的本能欲望的治政目标，司马迁"因
之"的"质政"显然是以顺应满足人的利欲本能为主要目的，
由此，其观念中的王者之"天下"亦遂成为纯粹的利益集合
体。不过，鉴于他文质相救相替的说法，这未便视为他绝对
的治政理想。他的"尚质"之说既是为补汉武文政之敝而
发，"因之"一术就当从拨乱反正的角度进行理解。具体地
说，这一治术明显涉及到汉武治政的两个重要方面：敛财之
政与征伐事业。

如前所引，《货殖列传》论治政层级，曰"善者因之"，
"最下者与之争"。所谓"最下者与之争"，即是暗指汉武
与民争利的均输、平准等政策而言。这一点，古今学者多
无异议。[③] 关于武帝的敛财之政及其治政后果，司马迁于

---

① 《史记·夏本纪》："皋陶曰：'于！在知人，在安民。'禹
曰：'吁！皆若是，惟帝其难之。知人则智，能官人；能安民则惠，
黎民怀之。能知能惠，何忧乎驩兜，何迁乎有苗，何畏乎巧言善色
佞人？'"

② 《史记》一再致意为政者以"修德"为主，所谓"修德"，即是施
德惠于民、"利"民。关于此问题，可参陈桐生，《中国史官文化与〈史
记〉》，前揭，页201至205。

《尚书·泰誓》："天佑下民，作之君，作之师。"又，荀子曰："天之立
君，以为民也。"（《荀子·大略》）孟子曰："民为贵，社稷次之，君为轻。"
（《孟子·尽心下》）

③ 可参刘季高点校，《方苞集》（上）卷二《书货殖传后》，前揭，页
57。并参陈桐生《中国史官文化与〈史记〉》，前揭，页224。

《平准书》中已尽讥讽之事，①"其不尽之意及正本清源之论，则皆寓乎《货殖传》中"。②《货殖列传》揭人好利的自然本性，述春秋至汉的治生之道、致富之例，一再言"素封"之乐，表明"势不能闭民欲利之心"，③而只能因民之性、足民之欲，正以见汉武与民争利之谬。④《货殖列传》提出的"因之"一术，与汉武时"与之争"的兴利之政可谓两极，对治之意最明，毋须多论。以下详辨司马迁对汉武征伐事业的基本态度。

司马迁对汉武征伐的态度，首先与他对兵事的看法有关。他曾著"兵书"，⑤今只见《律书》。"律"本指音律，⑥而又不限于乐事。《易·师卦》曰："师出以律"，《象》曰："师出以律，失律凶也"，是古人有以"律"言兵事之例。按《律书·序》内容及《太史公自序》以兵事述著《律书》之由，前人谓《律书》即《兵书》、仅存序而正文不传之说当是。⑦《律书·

---

① 详细讨论，可参本章第三节。

② 吴翊寅《曼陀罗花室文集》卷一《史记货殖传书后》。引自杨燕起、陈可青等，《历代名家评〈史记〉》，前揭，页741。

③ 刘季高点校，《方苞集》（上）卷二《书货殖传后》，前揭，页57。

④ 《管子·版法解》曰："凡人者，莫不欲利而恶害。是故与天下同利者，天下持之。擅天下之利者，天下谋之。"

⑤ 《史记·太史公自序》："礼乐损益，律历改易，兵权山川鬼神，天人之际，承敝通变，作八书。"

⑥ 《尚书·舜典》："诗言志，歌永言，声依永，律和声。"

⑦ 关于《律书》即《兵书》、仅存序而正文已佚之说，参司马贞《史记索隐·太史公自序》注"兵权山川鬼神"，并参刘咸炘《太史公书知意·书·律书》。杨燕起、陈可青等，《历代名家评〈史记〉》，前揭，页424—427。

序》开篇即言："王者制事立法，物度轨则，壹禀于六律，六律
为万事根本焉。"《国语·周语下》亦云："律所以立均出度
也。"足见万事以"律"为标准，兵事亦然。① 故兵事之用可有
合"律"和不合"律"之别。《律书·序》曰：

> 兵者，圣人所以讨强暴，平乱世，夷险阻，救危
> 殆。……
>
> 昔黄帝有涿鹿之战，以定火灾；颛顼有共工之陈，以
> 平水害；成汤有南巢之伐，以殄夏乱。递兴递废，胜者用
> 事，所受于天也。
>
> ……
>
> 夏桀、殷纣手搏豺狼，足追四马，勇非微也；百战克
> 胜，诸侯慑服，权非轻也。秦二世宿军无用之地，连兵于
> 边陲，力非弱也；结怨匈奴，絓祸于越，势非寡也。及其
> 威尽势极，间巷之人为敌国，咎生穷武之不知足，甘得之
> 心不息也。

此处首先申明，兵事之用，当以诛讨强暴、平定乱世、夷险救危
为目的，如黄帝、颛顼、成汤之用兵。司马迁称三王之伐为"所
受于天也"，亦《尚书》所谓王者征讨以"致天之罚"之意，②认

---

① 《汉书·律历志》曰："律，法也，莫不取法焉。"
② 参《甘誓》、《汤誓》、《牧誓》、《多士》、《多方》、《泰誓》等篇。

为诛暴平乱之征本乎"天"而合于"律"。① 按上引文,凡战,
合于"律"则兴胜,不合"律"则难免于咎,如夏桀、殷纣、秦二
世之穷武而不知足。可见"非兵不强,非德不昌"。② 虽然
"诛伐不可偃于天下",但"用之有巧拙,行之有逆顺"(《史
记·律书·序》),唯在"师出以律"。依司马迁之意,"以律
则为黄帝、颛顼、成汤,不以律则为桀、纣"。③ 两相对照,用
兵之道显然。兵事既以和乐天下为本,则偃兵而使民休宁亦
当为兵事的应有之义。故《律书·序》论前代兵之用后,又
述汉初之偃兵曰:

> 高祖有天下,三边外畔;大国之王虽称蕃辅,臣节未
> 尽。会高祖厌苦军事,亦有萧、张之谋,故偃武一休息,
> 羁縻不备。
>
> 历至孝文即位,将军陈武等议曰:"南越、朝鲜自全
> 秦时内属为臣子,后且拥兵阻阨,选蠕观望。高祖时天

---

① 古人以为"律"本于天。《国语·周语下》:"王将铸无射,问律
于伶州鸠。对曰:'律所以立均出度也。古之神瞽考中声而量之以制,
度律均钟,百官轨仪,纪之以三,平之以六,成于十二,天之道也。'"胜、
败亦是天意。故《史记·律书·序》引曰"闻声效胜负",又曰:"武王伐
纣,吹律听声,推孟春以至于季冬,杀气相并,而音尚宫。同声相从,物
之自然,何足怪哉?"此正茅坤所谓"天地之化,声与气合,故古之太史能
吹律听声以占军兵"。(茅坤《史记钞》卷十一,引自杨燕起、陈可青等,
《历代名家评〈史记〉》,前揭,页422)

② 此即《史记·太史公自序》所述作《律书》之旨。

③ 刘咸炘《太史公知意·书·律书》引赵恒曰。引自杨燕起、陈
可青等,《历代名家评〈史记〉》,前揭,页425。

下新定，人民小安，未可复兴兵。今陛下仁惠抚百姓，恩泽加海内，宜及士民乐用，征讨逆党，以一封疆。"孝文曰："朕能任衣冠，念不到此。会吕氏之乱，功臣宗室共不羞耻，误居正位，常战战栗栗，恐事之不终。且兵凶器，虽克所愿，动亦耗病，谓百姓远方何？又先帝知劳民不可烦，故不以为意。朕岂自谓能？今匈奴内侵，军吏无功，边民父子荷兵日久，朕常为动心伤痛，无日忘之。今未能销距，愿且坚边设候，结和通使，休宁北陲，为功多矣。且无议军。"故百姓无内外之繇，得息肩于田亩，天下殷富，粟至十余钱，鸣鸡吠狗，烟火万里，可谓和乐者乎！

所谓终始古今、古为今用，察古正为知今。前引文举汉以前用兵之例，以见征伐之不可不慎。[①] 此处谓汉初有天下，高祖即偃武休息，其平定藩辅，多恃谋而不恃兵，如萧何之诈擒韩信（见《史记·淮阴侯列传》）。所谓"萧、张之谋"，微讽之中，仍是许高祖之慎于兵事。这也是汉初治政清静无为的一种表现。用兵则必劳民。楚汉战争之后，当是与民休息之时，高祖所以"厌苦军事"，正是"知劳民不可烦"。汉文帝也是据"劳民"而驳征伐朝鲜、南越之议，其中所申"爱民"之旨，不仅是

①　参《史记·太史公自序》述作《律书》之由曰："非兵不强，非德不昌，黄帝、汤、武以兴，桀、纣、二世以崩，可不慎欤？"

成汤所以讨桀而"致天之罚"的大义所在,①更合于司马迁认为三代征伐未能竟的《司马法》所宣明的"战道"之本。② 如前所论,兵事之用本是不得已为之,目的在使天下安定和乐;天下既安,则无用兵劳民之由。汉文以"爱民"罢军事之议,在司马迁看来,可谓知兵事之道,与前述上古三代用兵以讨暴平乱正相应和。二者事虽不同,其旨不悖,皆以德惠天下为准。成汤南巢之伐合于"律",孝文不议军亦合于"律"。③ 司马迁详孝文"爱民"之论于《律书·序》末,概括了兵事之本,表明了他自己关于兵事的基本立场。这一立场("爱民")与前述《货殖列传》提出的"因之"一说显然是内在一致的。爱民而不轻议兵,则繇役减省、赋税不加,使民能专心治生而得其所欲;反

---

① 参《尚书·汤诰》:"惟皇上帝,降衷于下民。若有恒性,克绥厥猷惟后。夏王灭德作威,以敷虐于尔万方百姓。尔万方百姓,罹其凶害,弗忍荼毒,并告无辜于上下神祇。天道福善祸淫,降灾于夏,以彰厥罪。"

② 《史记·司马穰苴列传·赞》曰:"余读司马兵法,闳廓深远,虽三代征伐,未能竟其义,如其文也,亦少褒矣。若夫穰苴,区区为小国行师,何暇及司马兵法之揖让乎?"

今本《司马法·仁本》曰:"战道,不违时,不历民病,所以爱吾民也;不加丧,不因凶,所以爱夫其民也;冬夏不兴师,所以兼爱其民也。"另,《司马法》整理成书于战国,掺杂不少周秦人的观点,并不全是关于三代军礼的记载,但仍保留部分"三代军政之遗规"(《四库全书总目提要》)。关于此问题的详细辩证,可参黄朴民、徐勇,《〈司马法〉考论》(《管子学刊》,1992年第4期)中的相关讨论。无论如何,司马迁所见所论的这部《司马法》,虽在流传中散佚严重,但今存残本总是其中的一部分。

③ 黄履翁论《律书》曰:"不言律而言兵,不言兵之用,而言兵之偃,观其论文帝事,浩漫宏博,若不相类,徐而考之,则知文帝之时,偃兵息民,结和通使,民气欢洽,阴阳协和,天地之气亦随以正,其知造律之本矣。"黄履翁《古今源流至记·别集》卷五,引自杨燕起、陈可青等,《历代名家评〈史记〉》,前揭,页146。

之，欲使民足欲，必先与民休息、能不扰乱，恤民力而慎兵事，否则，民命且堪忧，谈何足欲？从质家的立场看，"爱民"与"因之"实为二而一之事。因此，上引文记汉文不议军之事后，便述百姓由此而"得息肩于田亩，天下殷富，粟至十余钱，鸣鸡吠狗，烟火万里"的和乐景象。这种景象，正是司马迁"因之"一策所追求和描述的任民自然、足民之欲的治政境界。"因之"作为质家之政的首要任务，既然与兵事之本（"爱民"）是一体之事，其拨乱反正的意义，就必然要延伸到兵事范围，成为一个极其重要的评价标准。

循司马迁所述兵事之道看《律书·序》的结构，是很有意味的。此序言兵事，先举汉以前用兵之正反例，至汉则只述汉初二帝偃兵息武，详叙汉文帝不议军的同时，于汉武征伐事业不置一词。《史记》其余七书序记历代制度变更，皆涉及汉武一朝，至于《封禅》、《河渠》、《平准》三书，尤详武帝治政。唯《律书·序》例外。历来不少论家也注意到《律书·序》的这一特别之处，并多以为司马迁不载武帝穷兵黩武而特详文帝弭兵之论，[1]乃《小雅·鱼藻》之义，即借褒美汉文以刺讥汉武。[2] 这是司马迁的惯用笔法，如《酷吏列

---

[1] 《史记·律书·序》篇幅本来不长，记孝文不议军一事却近三百字。

[2] 可参张文虎《舒艺室随笔》卷四。并参汪之昌《青学斋集》卷十三《史记律书即兵书论》，杨燕起、陈可青等，《历代名家评〈史记〉》，前揭，页424。

传·序》之讽武帝酷法。① 尚镕更直言《律书》有"讽武帝之佳兵"的意图。② 确实,司马迁所主"尚质"之政原重宽柔无为、使民不倦,其兵事之道又以"爱民"、"因之"为本,武帝之尚武、"佳兵"与之截然对立,为其所深诋,亦情理之必然。

其实,司马迁之讽武帝"佳兵",在《史记》关于汉武征伐诸事的记述中已表现得甚为明确。依其所见,武帝穷兵劳民,主要在征匈奴、两越、朝鲜、西域、西南夷等,故各为之作列传。《朝鲜列传》明朝鲜之役起于汉使涉何诈杀朝鲜将,而"上为其名美,即不诘"。《南越列传》于述武帝伐越之前,特言孝文"初镇抚天下,使告诸侯四夷从代来即位意,喻盛德焉",并详述其德服南越王事;《孝文本纪》于此事亦竭力称赞:"南越王尉佗自立为武帝,然上召贵尉佗兄弟,以德报之,佗遂去帝称臣。"汉文之"德化",与汉武之用兵,显成鲜明对比。参照前引《律书·序》详孝文帝针对陈武等议伐南越、朝鲜所发弭兵之论,司马迁不赞成武帝兵伐两国的态度,就更明显了。《平准书》云,"严助、朱买臣等招来东瓯,事两越,江淮之间萧然烦费矣","彭吴贾灭朝鲜,置沧海之郡,则燕齐之间靡然发动",愈明武帝以兵服两越、朝鲜,与兵事之道、"因之"之策相违。通西域、事西南夷未尝不是如此。《大宛列传》开篇即谓"大宛之迹,见自张骞",以张骞为通西

---

① 参本章第三节。
② 尚镕《史记辨证》卷三《律书》,引自杨燕起、陈可青等,《历代名家评〈史记〉》,前揭,页423。

域的关键人物。按此传，张骞述西域诸国物产风俗，已激武帝征服之欲，后张骞击匈奴坐法失侯，复位之心殷切，于是盛言通西域事，借此而官封中郎将，遂开出使西域之风，①加之"天子好宛马"，终致"使者相望于道"、"使端无穷，而轻犯法"之弊；劳民伤财、伤亡惨重的贰师将军伐宛之役，②即始于汉使为武帝言大宛贰师城有善马而不予汉，求善马是此役的根源。可见，在司马迁看来，通西域、伐大宛，其实源于武帝君臣的私欲，③汉武用兵之悖于"律"，自不待言。至于通

---

① 《史记·大宛列传》曰："是后天子数问骞大夏之属。骞既失侯，因言曰：'……蛮夷俗贪汉财物，今诚以此时而厚币赂乌孙，招以益东，居故浑邪之地，与汉结昆弟，其势宜听，听则是断匈奴右臂也。既连乌孙，自其西大夏之属皆可招来而为外臣。'天子以为然，拜骞为中郎将，将三百人，马各二匹，牛羊以万数，赍金币帛直数千巨万，多持节副使，道可使，使遗之他旁国"，"因言"一语，已露微意。《大宛列传》又曰："自博望侯开外国道以尊贵，其后从吏卒皆争上书言外国奇怪利害，求使"，与《封禅书》谓"骤衍以阴阳主运显于诸侯，而燕齐海上之方士传其术不能通，然则怪迂阿谀苟合之徒自此兴，不可胜数也"，语气何其相似！

② 《史记·大宛列传》曰："贰师将军军既西过盐水，当道小国恐，各坚城守，不肯给食。攻之不能下。……往来二岁。还至敦煌，士不过什一二"，又云："(武帝)乃案言伐宛尤不便者邓光等，赦囚徒材官，益发恶少年及边骑，岁余而出敦煌者六万人，负私从者不与。牛十万，马三万余匹，驴骡橐它以万数。多赍粮，兵弩甚设，天下骚动，传相奉伐宛，凡五十余校尉。……益发戍甲卒十八万，酒泉、张掖北，置居延、休屠以卫酒泉，而发天下七科適，及载糒给贰师。转车人徒相连属至敦煌。"

③ 不少学者不同意武帝为私欲伐宛的说法，如陈苏镇认为武帝伐大宛求善马其实是其"开边欲求的另一种表达方式"。(陈苏镇，《汉代政治与〈春秋〉学》，前揭，页279)不过，本书关注的是司马迁本人的看法，而非史实——虽然某种意义上，所谓史实与看法也是很难完全分开的。《大宛列传》一再言武帝好宛马，并载其遣贰师伐宛的同时，"拜习马者二人为执驱校尉，备破宛择取其善马云"，武帝为求善马而伐宛之意显然。又，《大宛列传》曰："汉使穷河源，河源出于寘，(转下页注)

西南夷,《大宛列传》已明武帝为通西域"乃复事西南夷",
《西南夷列传》也述此由。按《司马相如列传》,开西南夷道,
"发巴、蜀、广汉卒,作者数万人","费以巨万计"。故《平津
侯主父列传》谓"是时通西南夷道,置郡,巴蜀民苦之",《平
准书》亦云:"唐蒙、司马相如开路西南夷,凿山通道千余里,
以广巴蜀,巴蜀之民罢焉"。司马相如参与开西南夷事,而
《司马相如列传》谓其"欲谏(此事),业已建之,不敢",乃著
《难蜀父老》曰,"百姓虽劳,又恶可以已哉?""百姓虽怠,请
以身先之"。显然"纯是切讽天子"。① 司马迁叙《司马相如
列传》于《西南夷列传》后,录《难蜀父老》全文,且称司马相
如辞赋与《诗》之风谏不异、"其要归引之节俭"(《史记·司
马相如列传·赞》),是明了相如讽武帝通西南夷之意,并极
力赞同。有学者认为,"武帝征服两越、西南夷、朝鲜等夷狄
政权,虽不能说有征无战,但用兵不是很多,时间不很长",②

(接上页注)其山多玉石,采来,天子案古图书,名河所出山曰昆仑云。"
至赞则云:"今自张骞使大夏之后也,穷河源,恶睹本纪所谓昆仑者乎?"
有意质疑前说。于此,李慈铭释曰:"'天子案古图书,名河所出山曰昆
仑',盖汉武亦知昆仑不在此,特强名之,犹其遣方士求蓬莱之事耳。上
云'安息长老传闻条枝有弱水、西王母,而未尝见',亦此意也。故赞独
以此事论之,而云恶睹所谓昆仑,皆其微文,刺讥与《封禅书》同恉。"
(李慈铭,《越缦堂读史札记全编》(上)之《史记札记》卷二,北京图书馆
出版社,2003)此说颇能自圆,不无道理。

另,《大宛列传》详张骞用事始末,其传备于其中,此列传不与《南
越列传》等夷狄传记并列,而紧接《酷吏列传》后,特有意味。

① 见金圣叹总评《难蜀父老》。张国光点校,《金圣叹批才子古
文》,前揭,页216。

② 陈苏镇,《汉代政治与〈春秋〉学》,前揭,页239。

较之伐匈奴,确实如此。出兵匈奴,是汉武帝征伐事业中最耗人财物力也最为持久的一项。或许正有见、有感于匈奴战事为武帝劳民黩武之极至,司马迁在《史记》多篇中反复暗示此事之谬,且忌讳稍少,致古来论家几乎众口一词认为他"甚不满武帝穷兵匈奴事"。①《史记》之诋汉武伐匈奴事,学者多有议论,不详述。要之,司马迁以为,汉武即位之初,汉与匈奴基本和平共处,②战端启于元光元年汉用王恢所设马邑之诈,③从此至武帝末年,汉匈战事不断,④虽人财损耗巨大,⑤犹未能

---

① 茅坤《史记钞》卷七五。引自杨燕起、陈可青等,《历代名家评〈史记〉》,前揭,页 676。

② 《史记·匈奴列传》:"自是之后,孝景帝复与匈奴和亲,通关市,给遗匈奴,遣公主,如故约。终孝景时,时小人盗边,无大寇。今帝即位,明和亲约束,厚遇,通关市,饶给之。匈奴自单于以下皆亲汉,往来长城下。"

③ 《史记·匈奴列传》:"自是(即马邑之诈)之后,匈奴绝和亲,攻当路塞,往往入盗于汉边,不可胜数。"

又,《史记》中,马邑之诈,凡见于《平准书》、《韩长孺列传》、《李将军列传》、《匈奴列传》、《卫将军骠骑列传》等处。可见司马迁对此事的重视。

④ 按陈致平,"从元狩五年到太初二年,十六年间,匈奴与汉朝没有战事"(陈致平,《中华通史》第二卷,广州:花城出版社,1996,页124—125)。当是,可参《汉书·武帝纪》。

⑤ 参《史记·平准书》:"其后四年,而汉遣大将将六将军,军十余万,击右贤王,获首虏万五千级。明年,大将军将六将军仍再出击胡,得首虏万九千级。捕斩首虏之士受赐黄金二十余万斤,虏数万人皆得厚赏,衣食仰给县官;而汉军之士马死者十余万,兵甲之财转漕之费不与焉。""其明年,骠骑仍再出击胡,获首四万。其秋,浑邪王率数万之众来降,于是汉发车二万乘迎之。既至,受赏,赐及有功之士。是岁费凡百余巨万。""天子为伐胡,盛养马,马之来食长安者数万匹,卒牵掌者关中不足,乃调旁近郡。而胡降者皆衣食县官,县官不给,天子乃损膳,解乘舆驷,出御府禁藏以赡之。"

(转下页注)

得志;如余有丁所见,《匈奴列传》"每言击胡,胡辄入边杀掠,及留胡使,胡亦留汉使,相当",显然"不能臣服之,且不免泥野"。[1] 循司马迁之意,汉武匈奴之伐,屈本在汉,[2]且又"建功不深"(《史记·匈奴列传·赞》),[3]徒有劳民伤财之费;从前述兵事之道看,用兵之悖于"律",难以过此。

不过,由于司马迁在《太史公自序》中既言"扶义俶傥,不令己失时,立功名于天下,作七十列传",又述作四夷传之由而谓四夷称臣纳贡、"引领内乡"云云(《史记·太史公自序》),[4]便难免予人一种颂美武帝臣服四夷而使夷夏一统的印象。但《自序》给出的述作《史记》各传的具体理由,往往突出传主于当时政治的正面意义,示其入传之正当,与各传的叙述重点和褒贬意趣常不相应——这一点,将《自序》与各传稍

(接上页注)

又,《史记·汲郑列传》引汲黯曰:"夫匈奴攻当路塞,绝和亲,中国兴兵诛之,死伤者不可胜计,而费以巨万百数。"

又,《史记·卫将军骠骑列传》:"两军之出塞,塞阅官及私马凡十四万匹,而复入塞者不满三万匹。"

① 凌稚隆辑校,李光缙增补《史记评林》卷一百十引

② 马邑之谋外,《史记·卫将军骠骑列传》又多记二将军出塞则匈奴随之入塞杀掠,如蒋彤所论,此传"纪汉之出,必纪匈奴之入,则兵端启自我,而祸延于无既也"。蒋彤《丹棱文钞》卷二《书卫将军骠骑列传后》,引自杨燕起、陈可青等,《历代名家评〈史记〉》,前揭,页681。

③ 按:一些现代学者认为,武帝征伐匈奴,削弱了匈奴势力,致汉宣帝元帝时匈奴成为中国藩属,故可视为一种胜利。(参陈致平,《中华通史》第二卷,前揭,页126。)不过,司马迁生当汉武时,远见不能及此,故议论皆出于所见所感。

④ 按:类似说法不见于司马迁序《匈奴列传》。

作比照便可知。① 且如前人所言，司马迁《自序》"多微文"，如序《酷吏列传》曰"民倍本多巧，奸轨弄法，善人不能化，唯一切严削为能齐之"，似褒还贬，意在言外，即是突出的一例。② 故仅凭《自序》的表面之辞，很难论定司马迁关于武帝征伐四夷的真实态度，而必须主要依据四夷传本身。按前述他对武帝穷兵的讥评并参照《史记》他篇，《自序》谓作列传以表彰"扶义俶傥，不令己失时，立功名于天下"，就四夷传来说，更有可能意指汉将卒不失武帝征伐之时、而使己得立功名。《史记·建元以来侯者年表·序》曰：

> 太史公曰：匈奴绝和亲，攻当路塞；闽越擅伐，东瓯请降。二夷交侵，当盛汉之隆，以此知功臣受封侔于祖考矣。何者？自《诗》、《书》称三代"戎狄是膺，荆荼是征"，齐桓越燕伐山戎，武灵王以区区赵服单于，秦缪用百里霸西戎，吴、楚之君以诸侯役百越。况乃以中国一统，明天子在上，兼文武，席卷四海，内辑亿万之众，岂以晏然不为边境征伐哉！自是后，遂出师北讨强胡，南诛劲越，将卒以次封矣。

《史记·匈奴列传·赞》云："孔氏著《春秋》，隐、桓之间则章，至定、哀之际则微，为其切当世之文而罔褒，忌讳之辞

---

① 突出的是《李斯列传》、《蒙恬列传》、《魏其武安列传》等。关于此问题的分析，可详参本书第四章第一节。

② 吴忠匡，《史记太史公自序注说会纂》，前揭，页154。

也。"司马迁效法《春秋》，忌讳当世，其讽武帝开边，亦多出以微辞。上引表序正是如此。此表（即《建元以来侯者年表》）记建元后所封侯者七十余人，除平津、牧邱、周子南君、乐通等数人外，皆因武帝开边征讨四夷受封；而汉高定天下，功业至伟，功臣侯者也不过一百四十余人。此上引文所谓"功臣受封侔于祖考矣"。但汉武时中国一统，百姓和乐，自当偃武弭兵，与民休息，何能比于秦汉战乱之际？[①] 可知上引文引《诗》、《书》称征伐为不得已，不过为汉武穷兵封侯忌讳，亦是微词。[②] 司马迁的真意，其实在上引表序末。其言武帝席卷海内，"岂以晏然不为边境征伐哉"。此句以"岂"字起头，语气反问之中有论断，最耐寻味："晏然"与"征伐"相对，"谓岂得以此众庶，晏然自安，而不为边境征伐哉！"[③]与前引司马相如讽开西南夷语"百姓虽劳，又恶可以已哉"似出一辙，讥武帝劳民以事四夷之意显然。上引表序结语"将卒以次封矣"一句，顺此而发，完全照应了《建元以来侯者年表》正文内容，

---

① 杨燕起也指出，《建元以来侯者年表》"有讽刺汉武帝借封侯来推行他好大喜功，外攘四夷政策的意义"。杨燕起，《〈史记〉的学术成就》，前揭，页106。

② 吴见思曰："此篇只作一起一结，照应关锁，而中间援古证今，汉武不得不征伐，征伐则不得不封功臣，正为汉武讳也。"（吴见思《史记论文》第二册《建元以来侯者年表序》）汪越曰："按孝武之时，虚中国以事四夷，好大喜功之蔽也。太史公不斥开边，而引《诗》、《书》称征伐为非得已。且曰功臣受封，侔于祖考，其亦微词与！"（杨燕起、陈可青等，《历代名家评〈史记〉》，前揭，页403。）

③ 见程金造《史记的论断语言》引吴闿生、北江说。程金造，《史记管窥》，前揭，页358。

当是讽"将卒之利用征伐"。① "利用征伐"，亦可谓"不令己

失时，立功名于天下"，正是司马迁四夷列传的重要内容：除

通西南夷未封侯不记外，其余外夷传皆详汉将卒战功及封侯

事宜，其中《大宛列传》更可部分地视为述张骞及时立功名的

传记。概言之，武帝开边，虚耗国家，劳役百姓，而将卒封侯

得其利。司马迁此见，严安谏伐四夷书先已言之："此人臣之

利也，非天下之长策也。"（《史记·平津侯主父列传》）——

司马迁未为严安作传，而特载录此书，其意可知。

　　可见，四夷客观上属于汉政所及范围，司马迁据实而列四

夷传，不过是明汉诸帝治政得失，暗指武帝黩武伤民之不当，

完全符合《史记》拨乱反正的著述宗旨，未必有示夷夏一统之

志。② 所谓"溥天之下，莫非王土，率土之滨，莫非王臣"

---

　　① 李长之曾指出司马迁用"矣"字的讽刺意图，并认为"将卒以次
封矣"是讽"将卒之利用征伐"。李长之，《司马迁之人格与风格》，前
揭，页289。

　　又，《史记》某些篇讽"将卒之利用征伐"的意味是很明显的。如
《卫将军骠骑列传》，述卫、霍伐匈奴受封并及褓裸事甚明，于二将军战
功亦不无讽意（此问题可参陈曦，《〈史记〉与周汉文化探索》，前揭，页
198—207），且于传末列二将及诸裨将名，并详其征战受封始末。

　　② 就司马迁传四夷而论其民族统一思想，在现代《史记》研究中
是比较普遍的。但古人论四夷传，未尝引一统说或类似的观点。且赵
生群《〈史记〉体例平议》已指出，《史记》的体例安排有客观标准，而与
司马迁个人的进退褒贬立场无关。赵生群，《〈史记〉文献学丛稿》，前
揭，页211。

　　另，泷川资言曰："《儒林》、《酷吏》二传叙崇文教、严刑罚，《大宛
传》述通西域，武帝大业于是略备。"（《史记会注考证·史记总论·史
记体制》）是以为司马迁所以列《大宛传》，目的在述武帝治政范围。其
余四夷传可依此推。

（《诗·小雅·北山》），中国古代政治的核心观念是天下观念。
王者，"天下所归往也"（许慎《说文解字·王》）。"王天下"作
为古人的政治理想，自然包括王化夷狄（非现代主权意义上的
征服），无待申明。但如《尚书·舜典》所云："柔远能迩，惇德
允元，而难任（即佞）人，蛮夷率服。"古人认为化夷在德，[①]而
未有凭兵革以王天下之说，更未敢言残民一时以为后世王天
下之利。[②]汉武帝固雄武，其穷兵匈奴，也只是援《公羊春秋》
复九世仇之义，而不见引其一统义。[③]司马迁既讽武帝开边，

---

① 孔安国释"而难任（即佞）人，蛮夷率服"曰："忠信昭于四夷，
皆相率而来服。"孔安国传，孔颖达疏，《尚书正义》，前揭，页72。
又，《史记·五帝本纪》曰："于是舜乃至于文祖，谋于四岳，辟四
门，明通四方耳目，命十二牧论帝德，行厚德，远佞人，则蛮夷率服。"

② 《史记·蒙恬列传》云："秦已并天下，乃使蒙恬将三十万众北
逐戎狄，收河南。筑长城，因地形，用制险塞，起临洮，至辽东，延袤万余
里。"修长城以拒戎狄，是国家后世之利，而司马迁于此传赞谓蒙恬宜当
遇诛，曰："吾适北边，自直道归，行观蒙恬所为秦筑长城亭障，堑山堙
谷，通直道，固轻百姓力矣。"轻用民力筑长城尚曰不可，遑论以残民为
后世一统！
其实，古人论政以民为中心，"民"指具体的现实的人，而非抽象的
一般概念。《尚书·皋陶谟》记皋陶曰："天聪明，自我民聪明。天明
畏，自我民明威。达于上下，敬哉有土！"《泰誓上》曰："惟天地万物父
母，惟人万物之灵。亶聪明，作元后，元后作民父母。今商王受，弗敬上
天，降灾下民。沈湎冒色，敢行暴虐，罪人以族，官人以世，惟宫室、台
榭、陂池、侈服，以残害于尔万姓。焚炙忠良，刳剔孕妇。皇天震怒，命
我文考，肃将天威，大勋未集。……天矜于民，民之所欲，天必从之。"

③ 参《史记·匈奴列传》、《汉书·匈奴传上》。汉武引《公羊春
秋》复九世仇义，见太初四年诏。
一统之义，论公羊学可，论汉武征伐则未必。武帝尊崇公羊，未必
以公羊学者自居；公羊学者饮食五谷，未必以理想主义者自任。且理论
改造世界的观念，近代西学东渐以来始有。吾人偶一尝试，便成流行，
或有思维惯势之虞，以致"不知有汉，无论魏、晋"。

就更不可能于征伐列传中寓一统之意了。在对待外夷的问题上，他的态度其实是比较保守的。《匈奴列传·赞》曰：

> 世俗之言匈奴者，患其徼一时之权，而务诏纳其说，以便偏指，不参彼己；将率席中国广大，气奋，人主因以决策，是以建功不深。尧虽贤，兴事业不成，得禹而九州宁。且欲兴圣统，唯在择任将相哉！唯在择任将相哉！

此赞先论武帝所以在匈奴事上"建功不深"，在于当时"说者谋匈奴，皆患其直徼求一时权幸，但务诏进其说，以自便其偏指"而"不能知己知彼"，[1]将帅又"但凭中国广大以自奋"，[2]皆不堪其任。后即言尧善用禹而九州安宁。两相对照，便有"欲兴圣统，唯在择任将相"的结论和慨叹，直指武帝用人不当，不能择任贤相良将。当时将为卫、霍，相为公孙弘，故《匈奴列传》后继以《卫将军骠骑列传》、《平津侯主父列传》，正为"唯在择任将相"一说照应。[3] 公孙弘固曲学，但卫、霍名

---

[1] 见司马贞《史记索隐·匈奴列传》释"世俗之言匈奴者，患其徼一时之权，而务诏纳其说，以便偏指"。并参泷川资言释"不参彼己"（《史记会注考证·匈奴列传》）。

[2] 见李慈铭释"将率席中国广大，气奋"。李慈铭《越缦堂读史札记全编》（上）之《史记札记》卷二，前揭。

[3] 司马迁之不满当时将相，可从二传中读出。郭嵩焘曰："史公列《平津主父传》于《卫将军传》后，专以谏伐匈奴为义，又附徐乐、严安二书，此是史公最用意处"。郭嵩焘《史记札记》卷五下《平津侯主父列传》。引自杨燕起、陈可青等，《历代名家评〈史记〉》，前揭，页683。

将,《史记》讥评二人,学者多以为非笃论。① 然则司马迁之意何在? 当在武帝君臣"建功不深"。建功深则宜如"得禹而九州宁"。此处"九州宁"可有两义。一指禹治水,一指禹制九州贡法。按《尚书·禹贡》,禹既平洪水,即更新贡法以治九州,二义不必分论。《尚书·禹贡》所述九州贡法,"咸则三壤,成赋中邦",②而四海之内路有远近,故"量其远近,分为五服之事"。③ 甸、侯、绥(宾)、要、荒五服包纳夷狄,名为贡法,治夷之道亦在其中。④ 上引文"得禹而九州宁"当就此言,即《史记·五帝本纪》所谓"唯禹之功为大,披九山,通九泽,决九河,定九州,各以其职来贡,不失厥宜",与《太史公自序》所赞"维禹之功,九州攸同"(《史记·太史公自序》)意近。⑤ 司马迁"文质之辨"称美夏政,以为汉当效夏而"尚质";《平准书·赞》论质政,更引"《禹贡》九州"为法;上引文再举禹治九州与汉武征伐匈奴对言,就说明夏之质政作

---

① 可参刘愚《醒予山房文存》卷十《读史记卫青霍去病书后》(同上,页679—680)。并参陈曦,《〈史记〉与周汉文化探索》前揭,页198—207。

② 按:《史记·夏本纪》为"咸则三壤成赋",近之。

③ 见孔颖达释《尚书·禹贡》篇名。孔安国传,孔颖达疏,《尚书正义》,前揭,页133。

④ 孔颖达疏《尚书·禹贡》"五百里甸服"曰:"甸、侯、绥、要、荒五服之名,尧之旧制。洪水既平之后,禹乃为之节文,使赋役有恒,职掌分定。"(同上,页167)是五服之制行于尧舜时,至禹始加以修缮,并由于水害已除,更便于其施行。

⑤ 《夏本纪》记禹自言"成水土功。辅成五服,至于五千里,州十二师,外薄四海,咸建五长,各道有功",即可解"维禹之功,九州攸同"之意,参吴忠匡,《史记太史公自序注说会纂》,前揭,页96。

为司马迁拨乱反正的榜样，显然也包括了禹的治夷之道。①
五服之制据远近而别贡赋、政教，正是质家因循为用之意，但
不限用于质家之政。《史记·周本纪》详载祭公谋父谏周穆
王伐犬戎语曰：

> ……先王燿德不观兵。……先王之于民也，茂正
> 其德而厚其性，阜其财求而利其器用，明利害之乡，以
> 文修之，使之务利而辟害，怀德而畏威，故能保世以滋
> 大。……商王帝辛大恶于民，庶民不忍，诉戴武王，以
> 致戎于商牧。是故先王非务武也，勤恤民隐而除其害
> 也。夫先王之制，邦内甸服，邦外侯服，侯卫宾服，夷
> 蛮要服，戎翟荒服。甸服者祭，侯服者祀，宾服者享，
> 要服者贡，荒服者王。……先王之顺祀也，有不祭则
> 修意，有不祀则修言，有不享则修文，有不贡则修名，
> 有不王则修德，序成而有不至则修刑。……布令陈辞
> 而有不至，则增修于德，无勤民于远。是以近无不听，
> 远无不服。……

三代立政，本无文、质之说。"文质之辨"是后世学者为明当
代治政根据而对前代政术所作的简明区分，并非意在涵盖三

_____

① 叶适已窥司马迁此意，只是不以为然。参叶适《习学纪言序
目》卷二十《史记》，引自杨燕起、陈可青等，《历代名家评〈史记〉》，前
揭，页675—676。

代的治政实践。司马迁"文质之辨"虽以质、文分别夏、周治政风格,但与其述二代皆尚五服制不相矛盾,反倒说明在古人而言,五服制所体现的治夷思路有其普遍的适用性。但如叶适所言,"秦汉之后,中国无复夷狄,而外区异种盛衰大小,不可预知",尧舜三代的治夷之道,难为定法。① 司马迁未必不能见此。他既详当时重臣汲黯、韩安国等在匈奴问题上皆主和亲之事(见《史记·汲郑列传》、《韩长孺列传》),其《匈奴列传》又备录汉文帝和亲诏书,《赞》中更责当时主伐匈奴者不知彼我、不度利害,即是隐有视和亲休宁为务实的夷夏共处之途的意思,②只不过特悬三代治夷之道以为拨乱反正的理想目标。按上引文,五服制的根本在"燿德不观兵",重以德服夷而"无勤民于远",恤民生而慎兵事,与司马迁的"因之"之策、兵事之道完全符合。他对汉武征伐的批评、对《禹贡》九州之治的推崇,皆应由此角度理解。如前所论,"因之"为质家治政的上善之道。汉既当"尚质",则诸政亦当以"因之"为重。和亲固非治夷佳途,但其旨在因民之欲、与民休息,故文帝为之,以"结和通使,休宁北陲"为功(《史记·律书·序》)。在司马迁看来,这正是质家为政之道,故其《律书·序》不仅详引汉文弭兵之论暗照汉武征伐四夷,

---

① 叶适《习学纪言序目》卷二十《史记》,引自杨燕起、陈可青等,《历代名家评〈史记〉》,前揭,页676。

② 何焯论《史记·匈奴列传》曰:"备录和亲诏书,繁而不杀,穷兵黩武之诫,隐然言外,于《赞》始及之。"(何焯《义门读书记》第十四卷《史记下》)

更特别以褒美文帝使"人民乐业，因其欲然，能不扰乱"、堪称"有德君子"结尾，显有据"因之"而对治武帝穷兵劳民之政的意味。

第4章 拨乱反正之二：君臣之际

　　《史记·夏本纪》载皋陶论治政根本曰："在知人，在安民"。古人言治大抵如此。[1] 古代政治的经验性质及其实际的治政目标，使他们的治政思想很难真正越出"知人"、"安民"的范围。司马迁的"文质之辨"，通过主张宽柔忠朴的质家立场，以与文家截然不同的方式解决了何为"安民"以及如何"安民"的问题。至于"知人"一责，在中国古代特定的政治结构下，必然归结为君上选用、管理臣下的道术即君道的问题。[2] 所谓君臣以义合，臣固有忠君事君之职，君

---

　　[1]　刘向《说苑·政理》亦云："政有三而已，一曰因民，二曰择人，三曰从时。"此说与《左传·昭公七年》同。所谓"从时"，即"顺四时之所务"（见杜预注。左丘明传，杜预注，孔颖达疏，《春秋左传正义》，前揭，页1242）。"从时"所以为政道之一，与古人对四时与人事的关联理解有关，除象征意义外，多与民生有关，亦可归于"因民"一政。

　　[2]　《史记·夏本纪》引禹曰："知人则智，能官人"。

亦有知臣遇臣之说，君臣之间存在着一种特殊的互动关系。"知人"之事、君主道术最终要落实到君臣相与之道上。故周秦诸子论政大都关注君臣之际。[①] 司马迁秉拨乱反正之志，更加重视这一问题，特寓之于《史记》的纪传结构中，"原始察终，见盛观衰"（《史记·太史公自序》），借史事以明君道之要，并重申"君臣朋友"之义，欲图救武帝治政中的"尊君抑臣"之弊。由于"尊君抑臣"的问题乃承秦而有，汉初诸帝大多未能根本抑制或解决，司马迁为君臣关系而发的拨乱反正意见，就不能如其"文质之辨"一样，主要援引汉初治政为效法对象，而必须同时上溯至更久远的治政经验。

4.1 《史记》的纪传结构与君道

历史不过是人的行动的总和。《史记》上起黄帝下至汉武，共十二本纪、十表、八书、三十世家、七十列传，欲以究天人、通古今，借助考察历史上政治人物的行动方式及相应的成败结果，探明治乱兴坏之理。[②] 除书表十八篇外，本纪、世家、列传共一百一十二篇，均以人为中心。[③] 其中本纪载掌天下

---

① 如孟、荀、韩、墨等皆是。荀子更视君臣关系为"治之基"（《荀子·成相》）。

② 参司马迁《报任安书》。并参本书第二章第二节。

③ 不少论者都指出《史记》以人为中心的特点。较集中的论述可参胡宝国，《汉唐间史学的发展》，前揭，页13—14。

之势者,①世家记辅弼股肱,②列传叙人臣,③各述其成败兴亡或生平成就,于其盛衰递转之际尤为留意。"传者,转也;转受经旨,以授于后。"(刘勰《文心雕龙·史传》)④刘知幾有言,《史记》传以释纪,犹《春秋》传以解经。(《史通·列传》)⑤此义学者议论甚明,不赘。⑥《史记》述三千多年治乱史,由本纪可见天命嬗递、朝代更替,而"纪者,纲纪庶品,网罗万物"(刘

---

① 《史记》归项羽、吕后于本纪,二者皆无帝王之名,故当如刘咸炘所言,"本纪者一书之纲,惟一时势之所集,无择于王、伯、帝、后。故太史创例,项羽、吕后皆作纪"。刘咸炘《史学述林·史体论》,引自杨燕起、陈可青等,《历代名家评〈史记〉》,前揭,页129。

② 《太史公自序》曰:"二十八宿环北辰,三十辐共一毂,运行无穷,辅拂股肱之臣配焉,忠信行道,以奉主上,作三十世家。"朱东润指出,司马迁所言世家,"辅弼股肱而已"。朱东润《史记考索》(外二种),前揭,页16。

③ 司马贞《史记索隐·伯夷列传》曰:"列传者,谓叙列人臣事迹,令可传于后世,故曰列传。"

④ 对此,章太炎有进一步的说明,以为"传者,有传记、有传注,其字皆当作专",而"专,六寸簿也",引申为簿籍:"原夫古者名书,非有佗义,就质言之而已。经纬皆以绳编竹简得名,专以六寸簿得名,随文生义,则以经纬为经天纬地,而以专为传述经义。"章太炎《春秋左传读叙录》,引自汪荣祖,《史传通说——中西史学之比较》之《左传第五》,前揭,页40。

⑤ 按:刘氏"传以释纪"之说,已将世家纳入传的范围同论,在他看来,世家"实同列传"(《史通·世家》)。

⑥ 金毓黻曰,"汉人称古代之典籍曰经","释经之作曰传,或曰记","是则记与传皆为释经而作也。《史记》之有本纪(《汉书叙传》称为春秋考纪),以编年为体,义同于《春秋经》,本纪之外而别作列传,义同于《左氏传》,凡本纪不能详者,皆具于列传,即列传为释本纪而作也。然本纪之义同于记事,故记事亦称纪事,记为释经而作,义正同迁,何以称古史为'史记',自之作史何以又称本纪,盖纪帝王之事,有'禹本纪'为例,而又不能僭称经,故用本纪之名以拟经,此可意度而知之者也"。金毓黻,《中国史学史》,前揭,页56。

知幾《史通·本纪》），世家、列传无不在其统辖下；世家、列传
通过分述一家、一人之盛衰成败而共详本纪所叙之一代一君
的兴亡始末。在古代特殊的君-臣政治结构中，君臣关系对治
乱成败影响巨大。① 君主作为治政者，是权力资源的主宰者
和分配者。人臣在政治上的发迹和没落，常常取决于君主的
用人好恶，反映了君主选择、驾驭臣下的道术倾向，当是衡量
其时君臣关系及君主治政得失的一个重要方面。因此，《史
记》试图循历代的兴亡之迹（本纪所明），由人臣的行事与命
运（世家、列传所载）阐明君主治政的成败所在，这种结构、思
路本身就包含了对君臣关系的关注，暗示了君臣关系在治政
中的重要地位，从而传达了其探讨君道的意图。

古代君臣关系的基础，是明确二者的职分地位。《易·
序卦》曰："有君臣然后有上下。"古人以为，君臣之义的根本
在"分"：君主政而臣辅之。这一职分区分是中国古代政治
的基本特点，而不论儒、道。在儒家名曰"众星拱北辰"，②在
道家则谓之"三十辐共一毂"（今本《老子》第十一章），二语

---

① 古人常据君臣关系论成亡兴败。《战国策·燕二》："齐君臣不
亲，百姓离心。燕因使乐毅大起兵伐齐，破之"；吴兢《贞观政要·谦让》
载孔颖达答唐太宗问曰："若其位居尊极，炫耀聪明，以才陵人，饰非拒
谏，则上下情隔，君臣道乖，自古灭亡，莫不由此也"；《论语·颜渊》："齐
景公问政于孔子。孔子对曰：'君君、臣臣、父父、子子'"；《周语·晋语
四》曰："事君不贰是谓臣，好恶不易是谓君。君君臣臣，是谓明训。明训
能终，民之主也"；《贞观政要·求谏》记太宗曰："正主任邪臣，不能致理，
正臣事邪主，亦不能致理。惟君臣相遇，有同鱼水，则海内可安。"

② 《论语·为政》："为政以德，譬如北辰，居其所而众星共（拱）
之。"

不相悖。司马迁《太史公自序》末述世家的入选标准,即是引此儒道二语以明世家"忠信行道,以奉主上"的为臣职分。《史记》中,自《吴太伯世家》第一至《田敬仲完世家》第十六,所记皆周室藩辅之臣,照应《周本纪》,司马迁《自序》述所以作此十六世家,亦均是引其能尽臣节、辅周宗周的功德为由。《外戚世家》以下,记汉辅弼重臣,《自序》亦多明各汉世家辅汉之功。至于陈涉之入世家,有论家指"汉室之兴,由涉始也",[①]司马迁序《陈涉世家》,亦言"天下之端,自涉发难"(《史记·太史公自序》),是以为汉室帝业始造于陈涉,陈涉实有大功于汉,自当入于汉世家之列。[②]《史记》列传所记人臣,自列侯以至方术之士,身份各异,《自序》末也只是以"不令己失时,立功名于天下"为入传标准,似未强调传主的人臣之义。不过,由《自序》看,司马迁序各列传、述所以作各列传之由,大都表明各传主有辅卫君上之功或能尽臣子名分,仍是循"人臣拱卫君上"之例。[③] 据此可说,《史记》以世家、列传叙历代人臣,蕴含了臣辅君以成治的职分要求,与君上

---

① 朱东润,《史记考索》(外二种),前揭,页18。

② 孔子也是作为社稷之臣列入世家。此处不及司马迁作《孔子世家》之由,主要是因为这涉及到他"继《春秋》"的问题,当另作详论(本书第五章第二节)。

③ 关于部分类传(如《日者列传》)的序,传主的人臣之义表现得似乎不明显,但也明其反映当时政俗(如序《日者列传》称"各有俗所用"),仍是援其服务时政之义,且这种情况所占列传的比例很小,可参《太史公自序》。另,张大可《史记体制义例简论》也指出,列传"记功臣贤人之言行以注《本纪》,表示人臣拱卫主上"(张大可,《史记研究》,前揭,页209)。

臣下的古代政治伦理完全相应。

但是，应该特别注意到，《自序》所述各世家、列传的"人臣拱卫君上"之义，只是说明各传主具有进入世家或列传的资格，并不能概括司马迁撰述各世家、列传的主旨和重心。《自序》与各世家（主要是汉世家）、列传的具体内容常不相符。① 这一点，将二者稍作对照，即可明了。如《萧相国世家》以述汉得天下后萧何的自保经历为主，《自序》则全不及此，而曰："楚人围我荥阳，相守三年；萧何填抚山西，推计踵兵，给粮食不绝，使百姓爱汉，不乐为楚。作《萧相国世家》第二十三。"又如《李斯列传》，叙述重点在李斯与赵高、二世合流终致夷灭三族、亡家亡国之事，②而《自序》只言其辅秦统一中国之功："能明其画，因时推秦，遂得意于海内，斯为谋首。作《李斯列传》第二十七。"再如《平津侯列传》旨在讽汉武开边，对公孙弘多有微词，《自序》述作此传之由，却单推公孙弘节俭以劝天下之功："大臣宗室以侈靡相高，唯弘用节

---

① 这个说法不适用于各周世家。《太史公自序》述作各世家之由，有一个基本固定的表达结构：先概括其兴盛衰亡的关键阶段或事迹，后以嘉其能辅周尊周作结，以为其拱卫天子而入世家之根据。这个结构与司马迁撰述各周世家明其兴亡之迹的意图是相应的。这或许是由于周世家不涉当世，无需忌讳；且春秋以后周天子不能号令诸侯，各周世家的盛衰无法从周室的治政得失得到合理解释，而必须从其自身内部寻找原因。因此，从本质上讲，较之汉世家，周世家有相对的独立性，更多是由上而下地对应先秦列传，而不如汉世家一样，由下而上对应汉诸本纪。

② 按陈曦关于《李斯列传》叙述节奏的统计，这一部分占全传字数百分之七十左右。陈曦，《〈史记〉与周汉文化探索》，前揭，页34。

衣食为百吏先。作《平津侯列传》第五十二。"其他如《穰侯列传》、《吕不韦列传》、《蒙恬列传》、《吴王濞列传》、《魏其武安列传》、《淮南衡山列传》、《酷吏列传》、《大宛列传》等等,亦是突出的例子。

《自序》与世家(主要是汉世家)、列传本文之间何以大量存在这种明显各行其是的情况?按古代政治伦理,人臣当有忠事君上之德、拱卫君主之职,故《史记》欲探君臣之际,必须首先就臣德、臣职对其择入世家、列传的人物进行评价说明,以显君臣上下,申明君臣之义,且司马迁既力避刺讥之嫌,谓《史记》不过"述故事,整齐其世家",载"明圣盛德",述"功臣世家贤大夫之业"(《史记·太史公自序》),则更应显明其所传人物作为人臣的正大之处。这是《自序》欲证《史记》为正统正当之作的努力中所必然包含的任务。但是,由于司马迁的著述目的在于探究成败治乱之理,并试图借助历代人臣事迹阐明各代兴亡之源,就不能只关注所述人物于当时治政的积极意义,还应该尤其重视那些与他们有关的能够体现或说明当时君主用人倾向及治政得失的内容。因此,进入世家和列传的绝大部分人物都比较接近当时的政治权力中心,最能反映当时的君臣关系和治乱势态。并且,除某些篇章有所侧重外,世家、列传与本纪一样,大都具有一个循生(兴)-盛-衰-亡的外在人生轨迹或历史过程展开的基本叙述结构,显然是将叙事重心放在考察个人和国家的盛衰兴亡的命运变迁上。这固然是由于司马迁怀抱有为之志,"不能忘情于功名"，①难免格外留意历史人物的成败关键处；但其最根本的考虑，仍当是意图将一人一家的政治命运起伏与一国一代的治乱成败转折对应起来，以便从中总结出某种具有普遍意义的治政道理。这就使得世家、列传的选材和叙事不可能以体现和颂美臣子节义为主，而必须在不同程度上越出《自序》公开显示的世家、列传的堂皇的撰述目标和范围，按需要去发掘那些《自序》所不便也不可能提及的行为或事件。可见，世家（多为汉世家）、列传所以常与《自序》相偏离，主要在于二者本来分工不同：后者意在彰明司马迁著《史记》的正当性，前者则旨在对应解释本纪所示的政权更替，执行《史记》"稽成败兴坏之理"的著述任务。在此意义上，只有立足于各世家、列传本文，才能真正把握其本旨并进一步理解司马迁于《史记》纪传结构中所特别寄托的君主御下之道。

《史记》本纪述五帝至汉武，十二本纪中汉本纪占五篇，这与司马迁详近略远、意在当世的著述旨趣是相符的。不过，所谓终始古今、志古以自镜，对汉政的指点，必然要借助前代的治理经验而落实。世家、列传各与本纪对应并详事之委曲，其构成情况很能说明司马迁的考察重点。三十世家中，周世家十六，汉世家十三；②七十列传中，除《伯夷列传》

---

① 见曾国藩评《史记·傅靳蒯成列传》。陈书良整理，《曾国藩全集·读书录》，前揭，页81。

② 此处未计《孔子世家》。该篇既可归为周世家，与汉也可牵上关系，很难简单划分。具体讨论可参本书第五章第二节。

及各类传外,基本上记述的都是春秋至汉武时的人物。东周至汉,政权几度更迭,最引人注目的政治变局无过于秦灭六国而代周以及汉灭项羽而代秦。《史记》世家、列传的组成结构明显突出并照应了这两大变局,从而表明司马迁对兴亡之理的探究,主要集中在周秦之际和秦汉之际的两段历史。这两段历史撰述通过当时重要政治人物的活动而展开,于君臣关系对兴亡成败结局的重要影响揭示得尤为充分。

先看《史记》关于周秦之际的叙述考察。按司马迁的天人观念,秦代周而主天下,自然是天命所归,[1]但"天人之际"、成败之源,不存于福善祸淫的天道观念里,而备于"终始古今,深观时变"的历史观察中。[2] 藤田胜久指出,司马迁在编纂《秦本纪》、《秦始皇本纪》和各战国世家并使之相互配合协调的安排中,有一个明确的总体编纂意图,即"通过地上发生的历史事实去说明秦根据天意统一天下之过程";《史记》承认秦禀有天命的同时,也力图"寻找六国灭亡之内部原因"。[3] 秦统一天下,从政权更替的角度看,是天命由周

---

① 司马迁对此也有明确表述。《魏世家·赞》曰:"说者皆曰魏以不用信陵君故,国削弱至于亡,余以为不然。天方令秦平海内,其业未成,魏虽得阿衡之佐,曷益乎?"又,《老子韩非列传》载周太史儋关于秦的预言:"始秦与周合,合五百岁而离,离七十岁而霸王者出焉。"《周本纪》、《封禅书》、《秦本纪》亦记此预言,唯改"七十岁"为"十七岁"或"七十七岁"。按:《汉书·郊祀志上》为"七十年"。

② 《史记·天官书》:"终始古今,深观时变,察其精粗,则天官备矣。"关于司马迁的天人观念,可参本书第二章第二节。

③ 藤田胜久,《〈史记〉战国史资料研究》,前揭,页461、459。

转移至秦；从历史事实看，战国时代是七国争雄的时代，周的势力远不足影响大局，所谓秦代周，不过是秦灭六国的结果。因此，司马迁探究周秦之际的治乱成败经验，主要关注的还是在秦势力不断增强的统一进程中六国由盛而衰终致灭亡的问题。在《史记》中，这是一个大问题，必然要涉及到司马迁所理解的周的兴亡过程及与之对应的各周世家（尤其是战国世家）盛衰演变的原因等。本书不拟也不可能对此问题作全面展开，而只是就司马迁通过本纪、世家、列传的配合叙述而透显出秦灭六国过程中的各类君臣关系，进行有重点的例举讨论，以见他对君臣关系的基本看法。

《史记》中，周秦间人物列传共二十五篇（《管晏列传》至《刺客列传》），其中，战国人物列传（《商君列传》至《吕不韦列传》）计十八篇，①春秋战国人物合传三篇（《老子韩非列传》、《孙子吴起列传》、《刺客列传》）；又，十八篇战国人物列传中，七篇叙秦臣，十篇为齐、楚、燕、赵、魏五国人臣列传（六国中，韩无专门的人臣列传，唯韩非与老、庄、申合传）。周秦列传的这一构成情况进一步证实了司马迁对战国治乱经验的重视，并说明他特别注意到了秦国善用贤才而成帝业的问题。洪迈论战国末期七国用人得失曰，"七国虎争天下，莫不

---

①　按：其中，《邹阳鲁仲连列传》、《屈原贾生列传》两篇，《邹阳》附《鲁仲连传》，《贾谊》附《屈原传》，是附传之例，故以战国人物列传论。

招致四方游士。然六国所用相,皆其宗族及国人","独秦不然,其始与之谋国以开霸业者,魏人公孙鞅也。其他若楼缓赵人,张仪、魏冉、范雎皆魏人,蔡泽燕人,吕不韦韩人,李斯楚人。皆委国而听之不疑,卒之所以兼天下者,诸人之力也"。(洪迈《容斋随笔》卷二"秦用他国人"条)① 洪氏所举诸秦国重臣,大都进入《史记》列传(除楼缓外),其所谓"委国而听之不疑"的秦君臣似若一体的关系,亦形象地体现于《史记》秦臣列传中,并与六国人臣列传所反映的六国君臣关系形成鲜明对照。

由《秦本纪》可见,司马迁特重缪公、孝公、昭襄王时秦的势力发展,于三者在位时期的史事着墨尤多。从前学者读《秦本纪》常有类似印象,如牛运震即言:"盖秦伯王之业,章于缪孝,成于昭襄"。② 缪公治秦,广地益国,令秦能与当时强晋争锋,称霸西戎;孝公用商鞅变法使秦强大,周天子致伯;昭襄之世,攻城掠地无数,兵威震慑六国,周九鼎入秦,秦并天下之势渐成。此《秦本纪》所述三君业绩,显示了秦以力争夺天下之关键阶段。不过,《史记》秦国人臣列传所叙皆战国时期人物,春秋时秦缪公之君臣关系只略见于《秦本

---

① 按:据《史记·穰侯列传》,魏冉为秦昭王母宣太后异父弟,其先楚人;据《史记·吕不韦列传》,吕不韦为韩阳翟人,而《战国策》以其为卫濮阳人,二说不同;据《史记·商君列传》,公孙鞅本卫人,入秦之前事魏。

② 牛运震《史记评注》卷一《秦本纪》。引自杨燕起、陈可青等,《历代名家评〈史记〉》,前揭,页337。

纪》,如缪公封崤山军旅之尸并作誓记己不听谏之过,《太史公自序》据之而赞"缪公思义"。① 至于孝公、昭襄两代,《史记》均有秦臣列传与之对应,二君所用重臣如商鞅、魏冉、范睢等,也都各有列传。以下特举《商君列传》、《范睢蔡泽列传》(下称《范睢传》)为例,以明司马迁眼中的秦君臣关系。

司马迁不喜商鞅之政,也不重商鞅其人,谓其"天资刻薄"、"少恩",以反受诛,"卒受恶名于秦,有以也夫"(《史记·商君列传·赞》)。但商鞅有强秦之功,佐秦孝公立霸业,其政治命运最能体现秦君臣之际与秦兴盛的关系,从而对《秦本纪》的相应部分作进一步的解释说明。司马迁叙《商君列传》,亦存此意,并非只为后世刻薄寡恩者戒。② 此传开篇即言魏相公孙座嘱魏君用商鞅,"举国而听之",而魏君以为悖谬。这与后文述秦孝公之信用商鞅形成鲜明对照。③按《商

---

① 《史记·太史公自序》述作《秦本纪》之由曰:"穆公思义,悼豪之旅"。司马贞《史记索隐·太史公自序》曰:"案豪即崤之异音。"故《自序》所言当指缪公三十二年冬,缪公不听蹇叔、百里傒之谏,出兵袭郑,为晋大败于崤。三十六年,缪公复出兵伐晋,大败晋人,以报崤之役,并封崤中尸,发丧哭之三日,作誓以记己过。详参《史记·秦本纪》。

② 尚镕曰:"迁于韩非与鞅,详序其刑名法术,皆以少恩讥之,足为天资刻薄者戒矣。"尚镕《史记辩证》卷六《商君列传》,引自杨燕起、陈可青等,《历代名家评〈史记〉》,前揭,页578。

③ 《吕氏春秋·长见》也以秦、魏之待商鞅作对照:"魏公叔座疾,惠王往问之,曰:'公叔之病,嗟! 疾甚矣! 将柰社稷何?'公叔对曰:'臣之御庶子鞅,愿王以国听之也。为不能听,勿使出境。'王不应,出而谓左右曰:'岂不悲哉? 以公叔之贤,而今谓寡人必以国听鞅,悖也夫!'公叔死,公孙鞅西游秦,秦孝公听之。秦果用强,魏果用弱。非公叔座之悖也,魏王则悖也。"

君列传》,商鞅见孝公得用之后,议无不用,唯一遇到的一次曲折,是就变法的问题与甘龙等在孝公面前展开辩论。变法之策既定,便不复有任何异议。即使是对太子师傅施刑以示太子之罪这样触及孝公嫡嗣的决定,也不见周折。《商君列传》曰:"令行于民期年,秦民之国都言初令之不便者以千数。""行之十年",秦民始悦商君之法;十年之中,虽不乏反对意见,但商鞅之政未受干扰。① 在司马迁所述商鞅变法过程中,不见孝公言行,一切政令赏罚似皆出自商鞅,且令出即行。若非孝公委政商鞅,自己拱手称治,断难如此,这由当时秦人称秦法为"商君之法"亦可略见。② 孝公之待商鞅,正是前述洪氏所谓"委国而听之不疑"一类。按司马迁《范雎传》,秦昭王之用范雎,近是。范雎说昭王,授之以"远交而近攻"之计,使秦得以削弱韩、魏,后又谏言宣太后、穰侯等专权事,昭王用之而隆君权,范雎于是为秦相,封为应侯,君臣俱欢。有两事可以显明秦昭王与范雎间的君臣关系特质。一是魏齐事。范雎在魏时结怨魏相魏齐,为其所辱,相秦后欲报此仇。《范雎传》谓昭王"欲为范雎必报其仇",乃诈平原君至秦,言之曰:

----

① 《韩非子·奸劫弑臣》曰:"商君说秦孝公以变法易俗而明公道,赏告奸,困末作而利本事。……故奸莫不得而被刑者众,民疾怨而众过日闻。孝公不听,遂行商君之法,民后知有罪之必诛,而私奸者众也,故民莫犯,其刑无所加。是以国治而兵强,地广而主尊。"虽辩说家之辞,容有文饰,但亦可备一参考。

② 《史记·商君列传》:"商君亡至关下,欲舍客舍。客人不知其是商君也,曰:'商君之法,舍人无验者坐之。'"

　　昔周文王得吕尚以为太公,齐桓公得管夷吾以为仲
父,今范君亦寡人之叔父也。范君之仇在君之家,愿使
人归取其头来;不然,吾不出君于关。

按司马迁所载,周文王之称吕尚为太公,实是尊其为师。[①]
而秦昭王以己之称范雎为叔父比之,是隐有将范君视同师友
之意。根据《范雎传》,昭王此意,于范雎因所举郑安平降赵
而依秦法罪当收三族时,也有表露:

　　……于是应侯罪当收三族。秦昭王恐伤应侯之意,
乃下令国中:"有敢言郑安平事者,以其罪罪之。"而加
赐相国应侯食物日益厚,以顺适其意。

有罪不罚,且恐伤其意并益加赐,此举显非普通的君臣上下
关系可解释。秦昭王之待范雎同声同气,并不逊于秦孝公之
委国政于商鞅而听之不疑。要之,据司马迁的叙述安排,当
秦与六国争雄之际,孝公、昭王抱强霸国家之志,商、范二人
欲立功名于天下,君臣遇合,遂成霸业。究其根本,在昭、孝
二君知人、御下有术,对股肱之臣信用不疑,尊其人,用其谋,

----

　　① 《史记·齐太公世家》:"吕尚盖尝穷困,年老矣,以渔钓奸周西
伯。西伯将出猎,卜之,曰'所获非龙非彨,非虎非罴;所获霸王之辅。'
于是周西伯猎,果遇太公于渭之阳,与语大说,曰:'自吾先君太公曰:当
有圣人適周,周以兴。子真是邪? 吾太公望子久矣。'故号之曰'太公
望',载与俱归,立为师。"

使其得以尽智竭力,故君臣能各足所欲、各得其志。《商君列传》、《范睢传》分别对应《秦本纪》中为秦营造统一天下基础的两位关键的战国君主,通过描画商、范二人在政治上的发迹过程,从君臣关系的角度对《秦本纪》所述孝、昭时期的治政成就作出相应解释,从而在某种程度上指出了秦所以能灭六国而一统天下的一个重要的内部原因。①

《史记·六国年表·序》曰:"论秦之德义不如鲁卫之暴戾者,量秦之兵不如三晋之彊也,然卒并天下,非必险固便形埶利也,盖若天所助焉。"秦之天命早在秦献公时已为周太史儋预言。② 不过,秦国人才较六国为盛,其统天下多得贤才之力,也是事实。且君臣有遇合,"遇不遇者,时也"(《荀子·宥坐》),从司马迁对"天"的命运特征的理解(本书第二章第二节)看,秦君臣之遇合是"时",也是某种"天"。人才之助与"天"之助固不必截然区分。③ 其实六国并非没有贤才,只是其用人之道难比于秦君之"委国而听之"。《六国年

---

① 当然,秦也有诛杀功臣的事例,如秦昭王诛杀白起、秦惠王车裂商鞅。不过,按《史记·白起王翦列传》,白起死于秦昭王末年(五十年),其时昭王霸业已成,白起之死并未减弱秦的发展势头,而商鞅虽亡,其为秦所定之法仍遵循不变。在司马迁看来,秦杀白起、商鞅,皆是功已成而诛功臣,大约如越王勾践之诛文种,亦鸟尽弓藏一类。(参《范睢蔡泽列传》所载蔡泽之说范睢)故《范睢蔡泽列传》特详蔡泽说范睢功成身退之语,《商君列传》末述赵恒劝商鞅推贤避祸之言,其意正如《越世家》载范蠡之遗书文种。

② 参《史记·周本纪》、《秦本纪》、《封禅书》、《老子韩非传》。

③ 《史记·留侯世家》谓张良"数以《太公兵法》说沛公,沛公善之,常用其策。良为他人言,皆不省。良曰:'沛公殆天授。'"即指高祖善用贤才之言,是"天授"的一种表现。

表·序》所称"量秦之兵不如三晋之彊也"，即使至"昭襄业帝"（《史记·太史公自序》）之际，亦非全是虚言。秦昭襄王时代可说是秦、赵争强的时期，当时东方有力抗秦者唯推赵。① 其时赵有蔺相如、廉颇、赵奢，后有李牧，皆一时名臣名将。司马迁合蔺相如、廉颇为一传，并附赵奢、李牧，照应《赵世家》，由四人的事迹和命运而见战国末期赵国的衰亡之迹。按《赵世家》叙事比重，战国赵武灵王是司马迁的叙述重点之一，费墨较多，说明他将武灵王时代看成赵国较为重要的时期。这一时期经胡服骑射的改革，赵势力增长、国家强盛，服林胡、楼烦，灭中山，"攘地北至燕、代，西至云中、九原"，欲以窥秦，完全应和了赵简子时代关于武灵王的神秘预言（见《史记·赵世家》）。后虽有主父（即武灵王）饿死沙丘一事，但并不表明赵政由此而衰颓。② 从《赵世家》看，赵惠文王承武灵王之余绪，仍能与秦相抗，赵孝成王时长平之役的惨败，使赵丧失抗秦的能力，③延至赵王迁遂亡国。《廉颇蔺相如列传》（下称《廉颇传》）对应的正是赵惠文王至赵王迁的这段衰亡史。此传以廉颇在政治上的盛衰为主线，述蔺相如完璧归赵、渑池之会及赵奢败秦于瘀與，显示赵惠文

---

① 钱穆，《国史大纲》（上册），北京：商务印书馆，1994，页 79、80。

② 司马迁于《史记·赵世家》对沙丘之变作评论，只叹主父"父子俱死，为天下笑，岂不痛哉"，而未言赵政因此受到影响。

③ 钱穆也指出，当时东方有力抗秦者推赵，"长平之战，赵为秦败，于是秦并天下之形势遂成"。钱穆，《国史大纲》（上册），前揭，页80。

王时人才之盛。与《赵世家》相应,此传通过述长平之战始末而表明赵明显的衰退始于赵孝成王。① 长平之战,原是廉颇为将,孝成王听信秦国之离间,拒蔺相如和赵括母之谏,用赵括代廉颇,致亡四十五万人,挫伤国本。② 廉颇免归失势之时,正是赵国国力衰退之日,君不信臣之祸,于此可见一斑。据《廉颇传》,此后赵国君臣相隔而致国家危殆之事,又有两例。一是悼襄王蔽于赵使者之言而以为廉颇不可复用,廉颇固以寂寞无功终老(见《廉颇传》),悼襄王亦无可称道之胜战(见《赵世家》)。二是赵王迁在赵国一蹶不振之时,仍蔽于秦反间之说,斩当时御秦良将李牧。司马迁曾于《太史公自序》和《赵世家·赞》两次就此事谴责赵王迁,③并在《廉颇传》末特别指出,李牧死后三月,秦即灭赵,明显是将赵速亡之责归于赵王迁之疑、斩李牧。④ 通过《廉颇传》与

---

① 如钱穆就认为秦、赵争强时期止于赵邯郸围解(同上,页**79**),邯郸之围在长平之役次年,是时赵兵力已不足自卫。

② 《史记·廉颇蔺相如列传》:"括军败,数十万之众遂降秦,秦悉阬之。赵前后所亡凡四十五万。明年,秦兵遂围邯郸,岁余,几不得脱。赖楚、魏诸侯来救,乃得解邯郸之围。……自邯郸围解五年,而燕用栗腹之谋,曰'赵壮者尽于长平,其孤未壮',……"

③ 《史记·太史公自序》:"王迁辟淫,良将是斥"。《赵世家·赞》:"吾闻冯王孙曰:'赵王迁,其母倡也,嬖于悼襄王。悼襄王废适子嘉而立迁。迁素无行,信谗,故诛其良将李牧,用郭开。'岂不缪哉!"藤田胜久指出,此赞表明"赵国灭亡的原因在于赵王迁用错臣下"。藤田胜久,《〈史记〉战国史资料研究》,前揭,页293。

④ 此意亦借冯唐之语而申明。《史记·张释之冯唐列传》记冯唐语文帝曰:"王迁立,乃用郭开谗,卒诛李牧,令颜聚代之。是以兵破士北,为秦所禽灭。"

《赵世家》对应，司马迁从君臣关系的角度探讨了赵败亡的
内部原因，使战国末期赵的衰亡轨迹更加清晰。据《史记》，
司马迁不只将君臣关系视为赵一国灭亡的重要因素，其余五
国中，如屈原之见斥于楚、信陵君之见疑于魏、韩非之不用于
韩、乐毅之受疑而离燕，在他看来，也都或多或少从各国内部
解释了其最终为秦所吞并的结局。①

　　秦汉之间，天命转移主要体现在秦亡而楚兴、楚亡而汉
兴。汉人常引秦以为鉴戒，关于秦亡的原因和教训议论颇多，
司马迁作《秦始皇本纪·赞》即推贾谊之言并录其《过秦论》
以显秦败亡之由，②明确指出君臣相蔽相隔是秦亡的一大原
因，并通过《李斯列传》、《蒙恬列传》与《秦始皇本纪》二世时
期的对应叙述，证明其判断之有据。至于楚亡而汉兴，则是
刘、项相争的结果。《史记》中，刘、项均列入本纪。《项羽本
纪》无世家、列传直接对应；与《高祖本纪》对应的世家、列传，
所叙人物大都是有助高祖灭项羽定天下之功——这也是他们

_____

　　① 《史记·太史公自序》中，司马迁序《楚世家》曰"怀王客死，兰
咎屈原；好谀信谗，楚并于秦"；序《魏世家》曰"既疑信陵，诸侯罢之；卒
亡大梁，王假厮之"；序《韩世家》曰"疑非不信，秦人袭之"。另按《燕世
家》和《乐毅列传》，燕昭王招募贤者、国家殷富，用乐毅为上将军，攻陷
齐国临淄，是燕中兴之时，后燕惠王疑乐毅而解其任，齐旋即收复失地，
燕国势转衰。关于此问题，可参藤田胜久，《〈史记〉战国史资料研究》，
前揭，页392、354、326、438。

　　② 今见《史记·秦始皇本纪·赞》在《过秦论》下篇后还接以《过
秦论》上篇，不过论家多以为是后人窜入。李慈铭曰："因校《贾子》遂
并校《史记·秦始皇本纪》。王氏鸣盛谓赞中所载《过秦论》上篇'秦孝
公据殽函之固'至'攻守之势异也'，为后人所羼入，此徐广注可据，其
说是也"（李慈铭《越缦堂读书记·史部·史记》）。

进入世家、列传的主要依据(见《史记·太史公自序》)。高祖功臣中,有一些重要人物——如韩信(淮阴)、陈平、英布——事汉之前为楚臣,其命运起伏最能说明刘、项二人在用人之道上的高下。《陈丞相世家》载陈平自道其去楚归汉之故曰:"项王不能信人,其所任爱,非诸项即妻之昆弟,虽有奇士不能用,平乃去楚。闻汉王之能用人,故归大王。"《淮阴侯列传》也谓韩信"数以策干项羽,羽不用",后亡楚投汉而得拜大将。二传于二人投汉之后的谋略、战功描摹甚详,与《高祖本纪》所述楚汉战争阶段对应,补充解释了陈平用黄金离间楚君臣、韩信井陉破赵等重要事件,突出了人才在汉高争夺天下中的关键作用。其余高祖人臣传,如《留侯世家》、《樊郦滕灌列传》等,也均不同程度地照应《高祖本纪》相关部分,显示汉高君臣关系。不过,关于刘、项取士差异对楚汉战争结局的影响,司马迁已借刘邦之口揭出,似不必详论。《高祖本纪》曰:

> 高祖曰:"公知其一,未知其二。夫运筹策帷帐之中,决胜于千里之外,吾不如子房。镇国家,抚百姓,给馈饷,不绝粮道,吾不如萧何。连百万之军,战必胜,攻必取,吾不如韩信。此三者,皆人杰也,吾能用之,此吾所以取天下也。项羽有一范增而不能用,此其所以为我擒也。"

司马迁虽以为汉高起于布衣而取天下,乃是天命所定(见本书第二章第二节),但也指出,汉所以能一统天下,与此前秦等政权的兴亡一样，均可从其君臣关系、用人得失得到相当程度的解释。

古人所谓兴亡治乱之迹，不过是各姓各代递兴递废的历史。因此，稽成败兴坏之理，必然要包括对君主治政道术即君道的探讨，思考君主作为治政主导者，在君-臣政治结构中所应当遵循的行为、管理方式——这里的"应当"，显然是以得天下、治天下为基本价值指向。在古人，君道多与臣道相对而言。荀子曰"主道知人，臣道知事"（《荀子·大略》），明指君臣不同道，君道无为而臣道有为：①为君在能知贤才，即"以官人为能者也"（《荀子·王霸》），为臣在能为贤才，即"以自能为能者也"（《荀子·王霸》）。周秦诸子论君道（即主道、主术），略同于此——张舜徽对之已有精论，②不赘。西汉时去古未远，君道仍是学者常论的主题之一。董仲舒曾以天道比君道之聚贤无为，以地道比臣道之尽能竭智，与周秦诸子是同一主张（《春秋繁露·离合根》）。司马迁虽未就君道作直接的理论讨论，但前面关于《史记》纪传结构的对应叙述的分析已表明，他深知君道之要在知人这一前代学者

---

① 有为、无为就具体事务论。《荀子·解蔽》曰："农精于田而不可以为田师，贾精于市而不可以为贾师，工精于器而不可以为器师。有人也，不能此三技而可使治三官，曰：精于道者也，精于物者也。精于物者以物物，精于道者兼物物。故君壹于道而以赞稽物。壹于道则正，以赞稽物则察，以正志行察论，则万物官矣。昔者舜之治天下也，不以事诏而万物成。"

② 见张舜徽《道论通说》、《道论足徵记》。张舜徽，《周秦道论发微》，前揭。

所公认的治政道理,并借由史事编纂和叙事安排使这一道理具体生动且更有说服力。

君道为人君成治之术,其目的在治政实践;君道知人,意味着君知信臣下,善用其所长,令其竭智尽能且知无不言、言无不尽。[1] 就"言"一端讲,古人臣固有谋救、谏争之义,皆所以补君之缺、纠君之过。[2] 故在君而论,善纳臣下之谋、谏,是知人的体现,是君道的必有之义。司马迁在汉高人臣传中常寓此义。如张良止复六国之谏、刘敬都关中之谋、樊哙以赵高事激高祖之谏,[3]均显出高祖帝业成就之中有君道之用——后世谓高祖大度,或多以此言。司马迁于《刘敬叔孙通列传·赞》引俗语曰:"千金之裘,非一狐之腋也;台榭之榱,非一木之枝也;三代之际,非一士之智也。"明汉高所以能主天下,正在于其不自专其智,能得众贤之力。[4] 君主不专智而知人,则人臣可尽其知事之责,君臣各行其道,各守其职,如此便可以建立一种在特殊政治结构下良性互动的君臣

---

①　董仲舒曰:"为人臣者比地贵信而悉见其情于主,主亦得而财之,故王道威而不失。"(《春秋繁露·离合根》)

②　参《荀子·非相》:"故仁言大矣。⋯⋯起于下所以忠于上,谋救是也";《臣道》:"君有过谋过事,将危国家、殒社稷之惧也,大臣父兄有能进言于君,用则可,不用则去,谓之谏;有能进言于君,用则可,不用则死,谓之争;⋯⋯伊尹、箕子,可谓谏矣;比干、子胥,可谓争矣;⋯⋯"

③　参《史记·留侯世家》、《刘敬叔孙通列传》、《樊郦滕灌列传》。

④　金圣叹评点《刘敬叔孙通列传》曰"赞刘敬,是赞大汉",并于"语曰"至"信哉"下云"如此起,为汉作赞,非为二人作赞也",再于"智岂可专邪"下曰"为汉著语,不为娄(刘)生也"。张国光点校,《金圣叹批才子古文》,前揭,页286。

关系，即所谓"君臣合契"。① 虽然从理论上讲，君臣关系可以是一种人际间的交互关系，但事实上，君主常是决定君臣关系性质和模式的主导者。古人云："其主贤者，其臣之言直。"(《吕氏春秋·自知》)②司马迁亦尝表此意。按《刘敬叔孙通列传》，叔孙通仕秦，当二世问陈涉之反时，尤欺谀之以"此特群盗鼠窃狗盗耳，何足置之齿牙间"，后事汉，却能以死谏高祖之欲易太子；叔孙所以前后不一，是知高祖可谏而二世不可谏。③ 此亦可谓"进退与时变化"，司马迁引"大直若屈，道固委蛇"论叔孙通(《史记·刘敬叔孙通列传·赞》)，并非全是讥讽。君不守君道，则臣难尽臣道，君臣之际微妙如此，故司马迁曰："君道之御其臣下，固不易哉！"显欲为君人者戒。④ 可见，营造有益于治的君臣关系，根本上

---

① 吴兢《贞观政要·君臣鉴戒》："君臣本同治乱，共安危，若主纳忠谏，臣进直言，斯故君臣合契，古来所重。"

② 并参《韩非子·难一》："君有道，则臣尽力而奸不生；无道，则臣上塞主明而下成私。"

③ 《史记·刘敬叔孙通列传》："于是二世令御史案诸生言反者下吏，非所宜言。诸言盗者皆罢之。乃赐叔孙通帛二十匹，衣一袭，拜为博士。叔孙通已出宫，反舍，诸生曰：'先生何言之谀也？'通曰：'公不知也，我几不脱于虎口！'乃亡去，之薛，薛已降楚矣。"

故周斌据唐人赵蕤《长短经》卷二《臣行第十》引补正《刘敬叔叔孙通列传·赞》，认为今本《史记》关于叔孙通的赞语缺漏了以下两句："量主而行，前哲所韪"以及"古之君子，直而不挺，曲而不挠"，并有较详辨析。周斌，《〈史记·叔孙通传〉的真实旨趣与论赞脱误补正》，《史学月刊》，2004 年第 2 期。

④ 《史记·晋世家·赞》。此句前曰："晋文公，古所谓明君也，亡居外十九年，至困约，及即位而行赏，尚忘介子推，况骄主乎？灵公既弑，其后成、景致严，至厉大刻，大夫惧诛，祸作。悼公以后日衰，六卿专权。"明君不君则臣不臣。

取决于君道的运用。《史记》纪传结构所展现的盛衰成败中的各类君臣关系，其实反映了各代(国)君主御下治下之术的差异。司马迁从君臣关系的角度解释周末至汉两大政治变局，未尝没有据兴亡教训而重申君道的意图。

不过，司马迁关于君道知人的观点，虽然主要是藉周秦之际和秦汉之际的政权更替过程而表达，但在他看来，这两段时期中驭下有术而胜出的秦、汉两姓，其君臣关系都不足以垂范后世。按《史记》，战国末年，各国"务在强兵并敌"，皆趋谋诈权变，而秦尤甚。① 当是之时，天下游士无不抱富贵尊荣之志以干时君世主，②图强之君亦多以财利功名招揽贤才。③ 所谓君臣遇合，常是君臣同利。此一现实的君臣关系，其时韩非已言之甚晰："臣尽死力以与君市，君垂爵禄以与臣市，君臣之际，非父子之亲也，计数之所出也。"(《韩非子·难一》)④以"市"论君臣关系，犹言君臣以利合，而以利合者，利尽则交疏，故君臣之际不免有"鸟尽弓藏"之患。此商鞅、白起所以受诛而范雎、蔡泽所以请归相印。⑤ 战国君臣相市之习，至秦王政

① 《六国年表·序》。又，《樗里子甘茂列传·赞》："方秦之彊时，天下尤趋谋诈哉!"另，如《赵世家》等所示，秦取六国，多以黄金施离间之计。

② 可参《史记·苏秦列传》、《张仪列传》、《范雎蔡泽列传》等。

③ 可参《史记·秦本纪》孝公时期、《燕召公世家》昭王时期等。

④ 并参《韩非子·饰邪》："君以计畜臣，臣以计事君。君臣之交，计也。害身而利国，臣弗为也;害国而利臣，君不为也。臣之情，害身无利;君之情，害国无亲。君臣也者，以计合者也。"

⑤ 参《史记·商君列传》、《白起王翦列传》、《范雎蔡泽列传》。并参本书页180注1。

并天下称皇帝，便演为一统其尊于君的集权政制。① 至于秦汉
之际，司马迁借汉臣陈平、萧何、王陵、魏豹等人之口揭出，汉
王刘邦"慢而辱人"，待臣下常无君臣礼节仪度。虽是知人善
任，却未必能礼敬其人。② 刘邦所以能得士之助力，多在于其
能"与天下同利"（见《史记·高祖本纪》）——汉王君臣关系
的利益基础，张良已言之甚明，③非但不是秘密，且向为刘邦据
以吸引拉拢人才的关键所在。④ 君臣相贸，因利聚合，必然产
生一种带有博弈性质的君臣关系。在这种关系中，决定君臣
相处方式的，不可能是君臣道义，而往往是势力和利益需要。
由于君主常是绝对强势的一方，一种没有道义约束的君臣关
系本身就有沦入"尊君抑臣"模式的危险。汉高祖起于布衣，
以利道结交臣下，本亦势所难免，⑤可功成之后，未思匡正，且

---

①　关于此问题的较详议论，可参本章第二节第一部分。

②　《史记·陈丞相世家》记陈平谓刘邦曰："今大王慢而少礼，士
廉节者不来；然大王能饶人以爵邑，士之顽钝嗜利无耻者亦多归汉"；
《史记·淮阴侯列传》载萧何谏刘邦曰："王素慢无礼，今拜大将如呼小
儿耳"；《史记·高祖本纪》记高起、王陵之言曰："陛下慢而侮人，项羽
仁而爱人"；《史记·魏豹彭越列传》述魏豹语郦生云："今汉王慢而侮
人，骂詈诸侯群臣如骂奴耳，非有上下礼节也"。

③　《史记·留侯世家》载张良谏汉王复六国事曰："天下游士离其
亲戚，弃坟墓，去故旧，从陛下游者，徒欲日夜望咫尺之地。今复六国，
立韩、魏、燕、赵、齐、楚之后，天下游士各归事其主，从其亲戚，反其故旧
坟墓，陛下与谁取天下乎？"

④　关于这一点，《黥布列传》描摹如画："淮南王至，上方踞床洗，
召布入见，布大怒，悔来，欲自杀。出就舍，帐御饮食从官如汉王居，布
又大喜过望。于是乃使人入九江。"

⑤　由《留侯世家》中张良谏复六国语已可证。又，《淮阴侯列传》
载韩信谓刘邦曰："今大王诚能反其道：任天下武勇，何所不诛！以天下
城邑封功臣，何所不服！"并详韩信请假王与约分地后始会兵垓下之事。

袭秦制不改,遂陷秦政"尊君抑臣"之弊,延至汉武一世,便成痼疾,终致君道失落。司马迁既欲拨乱反正,就不得不面对这一问题了。

4.2 "尊君抑臣"与"君臣朋友"

司马迁究成败治乱之理,意在补救汉武治政之敝。在《史记》纪传结构所呈现的历代君臣关系中,汉武君臣关系是一个重点。通过叙述汉武人臣行状及其政治命运变迁,司马迁指明了汉武时期"尊君抑臣"而君道不明的治政疾患。前述周秦及秦汉间的兴亡经验虽已显示君道知人之要,但由于"尊君抑臣"的问题承秦而有,秦汉的君臣关系皆不堪效法,司马迁还必须求之于古,再申"君臣朋友"之义,纠自秦以降的君道之偏,意图使汉世君臣关系返于正道。

4.2.1 "尊君抑臣"

"尊君抑臣"首先是一个有关礼制的问题。《礼记·曲礼》云"君臣上下","非礼不定"。礼既有分,也有节。分则有君臣、尊卑、贵贱之别,节则君尊臣卑皆有其节度。司马迁论礼最重其"节",曰:"大路越席,皮弁布裳,朱弦洞越,大羹玄酒,所以防其淫侈,救其彫敝。"(《史记·礼书·序》)明礼为人性大防,即人君也不能出其节制范围;又云:"是以君臣朝廷尊卑贵贱之序,……事有宜适,物有节文。"(《史记·礼

书·序》）谓君臣上下，尊卑之分，均有礼定其度量分界：君
虽贵，不能恣其所欲，臣虽卑，不可驭之无礼。[1] 礼本有尊君
卑臣之义，然而各有其度；所谓"尊君抑臣"，不过指君之尊、
臣之卑均失其节度，以致君臣地位的上下尊卑之分趋于极
端。在司马迁看来，这个问题主要是秦统一天下之后产生
的。《礼书·序》曰：

> 至秦有天下，悉内六国礼仪，采择其善，虽不合圣
> 制，其尊君抑臣，朝廷济济，依古以来。至于高祖，光有
> 四海，叔孙通颇有所增益减损，大抵皆袭秦故。

方苞释曰："秦人以私意背天理，故不合圣人制礼之意；其尊
君抑臣，即所谓不合圣制者，而仪法则依托于古，称其朝廷济
济，以汉袭秦故，故不敢斥言其非也。"[2]秦始皇灭六国称帝
后，取消谥法，使子不得议父，臣不得议君，又除封建之制，独
尊君权（见《史记·秦始皇本纪》）。其时"卓绝在上不与士
民等夷者，独天子一人耳"，[3]是以章太炎谓秦政"贵擅于一
人"。[4] 如此等等，皆足发明秦制"尊君抑臣"之意。秦制尊

---

① 孔子曰："君使臣以礼，臣事君以忠。"《论语·八佾》
② 方苞《史记注补正》。引自杨燕起、陈可青等，《历代名家评〈史记〉》，前揭，页412。
③ 章太炎《秦政记》。汤志钧编，《章太炎政论选集》（上），北京：中华书局，1977。
④ 同上。

隆君权,势必降低臣的辅政地位,①导致君主行为缺乏来自臣下的劝谏约束,而"意得欲从"(《史记·秦始皇本纪》),故始皇、二世两代均有君骄臣谄的问题(见《史记·秦始皇本纪》《李斯列传》)。在司马迁而言,这多少可视为秦祚不能延久的原因之一。② 汉高继秦而兴,无寸土之凭而借诸臣之力夺取天下,其君臣同利,自然不能效秦而尽除分封之制,但其礼制"大抵皆袭秦故",后代君主亦未作修缮(见《史记·礼书·序》)。汉既袭秦制而定君臣礼仪,③从制度上讲,其君臣关系就很难免于"尊君抑臣"之患了。

由于缺乏礼制的引导和校正,君主对君臣关系的把握与定位在很大程度上便只能取决于其个人的治政理性。依司马迁之见,尊君而抑臣,始终是汉政之弊;从汉高至汉武,汉

---

① 《史记·秦始皇本纪》:"侯生卢生相与谋曰:'……博士虽七十人,特备员弗用。丞相诸大臣皆受成事,倚辨于上。上乐以刑杀为威,天下畏罪持禄,莫敢尽忠。上不闻过而日骄,下慑伏谩欺以取容。……天下之事无小大皆决于上,上至以衡石量书,日夜有呈,不中呈不得休息。"

② 《史记·秦始皇本纪·赞》引贾谊《过秦论》曰:"当此时也,世非无深虑知化之士也,然所以不敢尽忠拂过者,秦俗多忌讳之禁,忠言未卒于口而身为戮没矣。故使天下之士,倾耳而听,重足而立,拑口而不言。是以三主失道,忠臣不敢谏,智士不敢谋,天下已乱,奸不上闻,岂不哀哉!先王知雍蔽之伤国也,故置公卿大夫士,以饰法设刑,而天下治。其彊也,禁暴诛乱而天下服。其弱也,五伯征而诸侯从。其削也,内守外附而社稷存。故秦之盛也,繁法严刑而天下振;及其衰也,百姓怨望而海内畔矣。故周五序得其道,而千余岁不绝。秦本末并失,故不长久。"

③ 杜佑《通典》卷四十一"礼(序)"曰:"汉兴,天下草创,未遑立制,君臣饮醉争功,高帝患之。叔孙通草绵蕝之仪,救击柱之弊,帝说,叹曰:'吾乃于今日知为天子之贵也。'以通为奉常,遂定仪法,未尽备而通终。"是高祖时所定之礼主要为君臣礼仪。

诸帝之中几乎没有例外，唯程度不同而已。

汉高帝善纳忠谏，有知人得人之名，但司马迁指出，其君臣合契的关系并不稳定。《高祖本纪》"以平定天下为主。前半篇与项羽争天下也，后半篇削平反者以安天下也"。[①]《史记》高祖功臣列传的内容也多与《高祖本纪》的这一结构对应，通过各人于汉得天下前与后的命运转折显示汉高君臣关系的变化。司马迁述汉初以反名受诛的韩信（淮阴）、彭越、黥布，均先详其得遇高祖及佐高祖定天下之功，后叙其反，于韩、彭皆鸣其冤，[②]于黥布虽述其反行，但明其反因在疑韩、彭之祸及身。[③] 前后对照，司马迁揭高祖待臣下"兔死狗烹"之意了然。[④] 在他看来，高祖诛勇将以安天下，不过是其时君臣关系的表现之一。萧何固高祖故旧，又"素恭谨"，也不免于其猜忌（《史记·萧相国世家》）。司马迁叙《萧相国世家》，颇有深意。萧何为汉相，且号为汉初三杰之一，即便是"依日月之末光"（《史记·萧相国世家·赞》），其佐汉

---

　①　吴汝纶《桐城先生点勘史记》卷八。引自杨燕起、陈可青等，《历代名家评〈史记〉》，前揭，页359。

　②　关于此问题，可参本书页44注3。

　③　《史记·黥布列传》："令尹曰：'往年杀彭越，前年杀韩信，此三人者，同功一体之人也。自疑祸及身，故反耳。'"亦司马迁寓论断于序事之一例。凌约言曰："布先因信诛而心恐，后因越醢而大怒，故令尹曰'自疑祸及身'，深知布之心者。太史公叙事，前后脉络自贯。"（凌稚隆辑校，李光缙增补《史记评林》卷九十一引）

　④　《史记·淮阴侯列传》："上令武士缚信，载后车。信曰：'果若人言：狡兔死，良狗烹；高鸟尽，良弓藏；敌国破，谋臣亡。天下已定，我固当烹！'上曰：'人告公反。'遂械系信。"

之功亦非寥寥，但《萧相国世家》述其功勋相业简略，而详写高帝猜疑及萧何自脱之术凡三次，反复著明高帝君臣相疑相隔之态。汉初功臣中，萧何于汉至忠，①又为高帝亲举为"功人"第一，②尚遭疑忌，他人自不待言。③ 司马迁于高祖人臣传论赞中，一再叹息淮阴之受诛，谓汉诸臣多庸碌不足数，以稍见高祖清算功臣之后汉初人才之凋落。④ 惠帝时，吕太后

---

① 如荐韩信等事。又，《史记·萧相国世家》："何素不与曹参相能，及何病，孝惠自临视相国病，因问曰：'君即百岁后，谁可代君者？'对曰：'知臣莫如主。'孝惠曰：'曹参何如？'何顿首曰：'帝得之矣！臣死不恨矣！'"此古大臣之风。方苞谓萧何临终"举曹参以自代而无少芥蒂，则至忠体国可见矣"。刘季高点校，《方苞集》（上）卷二《书萧相国世家后》，前揭，页55。

② 《史记·萧相国世家》："高帝曰：'……今诸君徒能得走兽耳，功狗也。至如萧何，发踪指示，功人也。'""上已桡功臣，多封萧何，至位次未有以复难之，然心欲何第一。关内侯鄂君进曰：'……陛下虽数亡山东，萧何常全关中以待陛下，此万世之功也。今虽亡曹参等百数，何缺于汉？汉得之不必待全。奈何欲以一旦之功而加万世之功哉！萧何第一，曹参次之。'高祖曰：'善。'于是乃令萧何第一，赐带剑履上殿，入朝不趋。"

③ 徐与乔曰："夫帝之疑忌，必畅写之《郦侯世家》者，见忠如郦侯，而帝疑忌如此，盖隐为淮阴侯等鸣冤矣。"（徐与乔《经史辨体》之史部《萧相国世家》，引自杨燕起、陈可青等，《历代名家评〈史记〉》，前揭，页513）又，樊哙为高帝故人，功多，又吕后妹吕媭之夫，而《史记·陈丞相世家》记曰："燕王卢绾反，上使樊哙以相国将兵攻之。既行，人有短恶哙者。高帝怒曰：'哙见吾病，乃冀我死也。'用陈平谋而召绛侯周勃受诏床下，曰：'陈平亟驰传载勃代哙将，平至军中即斩哙头！'"

④ 《史记·萧相国世家·赞》曰："萧相国何于秦时为刀笔吏，录录未有奇节。及汉兴，依日月之末光，何谨守管籥，因民之疾秦法，顺流与之更始。淮阴、黥布等皆以诛灭，而何之勋烂焉。"从"录录未有奇节"、"依日月之末光"等语看，司马迁明显不甚许萧何之能。张高评《〈史记〉笔法与〈春秋〉书法》曰："勇略震主、功盖天下之韩信遭诛，勇同于魏豹彭越，能则过之之黥布以反诛；于是'碌碌未有奇节'之萧何，始成功臣，史公言外不无微辞。"张高评，《春秋书法与左传学史》，（转下页注）

主政,欲尊吕氏,诸朝臣皆自危。司马迁于《陈丞相世家·赞》云:"及吕后时,事多故矣,然平竟自脱,定宗庙,以荣名终,称贤相,岂不善始善终哉! 非知谋孰能当此者乎?"以见当时形势,人臣为得善终,不得不施智谋以求自保,何暇谋经国大业![1] 故陈平为相,不治事,"日饮醇酒,戏妇女",以释吕后之疑而免祸(《史记·陈丞相世家》)。袁黄曰:"张良辟谷,曹参湎于酒,陈平淫于酒与妇人,其皆有不得已乎? 其忧思深,其道周,其当吕氏之际乎?"[2]据《史记》,非止吕氏之际,自高帝诛功臣平乱之后,张良所为,也只有设计固太子之位一事,余时不过学辟谷以避世事,[3]而陈平则务于保身,至

又,《史记·曹相国世家·赞》曰:"曹相国参攻城野战之功所以能多若此者,以与淮阴侯俱。及信已灭,而列侯成功,唯独参擅其名。"《曹相国世家》述曹参战功,以"从"为主:从高祖,从韩信。储欣《史记选》卷三《曹相国世家赞》曰:"淮阴功高不赏,而萧、曹为汉室功宗,此子长所深惜者,于二赞俱显露其意。"引自杨燕起、陈可青等,《历代名家评〈史记〉》,前揭,页517。

又,《史记·樊郦滕灌列传·赞》曰:"吾适丰沛,问其遗老,观故萧、曹、樊哙、滕公之家,及其素,异哉所闻! 方其鼓刀屠狗卖缯之时,岂自知附骥之尾,垂名汉廷,德流子孙哉?"所谓"附骥之尾",与前引赞论相应,暗示诸人不过因人成事、因时成名而已。

[1] 王治皞论高帝之疑忌萧何,亦有是言:"人臣处此,救死不瞻,何暇图经国大业哉!"王治皞《史汉榷参》卷之上《萧相国》,引自杨燕起、陈可青等,《历代名家评〈史记〉》,前揭,页513。

[2] 韩兆琦《史记选注汇评·留侯世家》,前揭,页157。

[3] 参《史记·留侯世家》。张高评《〈史记〉笔法与〈春秋〉书法》曰:"如《留侯世家》,全篇言张良'病'者六,然'太史公曰'称'余以为其人,计魁梧奇伟',这侧笔几乎全盘否定正文的六处'病'字。而暗示张良之病,在看透刘邦之狠毒成性,预作防患全身之谋。"张高评,《春秋书法与左传学史》,前揭,页81。可备一说。

吕后崩始有诛诸吕之功(见《史记·陈丞相世家》)。这与司马迁惜淮阴不能"学道谦让"(《史记·淮阴侯列传·赞》)、叹彭越"独患无身"(《史记·魏豹彭越列传·赞》),其实一脉相承,皆指君臣之际失衡,君上随心所欲,待臣下全无君臣道义,令臣道暗昧不清,臣下莫知所从,唯自贬、自谦、自隐以求媚上取容,是君愈尊而臣愈卑。按司马迁所述,高帝、吕后承秦之敝,与民休息,使"天下晏然"(《史记·吕太后本纪·赞》),堪称贤主,①只缘猜疑防忌臣下,而致其不敢作为、不暇作为、不能作为,岂非"尊君抑臣"之效?

如学者所言,汉诸帝中,孝文帝最为司马迁所称道。其《孝文本纪》曰:

> 十三年夏,上曰:"盖闻天道祸自怨起而福繇德兴。百官之非,宜由朕躬。今祕祝之官移过于下,以彰吾之不德,朕甚不取。其除之。"

这与司马迁所述楚昭王、宋景公拒移灾祸于将相股肱之事相当(见《史记·楚世家》、《宋微子世家》),可见文帝以仁德临御臣下之志。关于文帝君臣关系,《张释之冯唐列传》摹写甚明。张释之为廷尉,断案屡逆上意,而文帝称是;冯唐论将

---

① 这只就吕后时治效而言,司马迁《史记·吕太后本纪·赞》也不掩其功。至于对吕后本人,司马迁当然有诸多微辞,可参《吕太后本纪》。

帅不知忌讳，而文帝悦纳，均显示二臣能尽忠言，文帝从谏若流，君臣之际略无间隔。《田叔列传》亦稍见此意。但司马迁于孝文君臣关系并非一味称许。《袁盎晁错列传》谓"袁盎亦以数直谏，不得久居中"，《屈原贾生列传》述贾谊谏封淮南王四子事并上疏言削诸侯事，文帝亦未能听用。比较明显的一例，是其治绛侯周勃反狱。按《绛侯周勃世家》，周勃功成自危，[1]"常被甲"，后有人上书告其欲反，文帝遂捕其下狱，后周勃贿狱吏而引公主为证，始得宽赦复爵。周勃之冤，《绛侯世家》已借薄太后之语明之："绛侯绾皇帝玺，将兵于北军，不以此时反，今居一小县，顾欲反邪！"是司马迁寓论断于序事之例。周勃有诛诸吕、立孝文之功，尚有避祸之虑，而文帝亦以浮言治之，其君臣之间可想而知。贾谊曾就周勃下狱一事上疏谕君臣之礼：

> 臣闻之，履虽鲜不加于枕，冠虽敝不以苴履。夫尝已在贵宠之位，天子改容而体貌之矣，吏民尝俯伏以敬畏之矣，今而有过，帝令废之可也，退之可也，赐之死可也，灭之可也；若夫束缚之，系緤之，输之司寇，编之徒官，司寇小吏詈骂而榜笞之，殆非所以令众庶见也。夫

---

① 《史记·绛侯周勃世家》："文帝既立，以勃为右丞相，赐金五千斤，食邑万户。居月余，人或说勃曰：'君既诛诸吕，立代王，威震天下，而君受厚赏，处尊位，以宠，久之即祸及身矣。'勃惧，亦自危，乃谢请归相印。上许之。……乃免相就国。岁余，每河东守尉行县至绛，绛侯勃自畏恐诛，常被甲，令家人持兵以见之。"

卑贱者习知尊贵者之一旦吾亦乃可以加此也,非所以习

天下也,非尊尊贵贵之化也。……

　　……故主上遇其大臣如遇犬马,彼将犬马自为也;

如遇官徒,彼将官徒自为也。……故古者礼不及庶人,

刑不至大夫,所以厉宠臣之节也。……遇之有礼,故群

臣自憙;婴以廉耻,故人矜节行。上设廉耻礼义以遇其

臣,而臣不以节行报其上者,则非人类也。……(《汉

书·贾谊传》)①

此处为贾谊《陈政事疏》中一节,讽文帝治狱无君臣之礼,虽

未直言"尊君抑臣",但悖弃"刑不至大夫"之古训,贬抑臣

节,其实就是君主骄恣的表现,故贾谊于疏中劝文帝"定经

制,令君君臣臣"(《汉书·贾谊传》),欲君为君而臣为臣,各

不失其宜。司马迁对礼亦有理解,见非不能及此,②其所谓

君臣朝廷尊卑之序当有宜适节文(《史记·礼书·序》),即

近于贾谊"君君臣臣"之意。不过,《史记》并未引载贾谊《陈

政事疏》。或许,从司马迁的质家立场看来,奖励臣节以正君

---

　　① 按:《贾谊传》于此疏后云:"是时,丞相绛侯周勃免就国,人有
告勃谋反,逮系长安狱治,卒亡事,复爵邑,故贾谊以此讥上。上深纳其
言,养臣下有节。是后大臣有罪,皆自杀,不受刑。"

　　② 参《报任安书》:"传曰:'刑不上大夫',此言士节不可不勉厉
也。"意同贾谊疏。至于其所谓"赐死之可也,灭之可也",则司马迁未
必以为然。这一点,不仅从《报任安书》论死生去就、谓死有泰山鸿毛之
别可知,由司马迁怪屈原之自沉曰:"以彼其材,游诸侯,何国不容,而自
令若是。"(《史记·屈原列传·赞》)亦可略见。

臣上下的说法，不仅会模糊质家不务进取教化的清静之旨，更有可能掩盖"尊君抑臣"现象所透显出的君权独尊、臣道衰落以及君臣道义式微等本质问题。在他而言，"尊君抑臣"意味着君-臣治政结构失衡，君主越出或不履行其"知人"的职守，使有"知事"之责的臣道丧失应有的活力。这在孝文帝之后的两代君主(尤其是武帝)的用人治政实践中表现得较为明显。

　　一般认为，司马迁《孝景本纪》、《孝武本纪》今已不存，故难以明了二纪的具体著述思路和意图。① 不过，仅据《史记》中景、武时期的人臣传记，也可窥知司马迁对二主君臣关系的基本评价。②

----

　　① 关于《史记》篇目亡佚问题，本书取张晏说，较详说明，可参本书第一章。按张晏，《景》、《武》两纪皆亡，今见《武纪》为褚先生补作；司马贞《史记索隐·太史公自序》指出，《景纪》取班固《汉书》补，而《武纪》专取《封禅书》。

　　又，《史记·太史公自序》述作《景》、《武》两纪之由曰："诸侯骄恣，吴首为乱，京师行诛，七国伏辜，天下翕然，大安殷富。作《孝景本纪》第十一。汉兴五世，隆在建元，外攘夷狄，内脩法度，封禅，改正朔，易服色。作《今上本纪》第十二。"皆歌功颂德之言，与《史记》涉及二君的相关叙述不符，不足据以理解司马迁作二纪的思路和意图。

　　② 人臣传记以外，年表也可见汉武君臣之际。如《史记·高祖功臣侯者年表·序》曰："余读高祖侯功臣，察其首封，所以失之者，曰：异哉所闻！《书》曰'协和万国'，迁于夏、商，或数千岁。盖周封八百，幽厉之后，见于《春秋》。《尚书》有唐虞之侯伯，历三代千有余载，自全以蕃卫天子，岂非笃于仁义，奉上法哉？汉兴，功臣受封者百有余人。……至太初，百年之间，见侯五，余皆坐法殒命亡国，耗矣。罔亦少密焉，然皆身无兢于当世之禁云。居今之世，志古之道，所以自镜也，未必尽同。帝王者各殊礼而异务，要以成功为统纪，岂可緄乎？观所以得尊宠及所以废辱，亦当世得失之林也，何必旧闻？"查《高（转下页注）

《史记》所叙景帝人臣,多历仕文、景、武三代或其中二代,借由考察他们于各君治政期间的命运起伏,可见景帝君臣关系的特点。按《袁盎晁错列传》,晁错事文、景两朝,至景帝时始贵。该传先详景帝祖护晁错擅凿庙垣为门一事以显其贵宠,再述景帝用窦婴、袁盎之说斩晁错,欲以息七国之叛,最后借邓公之语明晁错之冤。晁错"为人陗直刻深"(《史记·袁盎晁错列传》),本非司马迁所喜,但其削诸侯之议得礼"正名"之旨,①且又以忠受诛,故《史记》一再致痛惜之意。② 通过晁错盛衰之际的瞬息万变,可照见景帝君臣之间的微妙难测。③《张释之冯唐列传》则详文帝而略景帝,但于二君对照最明。按该传,张、冯二臣,如前所述忠直敢言,

---

(接上页注)祖功臣侯者年表》,高祖功臣受封者一百四十三人,自高祖诛功臣起,历孝惠、吕后、孝文、孝景诸帝,至汉武太初仅见侯五,余皆亡国,其中很大一部分坐酎金失侯于汉武时。此司马迁所以云"罔亦少密焉"、"帝王者各殊礼而异务,要以成功为统纪"。于此方苞论之甚详:"汉武以列侯莫求从军,坐酎金失侯者百余人,迁不敢斥言其过,故微词以见义,言古之道,笃于仁义以安勋旧,而今任法刻削,不同于古,帝王殊礼异务,各以自就其功绪,岂可混而一之乎? 刺武帝用一切之法以侵夺群下,而成其南诛北讨之功也。"方苞撰《史记注补正》,引自杨燕起、陈可青等,《历代名家评〈史记〉》,前揭,页398。

　① 参《史记·礼书·序》,并参本书第三章第二节第二部分。
　② 参本书页97注2。
　③ 《史记·袁盎晁错列传》记晁错之诛曰:"上令晁错衣朝衣斩东市。"此句意味深长,见其君臣之际凉薄险诡。戚学标释云:"错父死,必衰绖不入朝,而反者以诛错为名,景帝入袁盎、窦婴之谗,亦谓错首祸,冀诛之得罢兵,犹恐错缟服临刑而人不信,特令衣朝衣,使众知其为错,即其斩东市,亦似东面以谢吴,与凡言弃市者不同也。"戚学标《鹤泉文钞续选》卷八,引自杨燕起、陈可青等,《历代名家评〈史记〉》,前揭,页655。

与文帝相得无间，但至孝景一世却碌碌无为。"张廷尉事景帝岁余，为淮南王相，犹尚以前过也。久之，释之卒。其子曰张挚，字长公，官至大夫，免。以不能取容当世，故终身不仕"；"景帝立，以唐为楚相，免"。冯唐之免、张廷尉之不得志，未尝不与其忠直不知忌讳有关。文、景君臣关系之别，一至于此。这一点，从《史记》叙平定吴楚之反的名将周亚夫，明其所以见重于文帝，以及所以见疏于景帝以致入狱饿死，亦可得证。①

《史记》指出，从汉高至景帝，无一代君主能不使人臣思虑明哲保身之术。臣下恐惧自危，犹是对"尊君抑臣"形势的一种消极反应，但人本有趋利避害的天性，避害既久，则知利之所在：学道谦让以自保，何如适顺上意以取容？故武帝一朝，如司马迁所言，多谄媚佞幸之臣，②并不足怪。君骄臣

① 按《史记·绛侯周勃世家》，文帝观条侯周亚夫治军之谨严不为天子易，而拜其为中尉并嘱景帝重用。景帝时，周亚夫有平吴楚反之功，渐迁为丞相，后因驳景帝封皇后兄为侯之议而见疏。在司马迁看来，周亚夫虽不学无术，但终以反名饿死狱中，实肇于谏阻封皇后兄事，《周勃世家》末曰："条侯果饿死。死后，景帝乃封王信为盖侯。"二事缀言，其旨可见。司马迁论赞责条侯"足己而不学"，犹如叹淮阴不"学道谦让"（《淮阴侯列传·赞》），俱是惋惜之意。又，方孝孺读《绛侯周勃世家》，谓景帝"欲封其后之兄，而亚夫不从，其心固有杀亚夫之端矣，特未得其名耳"，认为"景帝罪之者私恨也"。方孝孺《逊志斋集》卷五《条侯传论》，引自杨燕起、陈可青等，《历代名家评〈史记〉》，前揭，页 523。

② 《史记·平准书》："汤（张汤）奏当异（颜异）九卿见令不便，不入言而腹诽，论死。自是之后，有腹诽之法比，而公卿大夫多谄谀取容矣。"据此，武帝时的法令（如沮诽之法）当是其时谄谀风气的一大原因。不过，本书仅论武帝君臣关系之特点，而不究其缘由。

谄不过是"尊君抑臣"的一种相对"积极"的表现形式。

　　司马迁所记汉武人臣中,除汲黯知事敢谏之外,余皆罕能担当臣道的要求。按《汲郑列传》,汉武虽以为汲黯近古"社稷之臣",但不能任用。汲黯先"以数切谏,不得久留内,迁有东海太守",后因谏伐匈奴事,兼诋儒生、斥酷吏,使武帝不悦,而徙为右内史,后又谏武帝酷法而归隐,最终居淮阳为太守,不得与闻朝廷之议。尚镕论曰:"自汲黯弃居郡,汉廷无直臣,武帝益纵欲妄行矣。迁所以思而作传也。"[1]司马迁固重汲黯,[2]汲黯亦固有"正衣冠立于朝廷,而群臣莫敢言浮说"之德能(《史记·太史公自序》),然叙其贤而屡迁,不得重用,正可见汉武治政用人之失,与《史记》以传释纪、以人臣命运盛衰证君主得失的思路完全相应,故汲黯之入列传,未必源于司马迁褒美之愿。不过,按《史记》,汲黯以外,当时重臣中确无忠直能谏之人,至多不过恭谨而已。《万石张叔列传》重点述万石君一家仕途命运,明"谨"字为其家持身之宝。万石之子石建、石庆皆仕于武帝时。《万石张叔列传》曰:

　　　　建为郎中令,事有可言,屏人恣言,极切;至廷见,如不能言者。是以上乃亲尊礼之。

---

　　①　尚镕《史记辨证》卷十《汲郑列传》。引自杨燕起、陈可青等,《历代名家评〈史记〉》,前揭,页696。
　　②　牛运震曰:"汲黯乃太史公最得意人,故特出色写之。"牛运震《史记评注》卷十一,同上,页695。

　　制诏御史:"万石君先帝尊之,子孙孝,其以御史大
夫庆为丞相,封为牧丘侯。"是时汉方南诛两越,东击朝
鲜,北逐匈奴,西伐大宛,中国多事。天子巡狩海内,修
上古神祠,封禅,兴礼乐。公家用少,桑弘羊等致利,王
温舒之属峻法,兒宽等推文学至九卿,更进用事,事不关
决于丞相,丞相醇谨而已。在位九岁,无能有所匡言。

武帝之世,人臣命运多有起伏,万石一家波澜不兴,其来有
自。石建不面折廷争,故得武帝亲尊,石庆也因"醇谨"乃得
以丞相终,均显明其时人臣谨慎之效。但按上引文,石庆为
相之年,正值"中国多事",征伐四出,封禅、兴利、酷法也均
是弊政,而其不与决政事,不过醇谨充位而已,殊失丞相"上
佐天子理阴阳,顺四时,下育万物之宜,外镇抚四夷诸侯,内
亲附百姓,使卿大夫各得任其职"(《史记·陈丞相世家》载
陈平语)之责。上引文谓石庆"在位九岁,无能有所匡言",
显是微讽。司马迁引孔子"君子欲讷于言而敏于行"评万石
一家(《史记·万石张叔列传·赞》),并含褒刺,既称其"不
言而躬行"(《史记·万石张叔列传》),更有讥其讷于进言、
有违臣道之意。但石庆"讷于言",除秉性谨慎外,未尝没有
隐衷。《万石张叔列传》述其"尝欲请治上近臣所忠、九卿咸
宣罪,不能服,反受其过,赎罪",此后更无所作为。这暗示,
石庆为相庸碌,无建言匡正,多少也是慑于武帝之威。其一
生恭谨,偶一勃发有为之志,便陷于罪,可知当时武帝朝廷,

人臣唯拱手无事，方能保立身不败。君之骄尊、臣之卑抑，略见一斑。

故按司马迁，武帝一朝，人才乏善可陈，重臣多唯唯碌碌。于此《张丞相列传》甚有意味。此传述汉高至武帝时的相才，以每况愈下之势，显示汉诸帝君臣关系的变化，其中可见武帝的用人标准。汉高时有周昌，"为人强力，敢直言"，既能以"桀纣之主"讽高帝，并切谏高帝之欲废太子，又能抗吕后之威而护赵王如意；孝文、孝景时有申屠嘉，"为人廉直，门不受私谒"，尝以怠慢之礼痛责文帝宠臣邓通，而文帝不怪，至孝景时则"所言不用"，欲法办晁错而为景帝所免，致呕血而死，君臣之际稍逊。此后诸人，《张丞相列传》均不详述，而曰：

> 　　自申屠嘉死之后，景帝时开封侯陶青、桃侯刘舍为丞相。及今上时，柏至侯许昌、平棘侯薛泽、武彊侯庄青翟、高陵侯赵周等为丞相。皆以列侯继嗣，娖娖廉谨，为丞相备员而已，无所能发明功名有著于当世者。

可见，司马迁详叙汉相才所以不及武帝时，在于其时诸相均碌碌无为，不足传述。丞相之位至重，当为国家股肱，而武帝所择相，皆持整廉谨而无他能，①未曾有可称著于当世的政

---

① 　司马贞《史记索隐·张丞相列传》释"娖"曰："小颜云'持整之貌'。汉书作'龊'"，"义如《尚书》'断断猗无他技'"。

绩功业，不过充位而已，与前述石庆"无他大略"（《史记·万
石张叔列传》）、唯以审谨持身为相是同一类型。司马迁述
武帝所任重臣，总突出一个"谨"字。《卫将军骠骑列传》：

> 大将军曰："青幸得以肺腑待罪行间，不患无威，而
> 霸说我以明威，甚失臣意。且使臣职虽当斩将，以臣之
> 尊宠而不敢自擅专诛于境外，而具归天子，天子自裁之，
> 于是以见为人臣不敢专权，不亦可乎？"
>
> 大将军为人仁善退让，以和柔自媚于上，然天下未
> 有称也。

《张释之冯唐列传》载冯唐论将帅曰："上古王者之遣将也，
跪而推毂，曰阃以内者，寡人制之；阃以外者，将军制之。军
功爵赏皆决于外，归而奏之。"而卫青治军，则以恭谨为主，赏
罚皆奏归天子自裁，力避专权之嫌，示人臣不敢自擅之意。
司马迁既赞冯唐的将帅之论（《史记·张释之冯唐列传·
赞》），在他看来，卫青为将之谦抑愿谨，就显然与古名将之
敢任敢决相去太远。上引文谓大将军卫青"以和柔自媚于
上"，当承此言，讽其以人主之意为虑，而失古来治军之道。①
《卫将军骠骑列传·赞》亦云：

---

① 司马迁叙名将，一再述其"将在军，君令有所不受"的治军之
道。参《史记·司马穰苴列传》、《孙子吴起列传》、《绛侯周勃世家》。

苏建语余曰："吾尝责大将军至尊重，而天下之贤大夫毋称焉，愿将军观古名将所招选择贤者，勉之哉。大将军谢曰：'自魏其、武安之厚宾客，天子常切齿。彼亲附士大夫，招贤绌不肖者，人主之柄也。人臣奉法遵职而已，何与招士！'"骠骑亦放此意，其为将如此。

此处责卫、霍二将不能学古名将招选贤者，再示其与古名将之差距。"其为将如此"一语，显然涵有不甚称许的意味。不过，卫青谢苏建之语，一方面表现了其恭谨性格，另一方面也表明，居武帝之朝，不可能效古名将之风，武帝于臣下防范甚严，除"谨"一途，人臣何以自保自全？《史记·佞幸列传》尝谓卫、霍近于佞幸，学者多以为是苛论。[1] 卫、霍本将才，司马迁以古名将为参照，由二人谨慎自持、适顺上意而目之为取媚、佞幸，或不免予人责贤者备的印象。但《佞幸列传》开篇即引谚曰："力田不如逢年，善仕不如遇合。"明佞幸之患，根在于君：唯君好佞而臣善媚，两相遇合，始生佞幸。[2]

---

[1]　王治皞《史记权参》卷之七《卫将军骠骑》曰："两人固将才，规其辞令布置，则其成功非幸也，一时制胜，必有可观。史特不快武帝穷兵，并没其事，若目为佞幸也者，意亦苛也。"引自杨燕起、陈可青等，《历代名家评〈史记〉》，前揭，页679。

[2]　郝敬曰："读斯传（《史记·佞幸列传》）者，务清君心，养君德，至谓'力田不如逢年，善仕不如遇合'，几于诲佞矣。"郝敬《史记愚按》卷四，同上，页719。

　　另，《佞幸列传》记高帝、惠帝、文帝、景帝、武帝时宠臣，可视为显示汉初君臣关系之一例。

故司马迁评卫、霍佞幸，亦兼寓意汉武。循此，《卫将军骠骑列传》讥卫、霍谨慎以迎上意，未尝不是暗讽武帝自专以抑臣下。[①] 人臣之谨抑，正以衬君主之骄肆，君过骄则臣谄媚。[②] 在司马迁看来，君骄臣谄，正是武帝时代一种有代表性的君臣关系模式。《酷吏列传》所述汉武酷吏，多阿武帝之意决狱，如张汤，"主意所不欲，因而毁之；主意所欲，因而誉之"（《史记·汲郑列传》），颜异腹诽之诛，即是其谄媚之作，[③]而杜周更明言人主之意即法，[④]直视国家律法为法吏谀上的工具。至于武帝所重儒相公孙弘，司马迁亦评为阿世取容。[⑤]《平津侯主父列传》述公孙弘行事，指其"不肯面折庭争"，"尝以公卿约议，至上前，皆倍其约以顺上旨"。《史记》一再将他与汲黯对照，谓二人请间同武帝私议，"汲黯先发之，弘

---

① 施丁指出，司马迁认为西汉早期官场从谀、醇谨、贪酷等风气的源头在君主。施丁，《司马迁写西汉官场风气》，《史学史研究》，2001年第 1 期。

② 参《吕氏春秋·君守》："凡奸邪险陂之人，必有因也。何因哉？因主之为。人主好以己为，则守职者舍职而阿主之为矣。"

③ 按《史记·平准书》，汉武造白鹿皮币，而大农颜异以为"本末不相称"，故"天子不说"，后张汤寻隙以腹诽论其死。司马迁曰："自是之后，有腹诽之法比，而公卿大夫多谄谀取容矣"，明指颜异之诛，源于驳武帝造皮币事，而张汤治之，显是迎合上意。

④ 《史记·酷吏列传》："客有让周曰：'君为天子决平，不循三尺法，专以人主意指为狱。狱者固如是乎？'周曰：'三尺安出哉？前主所是著为律，后主所是疏为令，当时为是，何古之法乎！'"

⑤ 《史记·汲郑列传》载汲黯"面触弘等徒怀诈饰智以阿人主取容"；唐顺之曰："此传（《平津主父列传》）暗以'曲学阿世'四字摹写平津侯，极得其髓。"（唐顺之撰《唐荆川精选批点史记》卷二，引自杨燕起、陈可青等，《历代名家评〈史记〉》，前揭，页 682）

推其后,天子常说,所言皆听,以此日益亲贵"(《史记·平津侯主父列传》),暗示公孙弘为吏作风与汲黯之直言敢谏、数触武帝之怒相反,并借淮南王之口讥公孙弘无节守:"(汲黯)好直谏,守节死义,难惑以非;至如说丞相弘,如发蒙振落耳"(《史记·汲郑列传》)。① 据前述司马迁关于武帝征四夷的治政观点来看,公孙弘并非不知政事,他曾出使匈奴,因所报不合上意而免归,后又数谏通西南夷、置沧海、筑朔方之事,可见他并不赞成武帝"罢敝中国以奉无用之地"(《史记·平津主父列传》);其后来所以同意筑朔方,愿"专力事匈奴"(《史记·西南夷列传》),在司马迁看来,完全是由于"不敢逆上",②淮南王"如发蒙振落"一语,果然不虚。司马迁《平津侯主父列传·赞》曰:"公孙弘行义虽修,然亦遇时。""然"字作一转折,谓公孙弘因"遇时"而至相位,显无称美之意,而指其恰逢武帝之时,以谦顺、智诈侍奉骄主,③君尊而臣抑,故能遇合。"遇时"一说,兼论平津、汉武,并使前

---

① 又,《史记·淮南衡山列传》:"说丞相下之,如发蒙耳。"

② 《史记·平津主父列传》:"弘数谏,以为罢敝中国以奉无用之地,愿罢之。于是天子乃使朱买臣等难弘置朔方之便。发十策,弘不得一。弘乃谢曰:'山东鄙人,不知其便若是,愿罢西南夷、沧海而专奉朔方。'上乃许之。"裴骃《史记集解·平津主父列传》引韦昭释"发十策,弘不能得一"云:"以弘之才,非不能得一也,以为不可,不敢逆上耳。"参照《史记》他处对公孙弘的描述评说,韦说当是。

③ 《史记·平津侯主父列传》:"弘为人意忌,外宽内深。诸尝与弘有郤者,虽详与善,阴报其祸。杀主父偃,徙董仲舒于胶西,皆弘之力也。"又,《汲郑列传》:"而黯常毁儒,面触弘等徒怀诈饰智以阿人主取容"。

者行义之修光彩不显:既已失丞相职守,虽有节俭之德,也不能挽救颓俗,①更无补于其臣道之缺。

某种意义上,臣道缺失,正是君道衰落的反映。古人论君道,"重在任人而不任智"。② 君道知人而授臣以政,臣道知事而自效其能,两相配合,乃成治道。《张释之冯唐列传》载冯唐论将,谓古君主"委任而责成功",令臣下得尽智能。此论深得君道之本,与前述司马迁以《史记》纪传结构所表现的君道知人同旨,并突出了君道"不以事自任"(刘劭《人物志·流业篇》)的特点。但如洪迈所见,武帝自恃雄才,"政自己出","辅相之任,不甚择人,若但使之奉行文书而已"(《容斋续笔》卷十"汉武留意郡守"条)。这可说明武帝所用重臣,何以多是恭谨、顺媚之人。唯人臣唯诺而不用智,君主始能畅行己意。从君道-臣道的观点看,武帝不求贤才,"政自己出",是君兼臣职,以一人之智夺众人之智,既自失君道,又使臣失臣道。这于治政之害,司马迁已从当时征伐、兴利、酷法等弊政上揭出:诸政之行,正由于武帝专智,而将相近臣或迎合傅会、或顺承上意不敢谏。由前面司马迁的相关记述议论可知,汉武时君道臣道并失的治政局面,是入汉以来"尊君抑臣"的君臣关系演至极端而必然产生的一个结果。在他而言,"尊君抑臣"不止有关君臣道义,更是一个必

---

① 《史记·平准书》:"公孙弘以汉相,布被,食不重味,为天下先。然无益于俗,稍骛于功利矣。"

② 张舜徽,《周秦道论发微·道论足徵记》,前揭,页79。

然涉及君道振兴的现实治政问题。

4.2.2　"君臣朋友"

据五伦之别,君臣、朋友各为一伦,君臣之义与朋友之义绝不等同。这是在"理"的层面上区分。但"理"必于"事"上体现,而"事"不必尽同。在"事"即具体关系的层面,自古就有"君臣朋友"之说。《诗·大雅·假乐》颂美周天子,曰:"受福无疆,四方之纲。之纲之纪,燕及朋友。"《毛传》释曰:"朋友,群臣也"。朱熹说近是。① 另如《大雅·既醉》"朋友攸摄,摄以威仪"、《抑》"惠于朋友,庶民小子",亦皆指群臣同于"朋友"。② 可知君臣之间称"朋友",实本于古义。③ 郭店楚简《语丛三》云:"友,君臣之道也",④明君臣当以"友"处;"君臣朋友",谓君臣相待以朋友之道。先秦人多知此义。《庄子·德充符》述鲁庄公告闵子曰:"吾与孔丘非君臣也,德友而已矣。"是以为孔子能助益君德,如良友以善相谕,故视之为"友"。《韩非子·外储说左下》:"文王伐崇,至凤黄虚,袜系解,因自结。太公望曰:'何为也?'王曰:'君与处皆其师,中

---

① 　朱熹释"燕及朋友"曰:"燕,安也。朋友,亦谓诸臣也。"引自金启华,《诗经全译》,前揭,页689。

② 　郑玄笺《既醉》"朋友攸摄"云:"朋友,谓群臣同志好者也。"(郑玄笺《毛诗》卷十七)又,郑玄笺《毛诗》卷十八,《抑》"惠于朋友"之"朋友"指"诸侯",此义从"朋友"与"庶民小子"连言也可推知。

③ 　吕思勉,《吕思勉读史札记》(上),前揭,页250。

④ 　李零,《郭店楚简校读记·父无恶〈语丛三〉》,北京大学出版社,2002。

皆其友，下尽其使也。今皆先王之臣，故无可使也。'"亦明君臣间有师友之道。又，《荀子·尧问》记吴起谏魏武侯，谓楚庄王谋事而当，却忧不得贤臣为师友。《吕氏春秋·察贤》谓魏文侯以田子方为友。先秦诸子好为寓言以晓谕事理，上述四事皆未必真，但至少说明，庄、荀、韩等诸子均知古君臣相友之义。"君臣朋友"，并非只是学者自矜自荐之词，亦有其现实根据。[①] 如晋文公即有"友故旧"之称（《国语·晋语四》），燕昭王也用郭槐"帝者与师处，王者与友处"之说而招宠天下贤士（《战国策·燕一》）。至唐初，唐太宗尤有"臣下有谠言直谏，可以施于政教者，当拭目以师友待之"之语（吴兢《贞观政要·政体》）。可见"君臣朋友"之义的流传。

在古人，君臣之间既有尊卑上下之分，也有朋友相善之道。尊卑是名分，朋友是关系，二者并不矛盾：上下之分不碍君臣相与为友，朋友之道不掩君臣贵贱之别。此义孟子论之甚详。《孟子·万章下》：

> 万章问曰："敢问友。"孟子曰："不挟长，不挟贵，不挟兄弟而友。友也者，友其德也，不可以有挟也。孟献子，百乘之家也，有友五人焉：乐正裘，牧仲，其三人则予忘之矣。献子之与此五人者友也，无献子之家者也。此五人者，亦有

---

① 吕思勉认为，自古有君臣为友之俗。参吕思勉《吕思勉读史札记》（上），前揭，页250—251。

献子之家,则不与之友矣。非惟百乘之家为然也,虽小国之君亦有之。费惠公曰:'吾于子思则师之矣,吾于颜般则友之矣。王顺、长息,则事我者也。'非惟小国之君为然也,虽大国之君亦有之。晋平公之于亥唐也,入云则入,坐云则坐,食云则食。虽蔬食菜羹,未尝不饱,盖不敢不饱也。然终于此而已矣。弗与共天位也,弗与治天职也,弗与食天禄也。士之尊贤者也,非王公之尊贤也。舜尚见帝,帝馆甥于贰室,亦飨舜,迭为宾主,是天子而友匹夫也。用下敬上,谓之贵贵;用上敬下,谓之尊贤。贵贵、尊贤,其义一也。"

孔子曰"无友不如己者"(《论语・学而》),意指"友所以辅仁"。[1] 上引文"友也者,友其德也",与此同义。"君臣朋友",表明君臣互视对方为友,不过,由于君以上临下,以尊友卑,中国士人又多怀知遇之想,君臣之间的朋友关系就常常取决于君主对待臣下的行为态度。故上引文所举皆君主友臣之例;"君臣朋友",主要是君主如何与臣下为友的问题。君主欲友臣下,使其辅己进于有德、助己以成治业,必"不可以有挟也",不自矜其尊、不自恃其势,而当待以朋友之道。如晋平公之于亥唐,虽未及于帝尧以天子而友匹夫(舜)以致"与共天位",亦足见其下贤友贤之意。君主友臣下,本质

---

① 见朱熹注《论语・学而》"无友不如己者"。朱熹集注,陈戍国标点《四书集注》,前揭,页68。

上讲即是"尊贤"——这同样可用于理解古人君之师事贤才,如周文王立吕尚为师(见《史记·齐太公世家》)。"师"、"友"均有"尊贤"之意,不过示其程度有别而已。相较"师"之可遇而不可求,君臣为"友"之愿显然更为现实也更有普遍意义。据上引文,"尊贤"与"尊君"完全一致,二者可谐和统一于君臣朋友的关系中。朋友相敬,君臣亦然。臣"用下敬上,谓之贵贵",体现贵贱之序;君"用上敬下,谓之尊贤",体现贤贤之义。"贵贵"、"贤贤",是"君臣主敬"(《孟子·公孙丑下》)之两端,同是礼义之伦,①故上引文曰"其义一也"。可见"君臣朋友"之论,并未越出君臣之义的范围,更未抹平君尊臣卑的区分,不过特借"朋友"一道,突出君臣关系中君主重贤、"尊贤"之责,其中不乏褒美之意。

"君臣朋友"之说,不止流行于周秦之际,至汉初,学者仍有留意。贾谊谓"王者官人有六等","师"、"友"为其首,且云,"内相匡正,外相扬美者,谓之友","友至,则清殿而侍,声乐技艺之人不并见"。(贾谊《新书》卷八"官人")其于"君臣朋友"的见解,既突出了君为臣友的尊贤敬贤本旨,又直承先秦学者而申朋友的直、谅、扬美之义,②揭明臣为君友

① 《荀子·大略》:"亲亲、故故、庸庸、劳劳,仁之杀也;贵贵、尊尊、贤贤、老老、长长,义之伦也。行之得其节,礼之序也。"

② 《论语·季氏》:"孔子曰:'益者三友,损者三友。友直,友谅,友多闻,益矣。友便辟,友善柔,有便佞,损矣。'"又,《荀子·子道》:"故入而行不修,身之罪也;出而名不章,友之过也。故君子入则笃行,出则友贤,何为而无孝之名也!"

的相助相谏之道。另,公羊寿传《春秋》大义,亦曾用"朋友"喻君臣。《春秋公羊传·定公四年》以"朋友相卫"释吴王阖庐兴师伐楚为伍子胥复父仇,指"阖庐本以朋友之道为子胥复仇",①即是对先秦"君臣朋友"之义的阐发。

司马迁之时,去古未远,君臣相友之论未息,且他又广收"天下遗文古事"(《史记·太史公自序》),并有志于拨乱反正、欲图补救当时君臣关系之敝,于古人津津乐道的"君臣朋友"之说当有留意。《张释之冯唐列传·赞》:

> 太史公曰:张季之言长者,守法不阿意;冯公之论将率,有味哉!有味哉!语曰"不知其人,视其友"。二君之所称诵,可著廊庙。《书》曰"不偏不党,王道荡荡;不党不偏,王道便便"。张季、冯公近之矣。

此赞意味蕴藉,不易捉摸。《张释之传》主述张释之守法不阿上意,虽言其与条侯周亚夫等结为亲友,但意不在此,只是一带而过;据《冯唐传》,冯唐与文帝论古名将并申魏尚之冤,不过是就事论事,尽人臣推贤进士之力,而非本朋友相救之道脱魏尚于罪,况且传中亦未言及冯、魏相友之情。司马迁合二传为一,引俗语赞曰"不知其人,视其友",绝非就张

---

① 见何休注。公羊寿传,何休解诂,徐彦疏,《春秋公羊传注疏》,前揭,页563。

释之与条侯、或冯唐与魏尚而言,当另有所指。金圣叹评此句赞云"言岂复君臣,直是好友",①指司马迁以"友"描述称美汉文帝与张、冯之间的君臣关系。应是。《张释之冯唐列传》重在表现张、冯为臣犯颜直谏,汉文为君从谏若流。于此,历代论家多无异议,张鳌更谓此传"见文帝君臣如家人父子"。②"家人父子"一语,显出汉文君臣之际相得无间,意近"君臣朋友"。《张释之冯唐列传》既已著明文帝君臣如朋友相诤相善,司马迁在论赞中以"不知其人,视其友"揭出主旨,就很自然了。上引文先述张季、冯公在文帝前畅所欲言,后云"不知其人,视其友",犹谓不知其君视其臣,臣既谏君如谏友而无所避忌,其君可知;终归是叹美汉文帝"视臣如友"。③故上引赞末曰:"'不偏不党,王道荡荡;不党不偏,王道便便。'张季、冯公近之矣。"张季、冯公固良臣,但称"王道荡荡",殊不伦类。如金圣叹所见,司马迁引《尚书·洪范》"王道荡荡"等语,"盖叹汉文也",④正承前文褒汉文视臣如友而论,与《孝文本纪·赞》称其"德至盛"相应;张季、冯公曾得亲近明君而指点政事,谓其近见"王道荡荡",亦无不可。明了古人"君臣朋友"之说,上引论赞之意昭然。在汉

① 张国光点校,《金圣叹批才子古文·张释之冯唐列传赞》,前揭,页289。

② 凌稚隆辑校,李光缙增补《史记评林》卷一百二引。

③ 张国光点校,《金圣叹批才子古文·张释之冯唐列传赞》,前揭,页289。

④ 同上。

武"尊君抑臣"之弊日趋严重的情势下,司马迁褒美汉文帝君臣关系,重提古"君臣朋友"之道,明显具有特殊的现实意义。

按前所论,"君臣朋友",义同"尊贤",文帝待臣如友,即是蹈古人君"尊贤"之道。司马迁亦曾直言用贤在治政中的作用,《楚元王世家·赞》:

> 太史公曰:国之将兴,必有祯祥,君子用而小人退。国之将亡,贤人隐,乱臣贵。……贤人乎,贤人乎!非质有其内,恶能用之哉?甚矣,"安危在出令,存亡在所任",诚哉是言也!

在司马迁,"贤"所指甚广,不仅指德行,也多指才能,①因此,其尊贤之论,较前述孟子"贤贤"之义,显然更具有包容性。上引文谓"君子用而小人退"为"国之将兴"的祥兆,明示用贤尊贤的治政意义。但是,人君即使知晓用贤之理,若"非质有其内,恶能用之哉"?知而不能行,这才是用贤所以为难的关键所在。从君道的角度看,君主知贤且用贤尊贤,是君道知人的必有之义。因此,所谓"质有其内",当指人君的君道修养而言,换言之,指人君与臣下相交相契而使其竭智尽能

---

① 如《史记·越王勾践世家·赞》曰"勾践可不谓贤哉",《管晏列传》称管仲之贤,《孙子吴起列传》谓吴起贤人等,皆以才为"贤"。

的为君之德和才质。前揭汉文帝与张、冯二臣握手相商，犹
如朋友，得二人忠言以增己之明，[1]正是"质有其内"、具有君
道修养的表现。司马迁曾赞文帝君臣相友，此处又言"质有
其内"，其实是同一主意，皆为"尊贤"而发。这表明，他在有
意无意间，已将君道（知人）、"君臣朋友"、"尊贤"视为一事。
确实，三者本就如影相随、难以割裂，其中，"君臣朋友"作为
一种关系模式，在君-臣治政结构中最为根本，不仅反映君
德，也培养君德，导人君至于"尊贤"之境，具有端正君道之
效——三者的关系，从汉刘向《说苑》将郭槐劝燕昭王以师
友之道招求四方贤才一事纳入《君道》篇中，亦可得证。

如从前所论，司马迁评汉武治政，喜用《小雅·鱼藻》之
义，借称美汉初以讥刺当时。汉初诸帝中，汉文又最为其所
爱重，故《史记》述汉文德政常寓微意，暗中与武帝事相对
照。这于封禅事、兵事上均可见，[2]君臣关系方面当亦不能

---

① 参《史记·太史公自序》："守法不失大理，言古贤人，增主之
明。作《张释之冯唐列传》第四十二。"

② 《史记·孝文本纪·赞》："孔子言：'必世然后仁。善人之治国
百年，亦可以胜残去杀。'诚哉是言！汉兴，至孝文四十有余载，德至盛
也。廪廪乡改正服封禅矣，谦让未成于今。呜呼，岂不仁哉！"孝文谦让
未成而孝武大兴封禅之事，对照之意显然。沈作喆论《孝文本纪·赞》
曰："子长赞文帝汉兴四十余载，德至盛，廪廪乡改正服封禅矣，谦让未
成于今，而孝武初即位，未有德惠及民，便修鬼神之祀，公卿草巡禅，则
为不仁矣，此盖子长之微意也。"（沈作喆《寓简》卷三，引自杨燕起、陈
可青等，《历代名家评〈史记〉》，前揭，页363。）又，吴见思曰："此纪
（《孝文本纪》）通篇与武帝事对照，昔人所谓鱼藻之义也。"（吴见思撰
《史记论文》第二册《孝文本纪》，同前，页364。）

另，关于兵事的问题，可参《史记·律书》，并参本书第三章第四节。

例外。汉武时君骄臣谄之习可谓"君臣朋友"关系的反面，司马迁写孝文视臣如友之德，未尝没有申明君道、为当世树君臣关系榜样的意图。但如前所述，"尊君抑臣"的问题始终存于汉初治政之中，即孝文亦未能完全避免。在司马迁看来，孝文之待臣下，虽不无可颂美取法之处，但仍未尽君道之善，故还需追述古人君遇臣之道、为君之德，以见君道之大全。《乐书·序》：

> 太史公曰：余每读《虞书》，至于君臣相敕，维是几安，而股肱不良，万事堕坏，未尝不流涕也。成王作颂，推己惩艾，悲彼家难，可不谓战战恐惧，善守善终哉？君子不为约则修德，满则弃礼，佚能思初，安能惟始，沐浴膏泽而歌咏勤苦，非大德谁能如斯！

此序显有慕古伤今之意。按司马迁，武帝所任重臣，多谨诺之人，非但不能纠主过举，更以谀佞助之，当时诸项弊政，多成于此。上引文所谓"股肱不良，万事堕坏"，正是现实写照。司马迁亦尝切讽武帝时君道臣道之失，目击心慨，故每读《虞书》至"君臣相敕"等切时病之言，"未尝不流涕也"。"流涕"一语，道出他于当时君臣关系的关注与忧虑。君臣相与之际，君尊而臣卑，君主欲得人臣相友相助而善守善终，唯有审慎自持、自戒骄纵。此周成王所以作颂自警自勉。《诗·颂·闵予小子》："维予小子，夙夜敬止。"《敬之》："敬之敬之，天维显思。"皆明成王为君之"战战恐惧"。① 古人诗、乐同体，按司马迁《乐书·序》，成王颂所蕴之戒惧谨慎，正得制乐本旨："凡作乐者，所以节乐。君子以谦退为礼，以损减为乐，乐其如此也。"故上引文引成王作颂自戒以申明，乐以节制为正。"夫乐者，乐也"（《荀子·乐论》），人君谦抑谨慎，何以为乐？荀子曰："乐在宗庙之中，君臣上下同听之，则莫不和敬"（《荀子·乐论》）。"和敬"则近于朋友，孔子云"乐多贤友"，②君臣相友相善，焉能不乐？故齐景公悦纳晏婴之谏，而思闻"君臣相说（悦）之乐"（《孟子·梁惠王下》）。③ 乐与君臣之际相通，可见上引文既是论乐，也是论君臣关系。司马迁于《乐书·序》首特别揭出《虞书》"君臣相敕"之义，即是宣明古人制乐听乐之道。《虞书·益稷》：

> 禹曰："都！帝，慎乃在位。"帝曰："俞！"禹曰："安汝止，惟几惟康。其弼直，惟动丕应。徯志以昭受上帝，天其申命用休。"
>
> 帝曰："吁！臣哉邻哉！邻哉臣哉！"禹曰："俞！"
>
> 帝曰："臣作朕股肱耳目。予欲左右有民，汝翼。予

---

① 《闵予小子》、《敬之》两篇，皆成王自箴。金启华，《诗经全译》，前揭，页 839、843。另，《闵予小子》开篇曰"闵予小子，遭家不造。嬛嬛在疚，于乎皇考！"即是司马迁所谓"悲彼家难"之意。

② 《论语·季氏》。

③ 按：此事未必真，但反映了古人关于乐的见解。

欲宣力四方,汝为。予欲观古人之象,日、月、星辰、山、龙、华虫,作会;宗彝、藻、火、粉米、黼、黻,絺绣,以五采彰施于五色,作服,汝明。予欲闻六律、五声、八音,在治忽,以出纳五言,汝听。予违,汝弼,汝无面从,退有后言。钦四邻!庶顽谗说,若不在时,侯以明之,挞以记之,书用识哉,欲并生哉!工以纳言,时而飏之,格则承之庸之,否则威之。"

……

夔曰:"戛击鸣球,搏拊琴瑟以咏。祖考来格。虞宾在位,群后德让。下管鼗鼓,合止柷敔,笙镛以间,鸟兽跄跄。箫韶九成,凤皇来仪。"夔曰:"於!予击石拊石,百兽率舞,庶尹允谐。"帝庸作歌曰:"敕天之命,惟时惟几。"乃歌曰:"股肱喜哉!元首起哉!百工熙哉!"皋陶拜手稽首,飏言曰:念哉!率作兴事,慎乃宪,钦哉!屡省乃成,钦哉!乃赓载歌曰:"元首明哉!股肱良哉!庶事康哉!"又歌曰:"元首丛脞哉!股肱惰哉!万事堕哉!"帝拜曰:"俞,往钦哉!"

前引司马迁《乐书·序》谓读《虞书》而流涕,当为此处而发。《史记》亦取此处用于《夏本纪》,字句有所出入,基本意思未变。禹与舜帝之间对答,尽显"君臣相敕"之意。禹戒舜谨慎其位,安定其心好恶所止,虑事细微,"辅弼之臣必用正直之人";舜帝闻而叹云,"臣哉近哉,臣当亲近君也!近哉臣哉,君当亲近臣也",谓"君臣当相亲近,共与成政道也"。①
由是舜帝有"臣作朕股肱耳目"之言,指臣当辅君而成治,故
敕禹遵其臣职即"汝翼"、"汝为"、"汝明"、"汝听",命其尽
人臣知事之道而自效其能,并特别嘱其以义匡弼辅正己违道
之行;②另又戒左右辅臣明察谗说之人,使"君德诚施皆清
矣"。③ 上引文中,君不自恃其尊,臣不自贬其职,君臣如友,
各行朋友责善之道,臣戒君守其君道,君敕臣尽其臣道。舜
禹君臣之际,于此可见一斑。舜帝君臣既相戒而悦,则不能
不助之以乐——乐本是人心人情之发于声音(见《荀子·乐
论》)。于是夔行乐而舜帝与皋陶又作歌互戒,再明"君臣相
敕"是乐中应有之义。其中皋陶之歌尤为司马迁所留意,前
引《乐书·序》"股肱不良,万事堕坏"一语,正出自此歌。皋
陶之歌虽简,却一言以蔽君道臣道之要。其言"元首之君能
明",则"股肱之臣乃善",于是"众事皆得安宁";若元首之君
"细碎无大略","总聚小小之事以乱大政","不能任贤",则
"臣皆懈惰,万事堕废,其功不成"。④ 既明君道知人、臣道知

---

①　见孔颖达疏。孔安国传,孔颖达疏,《尚书正义》,前揭,页115。
②　见孔安国注"予违,汝弼"。同上,第117页。
③　"君德诚施皆清矣"一句出自《史记·夏本纪》。皮锡瑞认为,
司马迁用此句总括"侯以明之"至"否则威之"八句之意,"谓举贤则谗
慝自远,故曰'皆清'"。皮锡瑞,《今文尚书考证》,盛冬铃等点校,北
京:中华书局,1989,页115。
④　见孔颖达疏"元首明哉! 股肱良哉! 庶事康哉!"及"元首丛脞
哉! 股肱惰哉! 万事堕哉!"孔安国传,孔颖达疏,《尚书正义》,前揭,
页130、131。

事之义,又揭君明则臣良之理,最能切中汉武"尊君抑臣"而致君道臣道失落之弊。蹊跷的是,皋陶之歌重在表明"政之得失由君",①而《乐书·序》则只言"股肱不良,万事堕坏"。从《史记》汉武人臣传看,司马迁对汉武时君骄以致臣谄的问题不仅心中了然,也着力描摹刺讥。《乐书·序》所以单就臣道一端论政事毁废,或为避患保身,不敢直斥君主,特藉责备"股肱不良"暗指人君不明——毕竟,皋陶之歌书于竹帛,一阅可知,何须著明?② 对照汉武君臣关系,《乐书·序》引《虞书》谓"股肱不良,万事堕坏",实是意味深长。一方面,讽武帝为君骄恣,不能任贤,所用重臣,或愿谨或好佞,均不能谏上,致成诸多政弊,因为君道之失,是"万事堕坏"之源,股肱不良,正暗示君之不明。另一方面,慨叹当时君臣相隔,人臣唯诺不良,不能如皋陶待君如友,作歌申明君道,以劝君上——为臣而不能增君之明,即或是慑于君主之威,亦可谓之"不良"。从后一方面看,司马迁曾谓汉当用夏政,又于《夏本纪》特取《虞书》详舜帝君臣相友相敕,并全载皋

---

① 见孔颖达疏"元首明哉! 股肱良哉! 庶事康哉!"及"元首丛脞哉! 股肱惰哉! 万事堕哉!"孔安国传,孔颖达疏,《尚书正义》,前揭,页130。

② 《乐书·序》末谓汲黯谏武帝荐马歌于宗庙,而"上默然不说",于是公孙弘进曰"黯诽谤圣制,当族"。亦可见当时君臣之际。刘咸炘等学者以为此事多疏舛之处,如得宛马时汲黯已逝,应为后人增窜。(刘咸炘《太史公知意·书·乐书》,杨燕起、陈可青等,《历代名家评〈史记〉》,前揭,页420。)司马迁意在拨乱反正,设为寓言以讽当世,或亦有之。不过,为保险起见,本书不引《乐书·序》末马歌事为证。

陶之歌,以照应解释其于《乐书·序》开篇所自述读《虞书》而流涕之事,未尝没有针对汉武"尊君抑臣"之症而自效古人臣倡明君道以谏君主的意图。[①] 据《史记》拨乱反正之旨,这是完全有可能的。司马迁既欲补救汉政,又睹武帝"尊君抑臣"、君道湮没之弊,当其阅舜帝君臣相敕相乐之语,想见当时情境,流涕之余,自然会思古为今用,而愿汲取古人治政经验,施于当世,重整君道。在此意义上,司马迁申古人"君臣朋友"之义而溯至上古,亦是其"通古今之变"之一例。

从现代学术的立场上看,司马迁所说"尊君抑臣"的问题不过是君主集权进程中的一个侧影。自汉高起,汉室便开始削夺诸侯势力,文景时期亦不例外,至武帝"推恩分割"、"酎金夺爵"之后,封建之制已名存实亡,君主权力得以集中;至于通过任用酷吏加强对臣下的约束和控制,也很难说不是出于同样的考虑。[②] 据此,"尊君抑臣"非必是汉诸帝在治政方面的无心之失,某种程度上倒可认为是其基于集权意图而刻意追求的治政结果。不过,从司马迁的角度讲,这并无太大区别。他既然将"尊君抑臣"视为政弊,则无论汉诸帝的动机如何都无法改变他的这一判断,也就不太可能使他

---

① 其实,司马迁将《虞书·益稷》所载舜帝君臣相敕之语录入《夏本纪》,是有些不同寻常的。《虞书》所述自然以舜事为主,《益稷》也重在明帝舜为君之德,司马迁不取之入《五帝本纪》,而入《夏本纪》,且以大篇幅详录,当有微意在焉。

② 参陈苏镇,《汉代政治与〈春秋〉学》第一章第三、四节,前揭;陈致平《中华通史》第二卷,前揭,页147—149。

因此而放弃其于"君臣之际"的拨乱反正的努力。虽然汉武时愈演愈烈的"尊君抑臣"问题在现代学术眼光中不免带有某种制度性目的,但司马迁显然是希望通过追溯古代君臣相友的治理经验,及对历代治乱中的君臣关系的经验性叙述展示,以一种古人所特有的讽谏方式警醒人君,使其返于君道之正。在他看来,"尊君抑臣"即使是一个制度性问题,也主要是有助于整肃君道的礼乐制度衰坏的问题——这从其《礼书·序》揭"尊君抑臣"之弊而《乐书·序》引出上古君臣相友相敕之道,亦可略见。并且,他"原始察终"、"见盛观衰"(《史记·太史公自序》)的考察和撰述方式,决定了其拨乱反正工作主要是经验性的谏讽和说服——这也符合古人臣一贯的辅政思路和对自身职守的理解。[1] 其实,按司马迁"居今之世,志古之道,所以自镜也,未必尽同"的认识(《史记·高祖功臣侯者年表·序》),他未必不明了,在当时情形下,势难返于上古"君臣朋友"之途,故他叙韩安国侍骄主,一再赞其"智足以当世取合"(《史记·韩长孺列传》),[2]暗示君道不古,为臣之道亦当应之以变。只不过,司马迁既服古人"君臣朋友"之道,加以自己在"尊君抑臣"环境下因言致祸的切身之痛,不能不思古人高义,心怀企慕而冀图致之

---

[1]　或许,司马迁更信任这种经验性的方式。至于他于礼乐制度上的思考建议,由于现存《礼书》、《乐书》正文,皆后人所补,不能睹其真,故无从谈起。

[2]　另《太史公自序》亦言:"智足以应近世之变,宽足用得人。作《韩长孺列传》第四十八。"

当世。此亦人心之常,于抱嫉世情怀之人身上尤为显著,似毋须苛究。不然,董仲舒有"王佐之材"(《汉书·董仲舒传·赞》引刘向语),而谓"以人随君,以君随天"(《春秋繁露·玉杯》),意欲持"天"以限君主,①又何曾显其督君之效?!

---

① 董仲舒这一意图在《春秋繁露·五行王事》中表现得更为明确。该篇列数阴阳五行变异与君主言行的具体联系,实际上是一种针对君主的限制性规范。

第5章 "继《春秋》"说的实质

　　司马迁旨在拨乱反正的一家言为"继《春秋》"而发,落实并阐明他于《太史公自序》立下的"继《春秋》"之志。由前面两章的讨论可知,《史记》所作的拨乱反正努力主要体现在"文质之辨"与"君臣之际"两个方面。这两方面清楚地展示了司马迁的现实关注和治政立场,从而表明,就拨乱反正的基本思路看,《史记》最为接近的是《论六家要指》,而非前述司马迁所理解的《春秋》义。这不意味着否定他"继《春秋》"的著述之志。"继《春秋》"说的提出,不仅是源于他的人生价值取向,更反映了他对孔子所以作《春秋》的个人认识,以及对《春秋》拨乱反正之典范意义的独特把握。从本质上讲,《史记》之"继《春秋》",主要不是体现为思想上的传承,而是一种态度或精神上的继承和发扬;其中折射出司马迁对先圣和经典的特殊的尊崇方式与效法志趣。

5.1 《论六家要指》的拨乱反正意义

司马谈《论六家要指》(以下称《要指》)录于司马迁《太史公自序》,向为学者所注目,认为是辨析诸家学术的重要论文。六家兴于周秦之际,其时诸侯力政,纷纷竞智,以图强霸,"诸子之言,起于救时之急,百家异趣,皆务为治"。① 既然六家以治术为主,《史记》又旨在拨乱反正,亦言治之书,司马迁于《史记》末篇(《自序》)先全载《要指》,然后申明自己"继《春秋》"的拨乱反正之志,就未可等闲视之,以寻常的学术之论解释《自序》的这种叙述安排,而当仔细梳理《要指》本文及其在《自序》中的前后相关的文字,澄清司马迁的意图所在。

司马谈学于汉初,是时学者对周秦诸子务治之意犹能心领神会,《要指》也是一开始就声明其论政旨趣:

> 《易大传》:"天下一致而百虑,同归而殊涂。"夫阴阳、儒、墨、名、法、道德,此务为治者也,直所从言之异路,有省不省耳。

此处开宗明义,谓六家皆"务为治"。汉初淮南王之《淮南

---

① 张舜徽,《周秦道论发微·前言》,前揭。

子·氾论训》亦云"百家殊业而皆务于治",与此意同。可见诸子言治,是当时流行之论。按上引文,六家虽同归于治,"然所从之道殊涂,学或有传习省察,或有不省者耳"(司马贞《史记索隐·太史公自序》),故有必要细为分说:

> 尝窃观阴阳之术,大祥而众忌讳,使人拘而多所畏;然其序四时之大顺,不可失也。儒者博而寡要,劳而少功,是以其事难尽从;然其序君臣父子之礼,列夫妇长幼之别,不可易也。墨者俭而难遵,是以其事不可遍循;然其彊本节用,不可废也。法家严而少恩;然其正君臣上下之分,不可改矣。名家使人俭而善失真;然其正名实,不可不察也。道家使人精神专一,动合无形,赡足万物。其为术也,因阴阳之大顺,采儒墨之善,撮名法之要,与时迁移,应物变化,立俗施事,无所不宜,指约而易操,事少而功多。儒者则不然。以为人主天下之仪表也,主倡而臣和,主先而臣随。如此则主劳而臣逸。至于大道之要,去健羡,绌聪明,释此而任术。夫神大用则竭,形大劳则敝。形神骚动,欲与天地长久,非所闻也。

《要指》此节论阴阳、儒、墨、法、名五家均有得失,而独推道家,认为道家采集诸家之长,最能见为治之效。历来论者视司马谈为道家,多本于此。上引《要指》论毕诸家,又举儒家与道家相对,尊道而抑儒,向来为儒家学者所诟病。不过,细参上引文,《要指》比较道、儒而论其高下,当主要就君道一端言。① 儒家主张"主倡而臣和,主先而臣随",认为君主乃"天下之仪表",当事必躬亲以为众臣众民之先倡。如此则必致"主劳而臣逸",与古人君道知人、臣道知事之说也明显相悖。所谓君道主术,其实源于道家。②《汉书·艺文志》即谓道家"知秉要执本,清虚以自守,卑弱以自持,此君人南面之术也"。《要指》既论儒家主术使"主劳而臣逸",违于君道之正,则其引道家以为儒家对照,亦当就主术言。上引文论道家主术曰:"至于大道之要,去健羡,绌聪明",指为君者当去其贪欲,③"清虚以自守",不自任其智,④"卑弱以自持"。总之是主张君主无为,正与儒家所倡君主有为相对。《老子》曰:"无为而无不为"(今本第四十八章),君知人无为而臣知事有为,故君能收无为而无不为之效,⑤成"无为之治",

---

① 张舜徽,《周秦道论发微·太史公论六家要指述义》,前揭,页303。

② 参张舜徽,《周秦道论发微·叙录》,前揭。

③ 方光《太史公论六家要旨篇释》曰"贪欲之甚者曰健羡"。(吴忠匡,《史记太史公自序注说会纂》,前揭,页22)此释正与《汉书·艺文志》谓道家"清虚以自守"相应。

④ "绌聪明",司马贞《史记索隐·太史公自序》引如淳释曰:"'不尚贤'、'绝圣弃智'也"。或是。不过,按上下文,皆当就人主言,"绌(黜)"的方向应向内而非向外,指人君自黜其聪明,即《汉书·艺文志》"卑弱以自持"之意。

⑤ 张舜徽《老子疏证卷上》释"无为而无不为"曰:"人君事不为先,而分任群下为之。及其有成,即己之功。此乃无为而无不为之真谛。"张舜徽,《周秦道论发微》,前揭,页121。

又,关于君无为而臣有为之义,《庄子·天道》论之甚(转下页注)

也即《要指》所称"指约而易操,事少而功多",①同儒家"主劳而臣逸"形成鲜明对比。不过,先秦儒家学者中,持君无为而臣有为之论者不在少数,如孔子、荀子均是;②先秦儒、道两家在君道的基本问题上其实相去不远。③ 司马谈对此不可能一无所知,何以在《要指》中将两家主术之说截然相分而辨其高下? 这涉及《要指》的现实指向。《要指》既是从"治"的角度讨论诸家得失,则高下皆当主要据其治效而定——对古人来说,"治"从来是一个实践问题,而不仅仅是一个理论问题。《要指》以儒、道对言,亦是如此。入汉以后,公开的君主治术常涉儒、道,由黄老道术而至儒家之教,儒、道两家为治之效,均见于现实。据此,《要指》既推道家,又独揭儒家与之相别且寓以褒贬,就有现实意味了。这一点,由《自序》所述的《要指》写作背景,更可进一步明了:

　　　　太史公学天官于唐都,受易于杨何,习道论于黄子。

（接上页注）晰:"夫帝王之德,以天地为宗,以道德为主,以无为为常。无为也,则用天下而有余;有为也,则为天下用而不足。故古之人贵夫无为也。上无为也,下亦为无也,是下与上同德,下与上同德则不臣;下有为也,上亦有为也,是上与下同道,上与下同道则不主。上必无为而用天下,下必有为为天下用,此不易之道也。"

　　① 张舜徽《道论通说》指出,《要指》"'指约而易操,事少而功多'者,乃就君道、主术而言,初非涉乎日用庸常事也。"张舜徽,《周秦道论发微》,前揭,页39。

　　② 《论语·卫灵公》:"子曰:'无为而治者,其舜也与? 夫何为哉? 恭己正南面而已矣。'"《荀子·大略》:"主道知人,臣道知事。"

　　③ 参张舜徽,《周秦道论发微·道论通说》,前揭,页36—38。

> 太史公仕于建元元封之间，愍学者之不达其意而师悖，
> 乃论六家之要指曰：……

"黄子"，裴骃《史记集解·太史公自序》引徐广曰："《儒林传》曰黄生，好黄老之术。"而周汉人所说"道论"，也是旨在教人知晓掌握道家君主道术。[①] 上引《自序》谓司马谈"习道论于黄子"，先明其深通君道之论。值得注意的是，上引文中，司马迁特别申明其父"仕于建元元封之间"。汉高、吕后至文景二帝，均奉持黄老道家之术，至汉武则一改而成儒术独尊的局面。建元六年，"窦太后崩，武安侯田蚡为丞相，绌黄老、刑名百家之言，延文学儒者数百人"（《史记·儒林列传》），[②]是汉武正式尊儒之始。但武帝崇儒可溯至建元元年，彼时其初继大位，便心向儒术，用赵绾、王臧等儒生参议政事（《史记·封禅书》）。可见，司马谈入仕之时，即是儒、道势力长消之际，此后更目睹武帝尊儒术任儒生，而有峻法、征伐、兴利等政，至其元封元年去世时，武帝的绝大部分留予后人争议的事业已完成。[③] 司马谈"仕于建元元封之间"这

---

① 张舜徽，《周秦道论发微·道论通说》，前揭，页33。

② 另，《汉书·武帝纪》：建元六年五月，"太皇太后崩"；《百官公卿表》：建元六年六月，"丞相昌免，武安侯田蚡为丞相"。

③ 陈苏镇引田余庆《论轮台诏》指出："武帝事业的'绝大多数事项都是元狩（前112—前117）、元鼎（前116—前111）年间做成的；有少数完成于元封年间（前110—前105）'，因而可以说'武帝在元封年间已经完成了历史赋予他的使命'。"陈苏镇，《汉代政治与〈春秋〉学》，前揭，页267。

一重要细节表明,《史记》诋讽的武帝诸项弊政,大都为司马谈所亲见。古人对汉武兴利、征伐、峻法等事业,一般持类似《史记》的批评态度,[1]司马谈既命其子迁奉其遗志而著《史记》,想亦不能例外。[2] 上引文谓司马谈"愍学者之不达其意而师悖,乃论六家之要指",即承此而言。"愍"、"之"两字,揭出当时学者"师悖"(即"以悖为师")之事实,[3]标明司马谈因忧虑当世而作《要指》以纠其悖的现实动因。建元元封之间,正值儒学盛行,学者所学多为儒术,所谓"师悖",当主要指儒术言,并暗示了儒术之"悖"。[4] 前引《要指》推道家

---

[1] 当然,明李贽显然是一个例外,其于《史记》所讥诸人诸事,多发标新立异之论。可参李贽评纂《史纲评要》卷二至卷七。

[2] 《史记·太史公自序》谓武帝始建封禅之事,司马谈"不得与从事,故发愤且卒"。言之含糊,未必表明司马谈赞同封禅,以之为大典。对此,方苞据《封禅书》"群儒不能辨明封禅事"语而有另解,曰:"子长恨群儒不能辨明,为天下笑,故寓其意于《自序》,以明其父未尝与此;而所为发愤以死者,盖以天子建汉家之封,接千岁之统,乃重为方士所愚迷,恨己不得从行,而辨明其事也。"(刘季高点校,《方苞集》卷二《又书儒林传后》,前揭,页59—60)可备一说。

[3] 李笠曰:"师悖者,谓以悖为师也。"李笠,《广史记订补》,李继芬整理,上海:复旦大学出版社,2001,页360。

[4] 梁启超《饮冰室专集·司马迁论六家要指书后》:"谈仕于建元元封之间,当武帝罢黜百家,定黑白于一尊时,他'愍学者之不达其意而师悖',提出百家皆务为治,殊途同归的主张,不但不赞成武帝时代一般儒士所明之法度,而且站在表章六经的反面。"指出司马谈作《要指》的现实动因及意图。不过,按《太史公自序》,司马谈曾嘱其子迁"正《易传》、继《春秋》,本《诗》、《书》、《礼》、《乐》之际",而《要指》又谓"儒者以六艺为法。六艺经传千万数,累世不能通其学,当年不能究其礼,故曰:'博而寡要,劳而少功'"。似需对司马谈于六经的态度稍作分辨。吕思勉《燕石札记》曰:"六经皆古籍,而孔子取以立教,则又自有其义。儒家所重者,孔子之义,非自古相传之典籍也。故经之本书,(转下页注)

而贬儒家之举,正照应了司马谈写作的主客观背景,并宣明
道家治术有纠儒术偏悖之用。据此可知,《要指》乃"有为而
发"之作,[1]通过对比显明了道儒优劣之分,具有现实针对意
义;其中所论儒家,亦当主要指汉武时儒术。[2] 学术流传,继
承之中本就常有乖离,当学术为政治权力所用、成为统治意
识形态,变形更是在所难免。汉武所用儒术,与先秦儒术已
不尽相同。[3] 据《史记》关于"君臣之际"的讨论,汉武尊儒,
显然未得先秦儒家君道知人之旨,其"尊君抑臣",倒常如前

_____

(接上页注)并不较与经相辅而行之物为重;与经相辅而行者,传说记是
也"。可知,汉武时儒者以六艺为法,多重其传所发明之经义,并以传自
别门户,当时表彰六经,即是立其传于学官,如《公羊传》独尊,以代表
《春秋》之学。司马氏父子有志于史,故多视六经为古籍,与儒者之法六
艺固当分别而言。梁、吕二说引自吴忠匡,《史记太史公自序注说会
纂》,前揭,页 37、27。

　　张大可《试论司马迁的一家言》认为,《要指》所作之时,"汉武帝
'罢黜百家,独尊儒术'的思想体制已经确立","尊儒崇儒,从上到下成
了一边倒。汉武帝外伐四夷,内兴功作也大规模地发动起来。文景时
代的无为政治为汉武帝的多欲政治所代替","司马谈预感到'物盛而
衰,固其变也',他为了矫弊,也为了及时地提出警告,所以写了《六家要
旨》。"张大可,《史记研究》,前揭,页 340。

　　① 邵懿辰《半岩庐遗文》上之《书太史公自序后》。吴忠匡,《史
记太史公自序注说会纂》,前揭,页 35。

　　② 邵懿辰认为,《要指》所贬"六家之儒谓博士弟子试太常以文学
礼义为官者耳"。同上,页 36。

　　又,中井积德曰:"当时儒者,多赵绾王臧之伦,治国以明堂辟雍为
首务。其他莫非制度文饰,训诂名物,不知儒术为何物。宜乎毁之曰
'寡要少功'也。"(《史记会注考证·太史公自序》)也以为《要指》所贬
之儒为汉武时儒。

　　③ 蒙文通曾指出汉初以董仲舒为代表的汉公羊学是儒学的退
化、今文学的变质,甚至将董仲舒与公孙弘并论。蒙文通,《经史抉原》,
前揭,页 159。

引《要指》之谓儒家"主倡而臣和"、"主先而臣随"。司马谈所见汉武诸项弊政，大都是"主倡而臣和"的结果，或者说，是用儒之效。在此意义上，《要指》为纠当时学者所师之悖，特别强调儒道两家主术之别，以备学者留意，不仅是指出当时儒术在君道问题上的偏失，某种程度上也可视为对当时尊儒形势下的汉武治政的批评。《要指》是一篇具有现实意义的政论文字。①

《要指》分上下两篇，②其论列六家，单推道家欲以救当时儒术之偏，明其现实意指。由于汉初行黄老之术，"扫除烦苛，与民休息"（《汉书·景帝纪·赞》），令"天下晏然，刑罚罕用，民务稼穑，衣食滋殖"（《汉书·吕后纪·赞》），"至于移风易俗，黎民醇厚"（《汉书·景帝纪·赞》），已证道家治效，司马谈于《要指》推重道家之术，就未必全本于其"习道论于黄子"的道家出身，而是与其贬儒一样，有其现实动因。故邵懿辰论《要指》，谓"谈之意若曰：武帝崇儒，宜度越往昔，而治效顾不如文景尚黄老时"。③ 这并非不可能。司马迁"文质之辨"，思美汉初质政，以为救汉武文政之敝莫善于

---

① 关于《要指》的政论性质，张舜徽早已明确指出。张舜徽，《周秦道论发微·道论通说》，前揭，页39。

② 《要指》两次述六家得失，故可分为上下两篇。其中，"《易大传》"至"非所闻也"为上篇，较略；"夫阴阳四时、八位、十二度、二十四节各有教令"至"何由哉"为下篇，较详。

③ 邵懿辰《半岩庐遗文》上之《书太史公自序后》。吴忠匡《史记太史公自序注说会纂》，前揭，页35。

返汉初之忠质,即有此意。虽有学者回护司马迁,驳班固"论大道则先黄老而后六经"之讥(《汉书·司马迁传·赞》),①力别《要指》为司马谈一人学说,与其子迁无干,②但《要指》同司马迁拨乱反正策略的前述暗合之处,已表明司马氏父子思想异轨之说不足为据。③ 这一点,更可由《要指》下篇再述道家治术之用而得详证:

> 道家无为,又曰无不为,其实易行,其辞难知。其术以虚无为本,以因循为用。无成埶,无常形,故能究万物之情。不为物先,不为物后,故能为万物主。有法无法,因时为业;有度无度,因物与合。故曰"圣人不朽,时变是守。虚者道之常也,因者君之纲也"。群臣并至,使各自明也。其实中其声者谓之端,实不中其声者谓之窾。窾言不听,奸乃不生,贤不肖自分,白黑乃形。在所欲用耳,何事不成。乃合大道,混混冥冥。光耀天下,复反无名。凡人所生者神也,所托者形也。神大用则竭,形大劳则敝,形神离则死。死者不可复生,

---

① 按:班固此评当承其父评司马迁"崇黄老而薄五经"之语(《后汉书·班彪传》)。

② 如何焯《义门读书记》第十四卷"《太史公自序》"条;钱钟书,《管锥篇》(第一册),前揭,页392。

③ 张大可《试论司马迁的一家言》也指出,"后世学者以司马氏父子异轨的论点来辟正班氏父子的立论是缺乏根据的"。张大可,《史记研究》,前揭,页345。

离者不可复反,故圣人重之。由是观之,神者生之本
也,形者生之具也。不先定其神形,而曰"我有以治天
下",何由哉?

张舜徽有言,道家治术"归于清静无为",其大用有二:"一则
施之天下,简政省事,我好静而民自正","一则存于人君,虚
心弱志,不为物先倡"。[1] 二者相通,不过是一术两用。依此
两用,正可将上引文道家之言分为两节,并分别与司马迁两
项主要的拨乱反正工作"文质之辨"与"君臣之际"相应。上
引文先言道家无为之治,行之甚易,但其言"幽深微妙"而难
知。[2] 由此显出后文分两节而细为分辨之必要。"其术以虚
无为本"至"因物与合"为一节,论人君施于天下之术,强调
任民自然、"因物为制",[3]即"因物之自然,顺为序之","法
度是非,皆随时俗,物所趋则向之,舍则违之",[4]总之是主张
人君清静无为,以收"我好静而民自正"(今本《老子》第五十
七章)之治效。毋须多论,这显然与司马迁"文质之辨"所申
"尚质"之旨若合符节,甚至可以说,其"文质之辨"似是遵循
道家"虚无"、"因循"之言展开——这其实也很正常,因为司

---

　　①　张舜徽,《周秦道论发微·道论通说》,前揭,页70。
　　②　见张守节《史记正义·太史公自序》释"其实易行,其辞难知"。
　　③　张守节《史记正义·太史公自序》释"以虚无为本,以因循为
用"曰:"任自然也。""因物为制",见裴骃《史记集解·太史公自序》引
韦昭释"不为物先,不为物后"。
　　④　吴忠匡,《史记太史公自序注说会纂》,前揭,页33。

马迁所尚之质政,以宽柔清静为主,本就近于黄老道家无为之治。此节末"因物与合"后"故曰'圣人不朽,时变是守。虚者道之常也,因者君之纲也'"一句,则合前后两节而言,有承上启下之用。其中"圣人不朽,时变是守"承前一节再明"与时迁移,因物变化之效",①而"虚者道之常也,因者君之纲也",即既照应前节"虚无"、"因循"之论,又启后一节("群臣并至"至"何由哉"),揭明存于人君的御下之术,最能概括司马迁于"君臣之际"的拨乱反正之策。道家言主术,"所以贵虚无者,为其以多受也。即人君不贵己之智才能勇,但因臣下之智才能勇以为己用耳"。②此亦"虚者道之常也,因者君之纲也",谓人君自虚其心,唯执"因"以为纲纪,因才为任,善用人臣智能,故后文承此云:"群臣并至,使各自明也"。所谓"使各自明",与其后"其实中其声者谓之端,实不中其声者谓之窾"、"贤不肖自分,白黑乃形"同是一义,后者为阐明、落实前者而发,意近"因而不为,责而不诏"、"不伐之言,不夺之事,督名审实,官使自司"(《吕氏春秋·知度》)。君主以"因"为纲、"使各自明"的御下之术,必倚持刑名家的"循名而责实"(《韩非子·定法》)之道。这既与《要指》上篇谓道家"撮名法之要"相应,也可在相当程度上理解:《史记》既云汉文帝"好道家之言"(《史记·礼书》),又

---

① 张舜徽,《周秦道论发微·太史公论六家要指述义》,前揭,页307。

② 见张舜徽释"虚者道之常也,因者君之纲也",同上。

谓其"本好刑名之言"(《史记·儒林列传》),两种似乎矛盾的说法其实有其内在一致性。至此可见,上引《要指》所述道家"群臣并至,使各自明"的用下御下之术,不仅完全合于司马迁借《史记》纪传结构而宣明的君道知人之义,更与令他读而流涕、称之不绝的虞廷之歌遥相呼应。①而《史记》申古人"君臣朋友"之义,明"尊贤"之旨,不过是在当时"尊君抑臣"以致君道臣道并失的情势下,欲图通过校正君臣关系使君、臣各复其道、各守其职;"尊贤"之"尊",正可救治人君之"骄",助其返于君道之正。故《史记》之"尊贤",与道家(《老子》)"不尚贤"之语,看似相反,实则均就君道任人不任智、因材授官使臣下各竭其智能以尽臣道而发,②皆是上引《要指》"群臣并至,使各自明"之意。这进一步说明,《史记》于"君臣之际"的基本主张,《要指》道家主术之论已显其大概。尤可注意的是,上引《要指》末"言人君宜自惜其形神,而后可以长生久视,亦即《老子》所言

---

　　①　即《史记·夏本纪》所载《虞书·益稷》中皋陶之歌。详参本书第四章第二节。

　　②　"不尚贤,使民不争",出自今本《老子》第三章。张舜徽释曰:"尚贤,谓人主矜重己之才智以与臣下竞短长也"(张舜徽《周秦道论发微·老子疏证卷下》,北京:中华书局,1982,页165)。此解正合道家君道之旨。又,《淮南子·齐俗训》:"故老子曰'不上(尚)贤'者,言不致鱼于木,沉鸟于渊。故尧之治天下也,舜为司徒,契为司马,禹为司空,后稷为大田师,奚仲为工"。这又在君道知人的基础上,强调人君因材施用、使人臣各尽其能。其实,若君道、臣道分明,君臣各守其职,则"贤"已备于其中,又何须"尚"? 故王弼注"不尚贤"曰:"唯能是任,尚也曷为?"(王弼注,郭象注,陆德明音义,章行标校,《老子　庄子》,上海古籍出版社,1995,页2。)

'治人事天莫若啬'之意",①要在诫人君"爱其精神,啬其智识",②与《要指》上篇谓"大道之要,去健羡,绌聪明,释此而任术"同旨,都是强调君道之无欲无为。③ 无欲则事少,无为则任人,故古人论政,常有劝君主爱其形神、惜其心力之言,④一方面是告谕君主养身之道,明有身始有国,另一方面又教其君道知人的治术,劝其"劳于论人而佚于官事"(《吕氏春秋·当染》)、"守至约而详,事至佚而功"(《荀子·王霸》)。二者实一体两面之事。反观汉武为君,则全悖于此。按《史记》,武帝浩荡其心,自恃雄材,既兴宫室巡幸、封禅求

---

① 见张舜徽《太史公论六家要指述义》释"凡人所生者,神也"至"而曰我有以治天下,何由哉"。张舜徽,《周秦道论发微》,前揭,页308。

② 见《韩非子·解老》解"治人事天莫若啬"。按:张舜徽《老子疏证》、杨树达《老子古义》释"治人事天莫若啬",皆仅据《韩非子·解老》之说。参张舜徽,《周秦道论发微》,前揭,页136;杨树达,《周易古义 老子古义》,上海古籍出版社,2006,页76。

③ 参今本《老子》第五十七章:"故圣人云:'我无为,人自化;我好静,人自正;我无事,人自富;我无欲,人自朴。'"

④ 《管子·内业》:"人能正静,皮肤裕宽,耳目聪明,筋伸而骨强。乃能戴大圆而履大方,鉴于大清,视于大明。敬慎无忒,偏知天下,穷于四极,敬发其充,是谓内得。"《心术下》亦有类似说法,皆明"人皆能正静其心,有修于内,则足以制其外也"(张舜徽,《周秦道论发微·管子四篇疏证》,前揭,页290—291)。又,《吕氏春秋·当染》:"古之善为君者,劳于论人,而佚于官卅,得其经也。不能为君者,伤形劳神,愁心劳耳目,国愈危,身愈辱,不知要故也。"又,《韩非子·解老》:"德者内也;得者外也。上德不德,言其神不淫于外也。神不淫于外,则身全;身全之谓德。德者,得身也。凡德者,以无为集,以无欲成,以不思安,以不用固。为之欲,则德无舍;德无舍则不全。用之思,则不固,不固则无功,无功则生有德。德则无德,不德则有德。故曰:上德不德,是以有德",乃"就君道言,谓人君南面之术当如此也"(张舜徽,《周秦道论发微·老子疏证卷上》,前揭,页103)。

仙,又罢敝中国以事四夷,皆是多欲有为之举,①向为司马迁所讥。《要指》与《史记》相呼应,特别劝诫人君自惜神形、无欲自持,是很有意味的。《要指》上下两篇均揭"形大用则竭,形大劳则敝"之理,下篇末云"不先定其神形,而曰'我有以治天下',何由哉",正可用于评价武帝的多欲之治,与司马迁讥武帝之悖于君道、休于论人而劳于官事,显然是同一立场,而上篇末云"形神骚动,欲与天地长久,非所闻也",则近于讽武帝封禅求仙、欲效黄帝登天不死之徒劳了。②

可见,《要指》不仅具有现实针对性,其道家之论,更可视为《史记》拨乱反正的基本纲领。③故邵懿辰论《要指》,明其为规讽时君而发,曰:"凡是道家之常言,而施之建元、元封间,皆切时之药石也。"④司马迁作"文质之辨"、明"君臣之际",亦是感于武帝政弊,有对症下药之意,与《要指》本末皆符。《要

---

① 《史记·汲郑列传》载汲黯刺武帝曰:"陛下内多欲而外施仁义,奈何欲效唐虞之治乎!"

② 邵懿辰析《要指》曰:"常求神仙方术,而形神骚动,故讽以先实其神,以谓养身之道,在彼不在此也。"(邵懿辰《半岩庐遗文》上之《书太史公自序后》,引自吴忠匡,《史记太史公自序注说会纂》,前揭,页35—36。)

③ 李长之认为:"因为他(司马迁)的根本思想是道家的自然主义,所以他的政治哲学也便建立在无为上。"(李长之,《司马迁之人格与风格》,前揭,页206)指司马迁由其道家信念根底而持道家无为的政治理想。本书之所以不取此说,也不称司马迁为道家,主要在于他靠近道家的治政思想,是为拨乱反正而发,亦是原始察终的结果,有其现实基础和经验性质,并非是出自道家门户信念的理论主张。

④ 邵懿辰《半岩庐遗文》上之《书太史公自序后》,引自吴忠匡,《史记太史公自序注说会纂》,前揭,页35。

指》岂能只是表达司马谈一人政见？张大可即认为，《要指》"完全可以看作(司马氏)父子两人的共同宣言。《要旨》(即《要指》)分上下两半篇，内容雷同。很可能上半篇是司马迁对父谈手稿的精言摘要，下半篇则是自己的发挥和阐释"。①这明白指出，《要指》亦是司马迁之言。曾国藩更进一步认为，"论六家要指，即太史公迁之学术也。托诸其父谈之词耳"，②径将《要指》看成司马迁个人论作。古人固有"托言"之法，③而《史记》拨乱反正思路又与《要指》如出一辙，曾氏之说未尝没有道理，唯难以确证而已——不过，既已明了《要指》与《史记》在拨乱反正问题上是同一阵线、相契相合，其作者归属问题，似无关宏旨；无论《要指》事实上是司马谈还是司马迁抑或二人所作，都无损于其既已彰显的拨乱反正意义。

从《自序》的叙述结构和连贯性看，司马迁全录《要指》入该篇中，显然有其特殊意图。《自序》殿《史记》全书末，亦

① 见张大可《试论司马迁的一家之言》。张大可，《史记研究》，前揭，页345。

赵吉惠也认为，《自序》中的《要指》上篇是司马谈所作，下篇是司马迁对其父著作的释文。赵吉惠，《〈史记·论六家要指〉的文本解读与研究》，《人文杂志》，1997 年第 6 期。

② 见曾国藩评《史记·太史公自序》。陈书良整理，《曾国藩全集·读书录》，前揭，页88。

③ 崔适有言："寓言之类有三：曰托名，曰托言，曰托事。……托言者，以所言之意为主，为为古人之问答以发明之，非谓真此古人之言也。"(崔适，《史记探源》卷一《传记寓言》，北京：中华书局，1986，页14—15)从"托言"的意图和精神看，"托言"非必以问答的形式出现，亦可以著作托言他人，如托古人之名作书，自明其志，可参章学诚《文史通义·言公下》。

"自注"之例,"明述作之本旨,见去取之从来"(章学诚《文史通义·史注》),均围绕《史记》而发,其间完整横入一篇长论(即《要指》),当非泛泛之笔。司马迁于《自序》开篇即叙其先世荣耀,"意在对于其先世盛德伟业,不敢失坠",暗中为其立志著《史记》继《春秋》拨乱反正以续先祖作铺垫;叙至司马谈,重点录其《要指》,以"太史公既掌天官,不治民"一句收束,意谓司马谈虽通晓治道,却无机会施展其治国理民之才。[①] 与此相照应,《自序》述司马谈临终举周公孔子之治业德业、自表欲有所论著之心迹,明其隐有不能建功于当世则立言于后世之愿——此愿既是勉励其子迁,也可反映其人生志向。[②] 这于无形中便将司马谈作《要指》与其著述遗志串连起来,并暗示了二者的关联性。且从情理上讲,《要指》为司马谈生平思想成就,反映其于建元元封之间的政见;元封元年司马谈去世,《要指》尚未见明于世,他既欲有所论著以接续周孔,岂能撇开自己苦心孤诣的拨乱反正之论另起炉灶?按《自序》,《史记》之作,源于司马谈临终遗志,其嘱子迁曰:"余死,汝必为太史;为太史,无忘吾所欲论著矣",迁答曰:"请悉论先人所次旧闻,弗敢阙。"对答之中,显示《史记》本司马谈所规划,司马迁不过子承父业,谨遵先人之道,

---

① 此解主要取自程金造《史记辨旨》相关解释。程金造,《史记管窥》,前揭,页56页。

② 此解参考程金造《史记辨旨》相关解释。程金造,《史记管窥》,前揭,页57。

述其父所欲论著而已。《自序》此说,虽不无尊隆司马谈之意,但至少说明两点。其一,司马谈所欲论著者,与司马迁继《春秋》拨乱反正而作之《史记》不相悖;《要指》、《史记》表达同一拨乱反正意见,并非偶然。其二,司马氏父子关于《史记》之述作心同意同;司马迁既自言承父之志、道而撰《史记》,论其"所次旧闻"而"弗敢阙",就不可能悖弃司马谈——按《自序》所揭——于《要指》中定下的拨乱反正思路,而必遵而述之。① 按此,《自序》既意在明《史记》述作本旨,特以长篇大论突出《要指》,就是必然之事了。除示《史记》拨乱反正之依归外,《自序》载入《要指》全文,一如其开篇叙司马氏先祖,亦为表达司马迁于先人事业不敢失坠的心意。在此意义上,《要指》作为《史记》拨乱反正之纲,以司马谈之名发表,与司马迁归《史记》始作之功予其父谈的做法是完全相应的。可见,《自序》是司马迁精构之作,无一闲笔,体现了其文章之"洁",②其中一些看似不相干的拉杂之言,大都寓有深沉的意图,《要指》即是突出一例。

---

① 其实,单从《自序》录入《要指》这一举动看,司马氏父子异轨的说法就很难成立。司马迁《自序》有主题有结构,就算是叙其家史,录入一篇自己不认同的长论文(即《要指》),也不免予人蹊跷且结构不平衡的感觉。更何况,司马迁承父志而著书,欲扬名显亲尽孝,在不认同其父著作的情况下揭之于"自注"之篇(即《自序》)、显其乖谬,岂是孝子之举?

② 唐柳宗元评《史记》文章风格之语,指其叙事不芜杂,一切叙述都为文章主题服务。参杨海峥《汉唐〈史记〉研究论稿》,济南:齐鲁书社,2003,页132—133。

　　但是,司马迁既志在续孔子、"继《春秋》"而作《史记》,如何能遵奉《要指》的道家之言以落实《史记》拨乱反正之责? 首先,在司马迁,儒、道本不相抵牾。《老子韩非列传》云:"世之学老子者则绌儒学,儒学亦绌老子。'道不同不相为谋',岂谓是耶?"以一反问,揭当时儒、道互诋之谬,故司马迁两次述孔子就教于老子而有所进益,①暗示道之于儒,非但不如水火之不能相容,且可以救治其敝。《要指》从另一角度阐明这一观点。其论儒家,数其弊也推其所长,曰:"若夫列君臣父子之礼,序夫妇长幼之别,虽百家弗易也。"又谓道家"采儒墨之善",是以为道家兼收并蓄,有容乃大,并不排斥儒家礼义之论。——这皆当就"治"而言,汉初仍视诸子学术为治术,其时黄老道家,所重亦在治术,初无涉心性,固与魏晋清谈避世之道家不同;②概言之,当时儒、道均称术,以治政为目的,故好儒术者未必重儒家仁义礼让之

------

　　① 《孔子世家》:"(南宫敬叔与孔子)適周问礼,盖见老子云。辞去,而老子送之曰:'吾闻富贵者送人以财,仁人者送人以言。吾不能富贵,窃仁人之号,送子以言,曰:聪明深察而近于死者,好议人者也;博辩广大危其身者,发人之恶者也;为人子者毋以有己,为人臣者毋以有己。'孔子自周反于鲁,弟子稍益进焉。"

　　又,《老子韩非列传》:"孔子適周,将问礼于老子。老子曰:'子所言者,其人与骨皆已朽矣,独其言在耳。且君子得其时则驾,不得其时则蓬累而行。吾闻之,良贾深藏若虚,君子盛德,容貌若愚。去子之骄气与多欲,态色与淫志,是皆无益于子之身。吾所以告子,若是而已。'孔子去,谓弟子曰:'鸟,吾知其能飞;鱼,吾知其能游;兽,吾知其能走。走者可以为罔,游者可以为纶,飞者可以为矰。至于龙吾不能知,其乘风云而上天。吾今日见老子,其犹龙邪!'"

　　② 参张舜徽,《周秦道论发微·道论通说》,前揭,页30—33。

德,如田蚡之杯酒责望、倚势欺人(见《史记·魏其武安侯列传》),好道术者亦未必愿效后世道家和光同尘、无可无不可,至于汲黯之守节敢谏(见《史记·汲郑列传》),可直追儒家所赞的忠信谏诤之臣德。其次,《史记》之"继《春秋》"与遵《要指》不必相违逆。按司马迁的解说,《春秋》旨在申明礼义。[①] 礼义有正君臣父子之效,故《春秋》所言,对《史记》于"君臣之际"的拨乱反正任务来说,应不无可借鉴取法之处。但是,"君臣之际"只是《史记》拨乱反正之一端,《春秋》于君臣上下的关注,不足以涵盖《史记》拨乱反正的内容,且《史记》"君臣之际",是针对汉武"尊君抑臣"之弊而发,而归于"君臣朋友"、整齐君道的治政主张。《春秋》之论礼义,按司马迁所述,则偏重于"扶君抑臣",[②]拯周室之

---

① 参《史记·太史公自序》,并参本书第二章第一节。

② 李笠释《史记·太史公自序》"贬天子,退诸侯,讨大夫,以达王事而已"曰:"孔子作《春秋》所以扶君抑臣,明上下之分,故曰'达王事'也,'贬天子'非其义矣,《汉书》(按:即《汉书·司马迁传》)作'贬诸侯','讨大夫',无'贬天子'三字,当据删。"(李笠,《广史记订补》,前揭,页361)当是。《史记》拨乱反正虽有"贬天子"之意,但司马迁常存避患之虑,未尝直言,不过借史事表达而已,且《太史公自序》未有贬周天子之言,按其上下文,司马迁解《春秋》谓"君不君,臣不臣",当主要就"诸侯奔走不得保其社稷者不可胜数"而言,指诸侯及其臣下悖乱不合礼义,故《孔子世家》云:"(《春秋》)贬损之义,后有王者举而开之。《春秋》之义行,则天下乱臣贼子惧焉。"是以为《春秋》褒护周室。再说,《史记》拨乱反正意见著于各篇,循《要指》而发,不遵《春秋》,固不必加"贬天子"之说于《春秋》而示己微意。当然,诸侯与其臣下之间,亦是君臣关系,在这一方面,《春秋》对君、臣均有批评、校正的意图,不过,从司马迁谓《春秋》"以达王事"的角度看,《春秋》"扶君抑臣"的理解是比较恰切的。

衰,"以达王事"(《史记·太史公自序》),同《史记》君道之旨显然异趣。因此,《史记》之"继《春秋》",意当不在继取其具体的拨乱反正之术,与《史记》之遵《要指》不相矛盾;二者意义不同,可以各行其是、并行不悖,然则"继《春秋》"的意义何在? 这涉及到司马迁的立名之志及其对《春秋》作为著述榜样的理解。

5.2 《春秋》的榜样

《史记》"继《春秋》"而拨乱反正,却又不专奉《春秋》的礼义之旨。司马迁对"继《春秋》"之"继"的定位显然别具意味。根据他的定位,《史记》遵《要指》而发的关于"文质之辨"和"君臣之际"的拨乱反正意见,正是其"继《春秋》"的明证和体现。在他而言,孔子之作《春秋》以及《春秋》本身都具有特殊的榜样力量,但是,这种榜样力量,首先是通过他自己著《史记》以垂后世的立名之志而被理解和接纳的。

司马迁的立名之志,于《报任安书》一篇中表现得尤为深切著明。《报任安书》是司马迁给故友任安的回信,却其"推贤进士"之教,①述己一生心事抱负,与《太史公自序》相似,

---

① 《报任安书》"推贤进士"之语,可有救援之意,故司马迁却任安推贤进士之教,亦可是拒绝其求援之请,由此而表白自己为完成《史记》而忍辱偷生的心迹。关于此问题,详参阮芝生,《司马迁之心——〈报任少卿书〉析论》,《台大历史学报》,26 期(2000,12)。

亦是自明作《史记》之由,只是"《自序》重承先继圣",《报任安书》则"重惜死立名",①于司马迁欲扬名后世的心志,剖白甚力。《报任安书》云:"立名者,行之极也"。② 古人立名不朽有三途:立德、立功、立言(《左传·襄公二十四年》)。司马迁著《史记》欲以垂名后世,是循古人立言之道。此志在他因李陵事件遭难后愈显其贞。他在《报任安书》中再三表白自己受腐刑之耻,而曰"所以隐忍苟活,幽于粪土之中而不辞者,恨私心有所不尽,鄙陋没世而文采不表于后世也","仆诚已著此书,藏之名山,传之其人,通邑大都,则仆偿前辱之责,虽万被戮,岂有悔哉",明白道出他惜《史记》未成、忍死著书、寄托余生于立言事业的决心。《报任安书》是司马迁私信,不必如《自序》一样有所忌讳,故直抒其受刑之痛,泄其郁结之气,发其幽愤之情,最能见其著《史记》的真实心态。这种心态也不时流露于《史记》人物传记论赞中。如《越王勾践世家·赞》许勾践"苦身焦思,终灭彊吴"之贤;《伍子胥列传·赞》称伍子胥"隐忍就功名"之烈;《范雎蔡泽列传·赞》言范、蔡二子激于困厄故能"垂功于天下";《季布栾布列传·赞》云"贤者诚重其死",既是鉴评历史人物,也显有自勉之意,其中隐约指示作者的遭遇志向;至于《平原君虞卿列传·

---

① 李晚芳《读史管见》。引自韩兆琦,《史记选注汇评》之《报任安书》(附录),前揭,页 653。

② 本书所引《报任安书》,取萧统编《文选》卷四十一《报任少卿书》并参《汉书·司马迁传》。下同。

赞》谓虞卿"不忍魏齐,卒困于大梁"、然"非穷愁,亦不能著书以自见于后世云",则直是司马迁不忍李陵致受刑身残而发愤著书的自家写照了。① 此外,《史记》一再叹言"利尽交疏",②致慕前人能立然诺、千里诵义的烈士之风,③亦是司马迁由己身世之伤而不能不生愤世之慨的表现。④诸如此类,

---

① 泷川资言曰评"及不忍魏齐,卒困于大梁"曰:"史公暗以魏齐比李陵,以虞卿自居。"(《史记会注考证·平原君虞卿列传》)又,凌稚隆评"然虞卿非穷愁,亦不能著书以自见于后世云"曰:"太史公亦因以自见。"(凌稚隆辑校、李光缙增补,《史记评林》卷七十六)

② 《史记·孟尝君传》:"自齐王毁废孟尝君,诸客皆去。后召而复之,冯驩迎之。未到,孟尝君太息叹曰:'文常好客,遇客无所敢失,食客三千有余人,先生所知也。客见文一日废,皆背文而去,莫顾文者。今赖先生得复其位,客亦有何面目复见文乎? 如复见文者,必唾其面而大辱之。'……(冯驩)曰:'生者必有死,物之必至也;富贵多士,贫贱寡友,事之固然也。君独不见夫趣市朝者乎? 明旦,侧肩争门而入;日暮之后,过市朝者掉臂而不顾。非好朝而恶暮,所期物忘其中。今君失位,宾客皆去,不足以怨士而徒绝宾客之路。愿君遇客如故。'"

《史记·廉颇蔺相如列传》:"廉颇之免长平归也,失势之时,故客尽去。及复用为将,客又复至。廉颇曰:'客退矣!'客曰:'吁! 君何见之晚也? 夫天下以市道交,君有势,我则从君,君无势则去,此固其理也,有何怨乎?'"

《史记·张耳陈余列传·赞》:"然张耳、陈余始居约时,相然信以死,岂顾问哉。及据国争权,卒相灭亡,何乡者相慕用之诚,后相倍之戾也! 岂非以势利交哉?"

《史记·汲郑列传·赞》:"夫以汲、郑之贤,有势则宾客十倍,无势则否,况众人乎! 下邽翟公有言,始翟公为廷尉,宾客阗门;及废,门外可设雀罗。翟公复为廷尉,宾客欲往,翟公乃大署其门曰:'一死一生,乃知交情。一贫一富,乃知交态。一贵一贱,交情乃见。'汲、郑亦云,悲夫!"

③ 参《史记·刺客列传》、《游侠列传》,及《张耳陈余列传》、《季布栾布列传》所述贯高、栾布事迹。

④ 参《报任安书》:"因为诬上,卒从吏议。家贫,货赂不足以自赎,交游莫救视,左右亲近不为一言。"

均是《史记》的性情之处,①与其拨乱反正的一家言宗旨不相掩没,反而互为映照,使人在领会司马迁严肃的治政建言的同时感受到他苦涩而跃动的立名之心,更生动地把握其始终存于著书过程中的"疾没世而名不称"的忧思。②某种程度上,《史记》纪传结构和论赞设置也提供了这种富于个性化的表达便利。《史记》作为一部牵动司马迁人生体验的发愤之作,其"发愤"的背后是"徇名"。③然徇名在人,成之在天,故声名之欲同避世情怀常是互通的两端。司马迁《悲士不遇赋》曰:"虽有行而不彰,徒有能而不陈。何穷达之易惑?信美恶之难分。……没世无闻,古人惟耻。朝闻夕死,孰云其否。逆顺还周,乍没乍起。无造福先,无触祸始。委之自然,终归一矣。"④他先叹穷达无常、耻没世无闻,后又愿"委之自然,终归一矣",与其既悲悼屈原志向遭遇、惜其不能游诸侯立功名,至读贾谊《鵩鸟赋》则"同生死,轻去就"而"爽然自失"(《史记·屈

---

① 扬雄《法言·君子》谓司马迁"爱奇",当多源于此。

另,鲁迅亦指司马迁"恨为弄臣,寄心楮墨,感身世之戮辱,传畸人于千秋,虽背《春秋》之义,固不失为史家之绝唱,无韵之《离骚》矣"。鲁迅,《汉文学史纲要》,《鲁迅全集》第九卷,北京:人民文学出版社,1981,页420。

② "疾没世而名不称",原出自《论语·卫灵公》,《史记·伯夷列传》引。

③ 贾谊《鵩鸟赋》"烈士徇名",《史记·伯夷列传》引。按:《鵩鸟赋》文取自《史记·屈原贾生列传》,下同。

④ 按:《悲士不遇赋》文引自欧阳询撰《艺文类聚》卷三十"人部十四·怨",下同。

原贾生列传·赞》),①是同一心意。凡人但以功名为虑,不免因成败难测而咎命运无常,由此推人世空虚之论而生避世之意;反之,失意避世,往往暗示了入世之切,唯期望愈高,失望乃愈深。②故避世之愿,亦人情之常,不必据以论人生信仰。司马迁激于坎坷,偶发类似贾谊"与道翱翔"(《鵩鸟赋》)之语,非但不与其著书垂后的有为态度相悖,反而更突显其重名立名的心趣志向。

司马迁隐忍著书,欲以就没世之名,与其"继《春秋》"之说在根本上是相通的。《太史公自序》中,他反复引其父谈之遗言,自明著《史记》以"继《春秋》"、续孔子而扬名显亲,表示在其"继《春秋》"事业中有立名的意图,或者说,其立名之志欲图借由效孔子作《春秋》而落实。司马迁其时,《春秋》侧于五经之列而受官方表彰,孔子亦因儒学得势而地位渐为尊崇,《春秋》、孔子之为榜样,似是水到渠成之事。不过,从《史记》看,司马迁所以立下效孔子、"继《春秋》"的宏

① 又,《鵩鸟赋》曰:"天不可舆虑兮,道不可与谋。迟数有命兮,恶识其时?……合散消息兮,安有常则;千变万化兮,未始有极。……小知自私兮,贱彼贵我;通人大观兮,物无不可。……不以生故自宝兮,养空而浮;德人无累兮,知命不忧。……",近于庄子齐物之论,而司马迁《悲士不遇赋》"使公于公者,彼我同兮;私于私者,自相悲兮",亦似参诸此赋。

② 按:所谓避世,有士人之避世,亦有哲人之避世。希腊哲人伊壁鸠鲁尝谓,观世人于名利场中沉浮,犹如立于岸边,看人于惊涛骇浪中颠簸沉溺,而不免有一种置身事外的幸福感。士人则不然,必于惊涛骇浪中生退让之想,摧折之后避世,恐难真正置身事外,故不免处江湖之远而思庙堂之高。

愿,主要在于《春秋》褒卫周室的拨乱反正目的,此外也由于孔子的生平、行迹对他有着切己的激勉意义。

如从前所论,司马迁视《春秋》为孔子所作之《春秋》,未尝分别三传而定《春秋》嫡传,更未循当时潮流,尊《公羊传》之学,画地为狱(见本书第二章第一节)。故汉公羊家的"《春秋》为汉制法"一类当时有影响的说法,①不足据以论定其观点立场。他关于孔子作《春秋》的目的动机的理解,《太史公自序》已有所揭示:

> 太史公曰:"……余闻之先人曰:'伏羲至纯厚,作《易》《八卦》。尧、舜之盛,《尚书》载之,礼乐作焉。汤、武之隆,诗人歌之。《春秋》采善贬恶,推三代之德,褒周室,非独刺讥而已也。'……"

稍观春秋历史可知,当时礼乐崩坏,周室衰微,诸侯各自为政,周天子位同虚设,已不具备号令天下的权力。按《史记》,《春秋》撰史事以明礼义,严君臣父子之序,不仅刺讥当世之乱,更有抑诸侯之势、振周室之衰、使其君臣各归其位的

---

① 公羊家"《春秋》为汉制法"一说,由东汉何休注《公羊传·哀公十四年》"制《春秋》之义以俟后圣"明确指出:"待圣汉之王以为法。"(公羊寿传,何休解诂,徐彦疏,《春秋公羊传注疏》,前揭,页628)不过,董仲舒"《春秋》应天作新王之事"(《春秋繁露·三代改制质文》)、"孔子立新王之道"(《玉杯》)等说法,已含有"《春秋》为汉制法"之意。

现实意图,亦上引文所谓"褒周室",即褒卫、匡辅周室,维护
周天子的统治。故司马迁叙《孔子世家》,论孔子作《春秋》
曰:"吴楚之君自称王,而《春秋》贬之曰'子';践土之会实召
周天子,而《春秋》讳之曰'天王狩于河阳'。推此类以绳当
世。……《春秋》之义行,则天下乱臣贼子惧焉。"以为《春
秋》意在尊周,推君臣之道,明贬损之义,以绳当世诸侯臣下,
令其知惧而返于人臣之正;意谓《春秋》乃"天子之事",①其
义在"亲周",②在尊王,在整肃不臣之行,使"天下乱臣贼子
惧"。此司马迁所以称《春秋》明王道、当一王之法:

> 周道缺,诗人本之衽席,《关雎》作。仁义陵迟,《鹿
> 鸣》刺焉。及至厉王,以恶闻其过,公卿惧诛而祸作,厉
> 王遂奔于彘,乱自京师始,而共和行政焉。是后或力政,
> 强乘弱,兴师不请天子。然挟王室之义,以讨伐为会盟
> 主,政由五伯,诸侯恣行,淫侈不轨,贼臣篡子滋起矣。

---

① 《孟子·滕文公下》语。另,《孔子世家》"《春秋》之义行,则天
下乱臣贼子惧焉"一语,也出自《孟子·滕文公下》:"孔子成《春秋》而
乱臣贼子惧。"

② 《孔子世家》。司马贞《史记索隐·孔子世家》释"亲周"曰:
"盖孔子之时,周虽微而亲周王者,以见天下之有宗主也。"此解与《孔
子世家》"亲周"后文"吴楚之君自称王,而《春秋》贬之曰'子'"等语一
致,当是。又,因董仲舒《春秋繁露·三代改制质文》"亲周"作"新周"
之意,有论者据此以为《孔子世家》"亲周"之说取自董氏,意为"新周"。
此说已为罗倬汉、刘师培所驳,不赘。详参罗倬汉《史记十二诸侯年表
考证》,前揭,页4—6;刘师培《王鲁新周辨》,《刘申叔先生遗书·左盦
集》卷二,前揭。

齐、晋、秦、楚其在成周微甚，封或百里或五十里。晋阻
三河，齐负东海，楚介江淮，秦因雍州之固，四海迭兴，更
为伯主，文武所褒大封，皆威而服焉。是以孔子明王道，
千七十余君，莫能用，故西观周室，论史记旧文，兴于鲁
而次《春秋》，上记隐，下至哀之获麟，约其辞文，去其烦
重，以制义法，王道备，人事浃。(《史记·十二诸侯年
表·序》)

此处先详共和之后，周室微甚而"政由五伯，诸侯恣行，淫侈
不轨，贼臣篡子滋起"，后叙孔子虽明王道，却周行而不见用
于当世，故存之于《春秋》，以见孔子作《春秋》之背景动机，
显示"《春秋》'明王道'，正以诛'兴师不请天子'之'贼臣篡
子'"，"其辞一无闪烁"。① 这与《孔子世家》"《春秋》之义
行，则天下乱臣贼子惧焉"一说语近意同，再申《春秋》"褒
周"、尊王之义。由此可见《太史公自序》谓《春秋》"以达王
事"、"当一王之法"，应以此言，②指明孔子所以述作《春
秋》，在于为当世立法，对治君臣失序之弊，扶君抑臣，以达尊
王之效；而《春秋》之拨乱反正、整君臣之礼及朝廷之序，本
是王者之事，故曰"当一王之法"。

司马迁既以为《春秋》旨在宗周、尊王，则其所谓《春秋》

---

① 罗倬汉《史记十二诸侯年表考证》，重庆：商务印书馆，1943，第
3页。
② 同上。

拨乱反正之用,①实际上同于匡世济时、尊隆周室。这与他列孔子于世家的缘由根据是相合的。《太史公自序》:

> 周室既衰,诸侯恣行。仲尼悼礼废乐崩,追修经术,以达王道,匡乱世反之于正,见其文辞,为天下制仪法,垂六艺之统纪于后世。作《孔子世家》第十七。

关于司马迁列孔子入世家之由,历来争讼不已,其实上引文已述之甚明。如《自序》所示,司马迁列周世家,皆据其尊周匡周之德,如于晋曰"嘉文公锡珪鬯,作《晋世家》第九",于越曰"嘉句践夷蛮能脩其德,灭彊吴以尊周室,作《越王句践世家》第十一",于郑曰"嘉厉公纳惠王,作《郑世家》第十二",于赵曰"嘉鞅讨周乱,作《赵世家》第十三",于韩曰"嘉厥辅晋匡周天子之赋,作《韩世家》第十五"。据上引文,孔子所以入世家,为其在"周室既衰,诸侯恣行"之际能"追修经术,以达王道,匡乱世反之于正",明显是循《史记》叙周世家之例。司马迁此意,姜宸英论之甚晰:

> ……其世家乎孔子者,同之于列国之诸侯也。其同之诸侯奈何?曰以其同尊周也。……其意以诸侯之得世其家者,以其知有天子而能匡乱反正,以天子

---

① 《史记·太史公自序》:"拨乱世反之正,莫近于《春秋》。"

之权归之于周者,莫如孔子之功最大,故附孔子于世家者,非尊孔子也,推孔子之心,以明其始终为周之意。曰,春秋非孔子,则周道几乎熄矣。以孔子为尊周,而尊周者诸侯之事也,故上不得比于本纪,而下亦不得夷为列传也。[1]

司马迁撰述史事,不能无是非美刺,但其进退褒贬并不通过体例而表现。这一点,稍观《吕太后本纪》等篇可知。如赵生群所言,《史记》的体例安排自有其客观标准。[2] 司马迁列孔子入世家,与他对孔子的推崇没有直接关系,而是"按严格的体例标准决定的"。[3] 这一标准早由《自序》确定:"二十八宿环北辰,三十辐共一毂,运行无穷,辅拂股肱之臣配焉,忠信行道,以奉主上,作三十世家。"就周世家而言,当以匡弼周室、拱卫周天子为准。孔子布衣,不仕周室,在一般意义上,固不能称社稷股肱之臣,但其作《春秋》而申礼义、明王道,欲匡乱反正、辅赞周室,已有"忠信行道,以奉主上"之实。如上引文所论,当诸侯恣行之时,"以天子之权归之于周者,莫如孔子之功最大",微孔子,周道几至于熄灭。孔子未在诸侯之位,而行诸侯尊周之事,堪比于周室股肱,立于世家,亦

---

① 姜宸英《湛园未定稿》卷五《读孔子世家》,引自杨燕起、陈可青等,《历代名家评〈史记〉》,前揭,页493。

② 赵生群《〈史记〉体例平议》。赵生群,《〈史记〉文献学丛稿》,前揭,页211。

③ 同上,页230。

所宜矣。且孔子手定六经,"垂六艺之统纪于后世"(《史记·太史公自序》),其道不隐,其名不没,"传十余世,学者宗之"(《史记·孔子世家·赞》),无待司马迁列之于世家,便已自世其家。——《史记》立《仲尼弟子列传》与之对应,亦是据实而为。① 联系司马迁对《春秋》述作意图的理解,他以宗周之名撰《孔子世家》,显然是承认孔子于周有拨乱反正之功。从学者的角度看,"《春秋》之义行,而天下乱臣贼子惧焉",但就现实讲,《春秋》之作,无补于周室之衰。《春秋》的拨乱反正之功,主要体现在其"当一王之法",而法之行与不行,全凭机运,唯待"后有王者举而开之"(《史记·孔子世家》)。这与司马迁秉拨乱反正之志而著《史记》,却只言"俟后世圣人君子"(《史记·太史公自序》),并无二致。所谓不以成败定是非功过,司马迁鉴评历史人物如此,②论拨乱反正之业亦如此。在他看来,孔子匡世宗周的功德,赋予其自身历史重要性,由此其周游列国、评点时事乃至其卒年也就相应地具有了特殊的意义。《史记》十六列国世家中,除《越王勾践世家》、《韩世家》、《田敬仲完世家》外,其余十三篇正文皆书孔子去世、行迹或言论。如《吴太伯世家》,"(阖庐)十五年,孔子相鲁";《燕召公世家》,"(献公)十四

---

① 　赵生群《〈史记〉体例平议》。赵生群,《〈史记〉文献学丛稿》,前揭,页229。

② 　如《史记》评项羽、陈涉、田横等。此问题显而易见,亦颇多论述,不赘。

年,孔子卒";《陈杞世家》,"是岁(湣公二十四年),孔子卒";《卫康叔世家》,"(灵公)三十八年,孔子来,禄之如鲁。后有隙,孔子去。后复来";《楚世家》,"(昭王)十六年,孔子相鲁。……孔子在陈,闻是言,曰:'楚昭王通大道矣。其不失国,宜哉'";《晋世家》,"(定公)三十三年,孔子卒"。此类记载,均有意突出孔子地位,示其系当时天下之重轻;其作用、功迹,不见于当时,而司马迁叙而推之,明显是出于对其拨乱反正事业的认识。孔子的拨乱反正之功,莫大于述作《春秋》,而《春秋》"据鲁亲周"(《史记·孔子世家》),始于鲁隐公元年,故《史记》列国世家多书鲁隐公元年或其被弑之年,①且时引《春秋》对各国政事的贬损议论,如《晋世家》,"孔子读史记至文公,曰'诸侯无召王'、'王狩河阳'者,《春秋》讳之也";《田敬仲完世家》,"厉公之杀,以淫出国,故《春秋》曰'蔡人杀陈他',罪之也"。这就更加突显了孔子作《春秋》的匡乱反正作用。

明了孔子述《春秋》所具有的扶正乱世、尊隆周室的意义之后,《史记》之"继《春秋》"说的本质内涵就自然清楚了。司马迁秉拨乱反正之志而著《史记》,这一点与孔子作《春秋》是完全相同的。但是,《春秋》的拨乱反正,面对的是当时周室衰危、诸侯恣行以致君臣失序的治政现实,于是特借史事

---

①　参《史记·齐太公世家》、《鲁周公世家》、《燕召公世家》、《管蔡世家》、《陈杞世家》、《卫康叔世家》、《宋微子世家》、《晋世家》、《楚世家》等。

宣明礼义之旨,意欲抑臣下而尊天子、使君臣父子之礼复归于正,针对的主要是"乱臣贼子"。《史记》的拨乱反正背景则是汉世天下一统、尊君而抑臣,与孔子时截然不同,势不能照搬《春秋》匡时救世之道,而必立足当世、对症下药,救汉武文政之敝,挽其时君道之衰,针对的主要是骄悍之君。《春秋》意在尊王,《史记》意在谏主,事虽不同,其志不异,皆归于拨乱反正。① 就目的而论,《史记》的"成一家之言"与《春秋》的"当一王之法"相当。② 所谓"世易时移,变法宜矣"(《吕氏春秋·察今》),治道当随俗为变,"因时为业"(《要指》)。司马迁于"文质之辨"和"君臣之际"提出的拨乱反正意见,与孔子所推礼义之道,既均旨在济时,就不能没有区别;《史记》不循《春秋》之义而遵《要指》之说,正是其继《春秋》而匡乱扶正的表现。此外,按《高祖本纪·赞》,夏、商、周三王之道有若循环、周而复始,周尚文,周秦之间,文敝已甚,汉承敝易变而尚夏之忠质,"得天统矣"。可知汉在三王之道的盛衰系统中是继周而兴。孔子作《春秋》为褒周,而司马迁撰《史记》为匡汉,是承继孔子《春秋》扶弱天子的大业,正可谓之"继《春

---

　　① 赵永磊也指出,《史记》之"贬天子"有现实寓意,是"承《春秋》'讥天王'之义,以规正汉武帝之失,进而达到'反王道之本',为后世立训的目的"。赵永磊,《关于〈史记〉"贬天子"问题的解读》,《史学史研究》,2008 年第 3 期。

　　② 程金造《释太史公自叙成一家之言》也指出:"太史公述其著作之'成一家之言',如果以孔子作《春秋》来相比,就等于孔子的'当一王之法'。"程金造,《史记管窥》,前揭,页 66。

秋》"。《春秋》处周时,重礼义,崇教化,欲兴文政之盛;《史记》处汉时,尚忠质,推无为,欲复质政以治文敝。在此意义上,《史记》之继《春秋》,犹汉道之继周道,又有文质相替之意。可见,司马迁的"继《春秋》"说的内涵是较为丰富且具有进取性的。他所自期许之"继",并非如儒生奉孔子为教主、尊《春秋》为圣经,亦步亦趋,不敢稍越雷池,而是有"接续"之义,颇自负其才力,意图上接孔圣,承天命递兴递废之变,续拨乱反正之统,效孔子作《春秋》以扶周而著《史记》以扶汉,其中不无睥睨当世、媲美孔子的意味。

《孔子世家·赞》曰:"《诗》有之:'高山仰止,景行行止。'虽不能至,然心乡往之。余读孔氏书,想见其为人。……天下君王至于贤人众矣,当时则荣,没则已焉。孔子布衣,传十余世,学者宗之。"司马迁既言"不能至",又云"心向往之"、"想见其为人",是思慕之余,[1]不能不起追随仿效之愿,故有意无意之间,缘己立名之心,而特别注意孔子身后荣耀。"不能至"是敬辞,亦是谦辞。司马迁称孔子"至圣"(《史记·孔子世家·赞》),并非只存仰望之念,《自序》中,他自言值五百岁之期而欲继周、孔之圣,略无谦让,是其对孔子"心向往之"的最好注脚。[2] 古人于五百年之数有特殊理解,宋刘敞曰:

---

[1] 胡承珙释《诗·小雅·车舝》"高山仰止,景行行止"曰:"仰止行止,极致其思慕之意。"金启华,《诗经全译》,前揭,页564。

[2] 郝敬亦言司马迁"志在继《春秋》,上比六艺"。郝敬《史记愚按》卷四,引自杨燕起、陈可青等,《历代名家评〈史记〉》,前揭,页745。

> 五百岁而一圣人也。……夫圣人盖因时而设法,相
> 时而制治者也。法固有必变,治固有必革,谋不能五百
> 年者,非圣人也。当五百年之极而不知承之者,非圣人
> 也。……由尧至于汤,五百有余岁,由汤至于文王,五百
> 有余岁,由文王至于孔子,五百有余岁。……故孔子作
> 《春秋》。《春秋》之作,曰"行夏之时,乘殷之辂,服周之
> 冕,乐则韶舞。"夫后世未有为孔子之为者也。如有孔子
> 之为者,则亦必五百年而后可亡也,故曰五百岁一圣人
> 作。(刘敞《公是集》卷四七《五百》)

此处谓孔子隔五百岁而接周文王,是暗许孔子素王地位,和
后文引"行夏之时"等语相类,同是今文家言。① 司马迁以孔
子比周公,②以《孔子世家》殿周世家末,明孔子宗周尊王之
功,所见显然与此不同。不过,上引文因时设法、相时制治、
五百年一变等说法,可以概括并解释司马迁"继《春秋》"而
著《史记》却不囿于《春秋》之义的拨乱反正思路。③ 至于

---

① 廖平认为,《论语・卫灵公》所载"行夏之时,乘殷之辂,服周之
冕,乐则韶舞",是"孔子晚年之言,今学之祖也"(《今古学考》卷下)。
李耀仙主编,《廖平选集》(上),成都:巴蜀书社,1998,页70。

② 《史记・太史公自序》:"先人有言:'自周公卒五百岁而有孔子。
孔子卒后至于今五百岁,有能绍明世,正《易传》,继《春秋》,本
《诗》、《书》、《礼》、《乐》之际?'意在斯乎! 意在斯乎! 小子何敢让
焉。"

③ 并参《史记・天官书》:"夫天运,三十岁一小变,百年中变,五
百载大变;……"

"五百岁而一圣人"之论,则是直揭司马迁所言当五百岁之期而续孔子、"继《春秋》"的立名动机了。对于司马迁自许名世之才、欲与孔圣比肩的志向,学者多不以为然。① 司马贞曰:"孔子之没,千载莫嗣,安在于千年五百乎? 具述作者,盖记注之志耳,岂圣人之伦哉?"(《史记索隐·太史公自序》)但是,《自序》所谓"述故事,整齐其世传",只是司马迁的逊词,②他的著述目标,他对《史记》的定位、期许,远非记注之书可比。《史记》继《春秋》而拨乱反正,用纪传体例,本纪"以编年为体,义同于《春秋经》",世家、列传为释本纪而作,同于《春秋》传记。③《史记》一书之中,经、传俱备。司马迁不仅自拟本经,④更亲授其传指,定匡乱反正之道,形式上如孔子作《春秋》,"王道备,人事浃,七十子之徒,口受其传指"(《史记·十二诸侯年表·序》),述诸传而明孔子大义。《自序》一篇,记司马氏家世,详司马迁著述志向及规划,"于《史记》为序",于司马迁"便是自己列传"。⑤《史记》列传叙"扶义俶傥,不令己失时,立功名于天下"之人,司马迁自作传记以收束全书,表己立名之志而不稍隐讳,与其列孔子于

---

① 司马贞谓司马迁五百岁之说"略取于《孟子》,而杨雄、孙盛深所不然,所谓多见不知量也"。(《史记索隐·太史公自序》)

② 见程金造《史记辨旨》。程金造,《史记管窥》,前揭,页58。

③ 金毓黻,《中国史学史》,前揭,页56。

④ 金毓黻谓司马迁"本纪之名以拟经"。同上。

⑤ 见金圣叹总评《史记·太史公自序》。张国光点校,《金圣叹批才子古文》,前揭,页297。

周世家末义近,只不过功虽成而名未就,理当自降一等,而其当五百年大运不让、拟经著书、欲比于孔子的自负之心,则于《自序》末所云"藏之名山,副在京师,俟后世圣人君子"一句——显是仿效得意当时而彰孔子圣名之《公羊传》的结语"以俟后圣"——再次透露。①

　　拟经著书,在中国传统中虽足为惊人之举,但即使在尊孔子为至圣先师的儒家阵营里,也并非不可思议之事。东汉扬雄,"好古而乐道,其意欲求文章成名于后世,以为经莫大于《易》,故作《太玄》;传莫大于《论语》,作《法言》。"(《汉书·扬雄传·赞》)不惟《太玄》,《法言》亦拟经之作。南朝陈徐陵《让左仆射初表》云"七十之岁,扬雄拟经",②即指扬雄晚年作《法言》而论。③ 按王国维考证,"汉时但有受《论语》、《孝经》、《小学》而不受一经者,无受一经而不先受《论语》、《孝经》者",其时"《论语》、《孝经》之传实广于

---

　　① 程金造《史记辨旨》指出,《自序》云"藏之名山,副在京师,俟后世圣人君子","这俟后圣之行其所论,和本篇前文所谓'周公卒五百岁而有孔子,孔子卒后至于今五百岁,……小子何敢让焉'这话,其自负之心,是前后一致的。他是引用了《公羊传》最终的'以俟后圣'之言。也足以知其与孔子之著《春秋》'拨乱反正'目的相同了。"程金造,《史记管窥》,前揭,页62。

　　② 按:文引自严可均辑《全上古三代秦汉三国六朝文》之《全陈文》卷七。

　　③ 按《汉书·扬雄传》,扬雄年七十一,天凤五年卒,其作《太玄》在汉哀帝时,《法言》后成。杨福泉经考证认为,扬雄五十二岁作《太玄》,六十二岁《法言》成。杨福泉,《扬雄年谱考订》,《绍兴文理学院学报》(哲学社会科学),第26卷第1期(2006,2)。

五经"。①可知《论语》在汉虽称"传",其地位实去"经"不远。② 扬雄比《论语》而作《法言》,③义同比《易经》而作《太玄》,可并视为拟经之行,其中当有效孔圣"以空文垂后来"之想。④ 这与司马迁续孔子拨乱反正之业、欲以扬名后世并无区别。扬雄有大儒之称,处尊师重道的儒家门户内,尚敢冒僭圣之讥,⑤拟经而作,慰己立名之心;当汉武初尊儒术之时,百家之学犹存,孔子亦未供于文庙、享褒崇之典,司马迁忍辱著书、拟经继圣,似更在情理之中了。

可见,司马迁立孔子为匡乱扶正典范,引《春秋》为著述榜样,根本上不过源于其续圣显名之愿,与其具体的思想立场和治政策略无关。在儒学一枝独秀而汉武踌躇满志、"尊君抑臣"的治政气氛下,"继《春秋》"说可看成司马迁暗示《史记》拨乱反正意图、公布自己著书垂后志向并使之正当化的一种表达方式。故《自序》中,司马迁一再隐藏自己对汉武治绩的判断评价,而力表撰书颂美当世明圣盛德的心意。《报任安

① 见王国维《汉魏博士考》。王国维,《观堂集林》(外二种),前揭,页107—108、109。

② 东汉时有七经之称,是五经之外加《论语》、《孝经》。又,东汉灵帝时所刻《一字石经》,《隋书·经籍志》谓之七经,是五经并《公羊》、《论语》二传。

③ 徐复观认为,扬雄《法言》除拟《论语》之外,还有一部分是拟《春秋》而作。参徐复观,《两汉思想史》第二卷,前揭,页307—333。

④ 参黄侃《法言义疏后序》。汪荣宝撰,陈仲夫点校,《法言义疏》(上),北京:中华书局,1987。

⑤ 《汉书·扬雄传·赞》:"诸儒或讥以为雄非圣人而作经,犹春秋吴楚之君僭号称王,盖诛绝之罪也。"

书》作为司马迁剖肝沥胆的私人书信,则无此类自危之言。《报书》不仅只字不提"继《春秋》"说,更侪孔子于孙子、韩非之列:

> 古者富贵而名摩灭,不可胜记,唯倜傥非常之人称焉。盖文王拘而演《周易》;仲尼厄而作《春秋》;屈原放逐,乃赋《离骚》;左丘失明,厥有《国语》;孙子膑脚,《兵法》修列;不韦迁蜀,世传《吕览》;韩非囚秦,《说难》、《孤愤》;《诗》三百篇,大抵圣贤发愤之所为也。此人皆意有郁结,不得通其道,故述往事、思来者。

此节亦大致见于《自序》,只是因《自序》中承先继圣、褒美当世之语过于醒目,而不甚显明。《报书》中,司马迁既直揭《史记》"究天人之际,通古今之变,成一家之言"的拨乱反正宗旨,就不必再赘言"继《春秋》",而可尽情抒其发愤著书之志。一篇《报书》,大半是发愤之言,上引文足见其旨。司马迁将孔子同孙子、韩非诸人并论,虽不见得是等视之意,但已表明,在文王演《周易》、孔子作《春秋》的业绩之中,他看到并尤其重视二者与其他诸子贤人著书的共通之处:于困顿中愤发有为。这当然是由于他个人相似的人生挫折和抱负,而不能不生惺惺相惜之感。他将孔子与诸子同称为"倜傥非常之人",引其隐忍精神为自己著书动力,指示了他效法孔子的另一个重要方面。上引文"仲尼厄而作《春秋》"一语,是其

《孔子世家》的筋骨所在。

《孔子世家》叙孔子生平、成就,先略言其先世及"少而好礼"的成长教养,照应其毕生对礼义之道的崇信,末述孔子之死及其身后哀荣,显示其没而不朽。这两部分所用篇幅不过全文百分之十左右;中间部分(自"孔子贫且贱"至"后世知丘者以《春秋》,而罪丘者亦以《春秋》")是该篇重点,占约百分之九十,详孔子困厄当世而修《诗》《书》《礼》《乐》、序《易传》、作《春秋》的过程,于其周游列国而不见用的仕途际遇着墨最多,占全篇文字三分之二以上,予人"通篇以'不用'二字为眼目"①的阅读印象,表明司马迁的关注和叙述重心均在孔子所以退而编修六艺的个人遭遇背景。② 在叙述孔子的入仕经历、治政才干时,《孔子世家》不乏可疑之言。如,"孔子在陈、蔡之间,楚使人聘孔子。孔子将往拜礼,陈、蔡大夫谋曰:'孔子贤者,所刺讥皆中诸侯之疾。今者久留陈、蔡之间,诸大夫所设行皆非仲尼之意。今楚,大国也,来聘孔子。孔子用于楚,则陈、蔡用事大夫危矣。'于是乃相与发徒役围孔子于野";又,楚昭王"将以书社地七百里封孔子",楚令尹子西指出孔子弟子子贡、颜渊、子路各为当世一

---

①　丁晏《史记余论·孔子世家》。引自杨燕起、陈可青等,《历代名家评〈史记〉》,前揭,页495。

②　关于《史记·孔子世家》的叙述结构,周先民《高山仰止　景行行止——读〈史记·孔子世家〉》(载《齐鲁学刊》1993 年第 3 期)分起、承、转、结四个部分,本书不过将其第二、三部分合而为中间部分,以显司马迁对孔子"厄而作《春秋》"的理解。

流之使臣、辅相、将才,曰"今孔丘述三五之法,明周召之业,王若用之,则楚安得世世堂堂方数千里乎? 夫文王在丰,武王在镐,百里之君卒王天下。今孔丘得据土壤,贤弟子为佐,非楚之福也","昭王乃止"。春秋之际,诸侯力政,孔子所申礼义、所明周道,显不能合各国急功近利之需,近于迂而无当,①以上二则材料述诸国对孔子治政才能的称赞、忌惮,殊不可信,亦未见于他处;二者作为史料的悖谬、虚妄之处,论者已析之甚详。② 要之,司马迁作此类叙述,未必是据实而录、取信后世,大抵不过有意设为寓言,③借由拔高孔子治政

---

① 即孔门高弟子路亦认为孔子治政主张迂而不能用于当时。《论语·子路》:"子路曰:'卫君待子而为政,子将奚先?'子曰:'必也正名乎!'子路曰:'有是哉,子之迂也! 奚其正?'"

② 《史记会注考证·孔子世家》针对第一则材料,引全祖望曰:"当时楚与陈睦,而蔡全属吴,迁于州来,与陈远矣。且陈事楚,蔡事吴,则雠国矣,安得二国之大夫合谋乎? 且哀公六年,吴志在灭陈,楚昭至誓死以救之,陈之仕楚何如,感楚何如,而敢围其所用之人乎? 乃知陈、蔡兵围之说,盖《史记》之妄;楚昭之聘,亦为虚语。"针对第二则材料,引全祖望曰:"是时楚昭在陈,何必使子贡如楚,而楚果迎道而闻子西之沮,又竟弃孔子而去,皆情理之必无者。"又引崔述曰:"陈、蔡之时,子贡尚未出使于诸侯,颜渊宰予,皆无所表见,子路亦未尝为将帅,彼子西者,乌足以知之? 是时昭王方在城父,以拒吴师,竟卒于军,亦非议封孔子时也。"

③ 韩兆琦认为,《史记》的一项特殊书法是,"明知史实不确,亦必记入,以见作者的观点理想。"韩兆琦,《史记通论》,桂林:广西师范大学出版社,1996,页78。

陈曦更明确指出,"司马迁深受先秦隐喻性叙事观念、尤其是寓言的影响,故而常在人物传记中插入具有寓言意味的小故事;甚至有的篇章,其描写人物事迹时所呈现的该篇的文体形式,与其说是传记,倒不如说是寓言更恰当一些。"陈曦,《〈史记〉与周汉文化探索》,前揭,页38。

才干,加深其"不遇"的政治命运中的悲剧意味。① 按《孔子世家》,孔子虽怀平治天下之道而无所用,仍游仕不倦,愈挫愈奋,不愿效隐士独善其身、抱道以逝:

> 长沮、桀溺耦而耕,孔子以为隐者,使子路问津焉。……桀溺谓子路曰:"子为谁?"曰:"为仲由。"曰:"子,孔丘之徒与?"曰:"然。"桀溺曰:"悠悠者天下皆是也,而谁以易之? 且与其从辟人之士,岂若从辟世之士哉!"耰而不辍。子路以告孔子,孔子怃然曰:"鸟兽不可与同群。天下有道,丘不与易也。"

《孔子世家》此节文字取自《论语·微子》,表达了孔子自别于归隐山林之士,而欲以己道变易天下之无道的理想志趣。②

---

① 陈曦,《〈史记〉与周汉文化探索》,前揭,页117。

当然,《孔子世家》亦有一则贬低孔子治政才能的记述,即晏婴在齐景公前沮毁孔子。不过,晏婴讥诋孔子,其中有"累世不能殚其学,当年不能究其礼"等语,与《论六家要指》评汉儒完全相同,故在某种程度上可视为对汉儒的批评。聂石樵、陈曦也持此观点(聂石樵,《司马迁论稿》,北京师范大学出版社,1987,页111;陈曦,《〈史记〉与周汉文化探索》,前揭,页227—228)。且《孔子世家》后文载齐大夫黎鉏"鲁用孔丘,其势危齐"不无夸张意味的评价与晏婴之诋孔子作一平衡,说明司马迁的基本叙述倾向还是着重于表现孔子能而不遇的政治命运,只不过似乎缺乏细致刻画其治政才能的热情和耐性。

② 裴骃《史记集解·孔子世家》引孔安国释"鸟兽"曰:"隐于山林是同群。"另,《史记会注考证·孔子世家》引朱熹释"天下"句曰:"天下若已平治,则我无用变易之,正为天下无道,故欲以道易之。"

这与司马迁不愿效"岩处奇士"褐衣怀璧、隐世无名，[①]而必求有为于世，似出一辙。由此，司马迁进一步暗示了孔子与自己在忍辱奋发、力求进取方面的相契之处。这一意图，在其关于孔子所以作《春秋》的叙述中，更是表露无遗。《孔子世家》云：

> 鲁哀公十四年春，狩大野。叔孙氏车子鉏商获兽，以为不祥。仲尼视之，曰："麟也。"取之。曰："河不出图，雒不出书，吾已矣夫！"颜渊死，孔子曰："天丧予！"及西狩见麟，曰："吾道穷矣！"喟然叹曰："莫知我夫！"子贡曰："何为莫知子？"子曰："不怨天，不尤人，下学而上达，知我者其天乎！"
>
> "不降其志，不辱其身，伯夷、叔齐乎！"谓"柳下惠、少连降志辱身矣"。谓"虞仲、夷逸隐居放言，行中清，废中权"。"我则异于是，无可无不可。"
>
> 子曰："弗乎弗乎，君子病没世而名不称焉。吾道不行矣，吾何以自见于后世哉？"乃因史记作《春秋》，上至隐公，下讫哀公十四年，十二公。……
>
> 孔子在位听讼，文辞有可与人共者，弗独有也。至于为《春秋》，笔则笔，削则削，子夏之徒不能赞一辞。

---

① 《史记·货殖列传》："无岩处奇士之行，而长贫贱，好语仁义，亦足羞也。"中井积德释云："苟有岩处奇士之行，则虽长贫贱无所羞，而太史公固不说（悦）之也。"（《史记会注考证·货殖列传》）

> 弟子受《春秋》，孔子曰："后世知丘者以《春秋》，而罪丘
> 者亦以《春秋》。"

上引文前，《孔子世家》以大篇幅叙明孔子屡仕不遇之后，即述其退而编修六艺、教授弟子以自续有为之志，并摘取《论语》之言简要描述其行为修养和思想志趣，显示其动必以礼。周先民注意到，在这一部分，司马迁"用笔很省，一般只用概述法，点到辄止，但却特详于孔子作《春秋》之事"。① 这不奇怪。在司马迁看来，孔子作《春秋》，不仅是自己著《史记》的效法榜样，也是孔子个人生平志向的寄托所在。上引文首段牵合《左传·哀公十四年》、《公羊传·哀公十四年》并《论语·子罕》、《宪问》等篇中文字而成，②表达了司马迁对孔子的理解。他指出，孔子当周衰之际，未见圣王之瑞，由是知时无明君，③于是绝效力当世之望。但弟子中

---

① 周先民，《高山仰止　景行行止——读〈史记·孔子世家〉》，前揭。

② 《左传·哀公十四年》："十四年春，西狩于大野，叔孙氏之车子鉏商获麟，以为不祥，以赐虞人。仲尼观之，曰：'麟也。'然后取之。"《公羊传·哀公十四年》："颜渊死，子曰：'噫！天丧予！'……西狩获麟，孔子曰：'吾道穷矣。'"《论语·子罕》："子曰：'凤鸟不至，河不出图，吾已矣夫！'"《宪问》："子曰：'莫我知也夫！'子贡曰：'何为其莫如知子也？'子曰：'不怨天，不尤人，下学而上达。知我者其天乎！'"

③ 裴骃《史记集解·孔子世家》引孔安国曰："圣人受命，则河出图。今无此瑞。'吾已矣夫'者，伤不得见也。"《史记会注考证·孔子世家》曰："夫子盖叹无圣王。"又，邢昺疏《论语·子罕》"子曰：'凤鸟不至，河不出图，吾已矣夫'"云："此章言孔子伤时无明君也。"何晏注，邢昺疏，《论语注疏》前揭，页117。

尚有颜渊堪称知己。① 及颜渊死,孔子伤己既不遇时,又失知己,故生"天丧予"之慨。后西狩见麟,是"夫子将没之征"。② 孔子将逝,而其道犹未见行于世,且无知己传扬其道、宣颂其志,③不能不叹道穷不用、"莫知我夫"。借子贡"何为莫知子"之问,孔子又自表"不用于世而不怨天,不知己亦不尤人"、④而愿"反己自修",⑤并明己志唯有"天"知。⑥ 孔子引"天"以慰己志,固然包含某种超越性的精神体

---

① 《史记·孔子世家》详孔子厄于陈、蔡时问诸弟《诗》云'匪兕匪虎,率彼旷野'。吾道非邪? 吾何为于此"。子路应以"未仁耶"、"未知(智)耶",疑孔子之道,而子贡则劝孔子稍贬其道、以就当时。唯颜渊答云:"夫子之道至大,故天下莫能容。虽然,夫子推而行之,不容何病,不容然后见君子! 夫道之不修也,是吾丑也。夫道既已大修而不用,是有国者之丑也。不容何病,不容然后见君子!"是深知孔子之者。从《史记》列传(如《管晏列传》、《魏公子列传》、《刺客列传》等)可知,"知己"是司马迁非常关注的一个话题。他特别以子贡、子路等孔门高弟作为衬托,表明在孔子道穷之时,唯颜渊知其志,显然有视颜渊为孔子知己的意图。这一点,从《孔子世家》后文亦可见。《孔子世家》云:"颜渊死,孔子曰:'天丧予!'及西狩见麟,曰:'吾道穷矣!'"取自《公羊传·哀公十四年》,但略去了"颜渊死"与"西狩见麟"之间关于子路的一句,"子路死,子曰:'噫! 天祝予'",明显将颜渊与子路分别而论。《孔子世家》这一分别照应了二子于陈、蔡之厄时所表现的对孔子之知与不知,故于叙颜渊死、见麟之后述孔子叹曰"莫知我夫",再次暗示颜渊为孔子知己。

② 见裴骃《史记集解·孔子世家》引何休释"及西狩见麟,曰:'吾道穷矣'"。

③ 朱熹释《论语·先进》"颜渊死。子曰:'噫! 天丧予! 天丧予'"之"天丧予"曰:"悼道无传,若天丧己也。"朱熹集注,陈戍国标点,《四书集注》,前揭,页181。

④ 见裴骃《史记集解·孔子世家》引马融释"不怨天,不尤人"。

⑤ 见朱熹释《论语·宪问》"下学而上达"。朱熹集注,陈戍国标点,《四书集注》,前揭,页230。

⑥ 邢昺释《论语·宪问》"知我者其天乎"云:"言唯天知己志也"。何晏注,邢昺疏,《论语注疏》,前揭,页199。

验,但毕竟是为"莫知我夫"而发,豁达之中,难掩寂寞之情。上引文第二段即承此而言。该段出自《论语·微子》,司马迁取以表明孔子在困厄失意境况下的选择。伯夷、叔齐"直己之心,不入庸君之朝",①不降志辱身,隐于首阳而饿死;柳下惠、少连食禄乱朝,与之完全相反;②至于虞仲、夷逸,则"隐遁退居,放置言语,不复言其世务,其身不仕浊世,应于纯洁,遭乱世,自废弃以免患,应于权也"。③此类逸民之行皆非孔子之志。他既不愿如伯夷、叔齐一样抱定丧命的决心与衰世抗争,也不认同虞仲、夷逸之隐居自废、无所作为,更不愿效柳下惠等降志辱身而自贬其道。在孔子"无可无不可"、不以进退自锢的自我期许中,④隐然有对"道"的坚持、对"有为"的追求,从而反映出他不甘于"道之不行"与"莫知我夫"的积极态度,与《孔子世家》着力表现的传主奋发有为的精神气质完全吻合。上引文第二段的重点显然是落在"我则异于是"一语上,由此导出第三段。孔子既不愿效逸民之行,则其如何对待道穷、无名且将没的困境?司马迁认为是作《春秋》以垂后世。他引孔子"君子疾没世而名不称焉"

①　见裴骃《史记集解·孔子世家》引郑玄释"不降其志,不辱其身,伯夷、叔齐乎"。

②　见邢昺释《论语·微子》"柳下惠、少连降志辱身矣"。何晏注,邢昺疏,《论语注疏》,前揭,页253。

③　见邢昺释《论语·微子》"虞仲、夷逸隐居放言,行中清,废中权"。同上。

④　邢昺释《论语·微子》"无可无不可"曰:"亦不必进,亦不必退,唯义所在。"同上。

(《论语·卫灵公》)一语,揭示孔子立名之愿,继而带出其
"吾道不行矣,吾何以自见于后世哉"这一声名之虑,接着便
述其"乃因史记作《春秋》"。"乃"字作一承递,显示了孔子
作《春秋》的立名动机和发愤心理。这一理解与司马迁所述
孔子之屡遭挫折相结合,共同说明、印证了他于《报书》中所
下的"仲尼厄而作《春秋》"的断语,其中折射出他自己受刑
而著《史记》的心迹。① 而上引文所示《春秋》为"孔子的最
大著述",是其"整个生命之最后寄托","而且是一生功罪所
系",②亦犹司马迁视《史记》为毕生使命、身后荣辱所在。③
《孔子世家》主要围绕"仲尼厄而作《春秋》"展开,带有明显的
主观色彩与自励痕迹,其中孔子"吾何以自见于后世"这关键
一语,似是司马迁"没世无闻,古人惟耻"(《悲士不遇赋》)观
点的发挥,就连篇末据实而述孔子身后荣耀的内容,也透显出
他特殊的历史观察角度——这一角度显然是由其立名之志决
定的。《孔子世家》体现了司马迁对孔子所以作《春秋》的自家
理解,揭明其以孔子作《春秋》为榜样的另一层内涵即发愤著

----

① 尚镕《史记辨证》卷五《孔子世家》云:"又谓君子疾没世而名
不称,吾道不行,吾何以自见于后世,乃因史记作《春秋》,反复致意。盖
以己之《史记》,因继《春秋》而作,赞《春秋》即自赞也。"引自杨燕起、陈
可青等,《历代名家评〈史记〉》,前揭,页496。

② 李长之,《司马迁之人格与风格》,前揭,页59。

③ 周先民论《史记·孔子世家》云:"在孔子'后世知丘者以《春
秋》,而罪丘者亦以《春秋》'的感慨里,不也传达出了司马迁的'后世知
迁者以《史记》,而罪迁者亦以《史记》'的心迹吗?"(周先民,《高山仰止
景行行止——读〈史记·孔子世家〉》,前揭。)

书。《孔子世家》与其说是孔子传记,不如说是司马迁的自勉之作。汉初尊儒未久,规距约束未渐于人心,言多出乎天真,司马迁又疏阔好奇,自负才识,其于古之圣贤,畅意品论,殊无后世战战兢兢、如履薄冰之感,且由于他个人的立名取向,故难免以己度圣,突出孔子的功名之欲,无形中模糊了孔子乐于行道、"与命与仁"(《论语·子罕》)的圣人品性,或者说是对世所称之孔子高如日月的圣人之德作了某种无意识的祛魅。①故后世诸儒论《孔子世家》,虽各有褒贬,但褒之者常止于司马迁列孔子入世家一事本身。② 而贬之者针对的多是《孔子世家》的具体内容,不满于司马迁所塑造的孔子形象,不仅讥其才识不逮,"欲尊大圣人反而小之",③更有甚者,斥其"诬圣",④至于《孔子世家·赞》称慕孔子身后之荣,在尚论心性的宋儒眼里,则径是"世俗之见"了。⑤

综言之,司马迁发表"继《春秋》"说,引孔子作《春秋》为

---

① 参《论语·子张》:"子贡曰:'……他人之贤者,丘陵也,犹可逾也;仲尼,日月也,无得而逾焉。'"

② 如金毓黻曰:"凡公侯传国者曰世家,定例也,置孔子于世家,创例也。此正子长史例之精。……又按赵瓯北《陔余丛考》云,孔子无公侯之位,而《史记》独列于世家,尊孔子也。"(金毓黻《学海堂四集》卷十七《读史记孔子世家书后》。引自杨燕起、陈可青等,《历代名家评〈史记〉》,前揭,页496—497。)关于司马迁列孔子入世家为尊孔之说,前文已驳之甚详,不赘。

③ 见王应麟《困学纪闻》录宋李复语。引自杨燕起、陈可青等,《历代名家评〈史记〉》,前揭,页494。

④ 劭泰衢语,梁玉绳《史记志疑》卷二十五《孔子世家第十七》引。

⑤ 黄震《黄氏日钞》卷四六《史记》。引自杨燕起、陈可青等编《历代名家评〈史记〉》,前揭,页489—490。

自己著《史记》的榜样,首先在于,《春秋》既代表孔子应时而为的拨乱反正之业,又在汉世享有尊崇地位,于孔子没世之荣功不可没;"继《春秋》"之说,正可用以堂皇宣示《史记》接续《春秋》之褒护周室而扶正汉室的著述意图,并透露司马迁著书继圣、显扬后世的雄心、抱负。其次,在司马迁看来,《春秋》蕴涵了孔子于困迫中愤发有为的精神力量,"继《春秋》"亦是继孔子隐忍、笃志的内修之德,故司马迁提出"继《春秋》"说,更有一层抒胸中块垒、表奋勉之志的意义。这两方面与《史记》于"文质之辨"和"君臣之际"的拨乱反正意见,不仅并行不悖,且相映成辉。《史记》的拨乱反正意见,专为具体落实司马迁的"继《春秋》"说而发,说明他是如何续孔子而继《春秋》的,使其旨在匡汉立名的一家言不致沦为空疏之论、效颦之谈,在本质上是其"继《春秋》"说的重要内容。所谓:"'云从龙,风从虎,圣人作而万物睹。'伯夷、叔齐虽贤,得夫子而名益彰。颜渊虽笃学,附骥尾而行益显。……闾巷之人,欲砥行立名者,非附青云之士,恶能施于后世哉?"(《史记·伯夷叔齐列传》)司马迁效孔子而著《史记》,欲表幽显微之余,[1]未尝无自附"青云之士"而声施后世

---

① 章学诚《丙辰劄记》认为,《史记·伯夷列传》"篇末隐然以七十列传窃比夫子之表幽显微"(章学诚著,叶瑛校注,《文史通义校注》上,北京:中华书局,1985,页55)。不过,从《史记》的整体结构看,传当以释纪为主,只是纪传结构的自由性,留给作者很大的发挥空间,使司马迁得以抒其身世之感,并由自己生平遭遇及声名之念,而欲表幽显微,如洗韩信彭越之冤、传刺客游侠事迹等。

之想。他的"继《春秋》"说,意不在尊圣,而在褒己,不过借重圣人声名功业以辅己志,亦是"附骥尾"之一例。从他自矜自许、不羁不让的生平大志中,或许可略微窥见尚存于他那个时代的一点朴素活泼的本能。

图书在版编目(CIP)数据

  司马迁之志:《史记》之"继《春秋》"辨析/陈文洁著.
--上海:华东师范大学出版社,2015.9
  ISBN 978-7-5675-3129-1

  Ⅰ.①司… Ⅱ.①陈… Ⅲ.①中国历史-古代史-纪传体
②《史记》-研究 Ⅳ.①K204.2

  中国版本图书馆 CIP 数据核字(2015)第 034788 号

华东师范大学出版社六点分社
企划人 倪为国

六点评论

司马迁之志——《史记》之"继《春秋》"辨析

著　　者　陈文洁
责任编辑　陈廷烨　彭文曼
封面设计　卢晓红
出版发行　华东师范大学出版社
社　　址　上海市中山北路 3663 号　邮编　200062
网　　址　www.ecnupress.com.cn
电　　话　021-60821666　行政传真　021-62572105
客服电话　021-62865537　门市(邮购)电话　021-62869887
地　　址　上海市中山北路 3663 号华东师范大学校内先锋路口
网　　店　http://hdsdcbs.tmall.com

印 刷 者　上海印刷(集团)有限公司
开　　本　889×1194　1/32
印　　张　9
字　　数　108 千字
版　　次　2015 年 9 月第 1 版
印　　次　2015 年 9 月第 1 次
书　　号　ISBN 978-7-5675-3129-1//B·915
定　　价　48.00 元

出 版 人　王　焰

ISBN 978-7-5675-3129-1

9 787567 531291 >

定价: 48.00元

www.ecnupress.com.cn